AF371069

TRAITÉ PRATIQUE

DES

ACTES PRIVÉS,

ET

MODÈLES DE TOUS LES ACTES,

TANT CIVILS QUE COMMERCIAUX
QUE L'ON PEUT FAIRE SOUS SIGNATURES PRIVÉES.

PARIS. — IMPRIMERIE DE P. DUPONT ET G.-LAGUIONIE,
RUE DE GRENELLE-SAINT-HONORÉ, N° 55.

TRAITÉ PRATIQUE

DES

ACTES PRIVÉS,

ET

MODÈLES DE TOUS LES ACTES,

TANT CIVILS QUE COMMERCIAUX,
QUE L'ON PEUT FAIRE SOUS SIGNATURES PRIVÉES,

PRÉCÉDÉS OU ACCOMPAGNÉS

Des dispositions des lois et des observations nécessaires à leur intelligence, avec le tarif des droits d'enregistrement et une table analytique et alphabétique.

OUVRAGE UTILE

A TOUTES LES CLASSES DE LA SOCIÉTÉ,

et particulièrement aux hommes d'affaires, propriétaires et commerçans.

PAR M. L. MALPEYRE,

AVOCAT A LA COUR ROYALE DE PARIS.

A PARIS,

P. DUPONT ET LAGUIONIE, IMPRIMEURS,
RUE DE GRENELLE-ST-HONORÉ, Nᵒ 55.

1833

AVANT-PROPOS.

Tout marche, tout se perfectionne dans la société. L'influence bienfaisante de la civilisation pénètre partout; elle améliore en détruisant ce qui est défectueux et en ne laissant subsister que ce qui est réellement bon.

Les langues, comme les sciences et les arts, s'épurent au flambeau du perfectionnement social; toutefois, certaines classes de la société, attachées à leurs anciennes habitudes, ont cru long-temps qu'elles perdraient quelque chose de leur influence et de leur considération si elles se débarrassaient de ce vieux langage, qui n'était intelligible qu'à ceux qui étaient familiarisés avec le dictionnaire de ces sciences. C'est ainsi que la jurisprudence a retenu si long-temps ce jargon judiciaire qui avait tout envahi; et qui, des greffes des cours, avait pénétré dans les cabinets des jurisconsultes et dans les études des notaires.

La difficulté de comprendre ces termes usités au barreau, et inintelligibles pour tous ceux qui n'étaient pas initiés à la science, a longtemps empêché de calquer les actes sous signatures privées sur ceux qui étaient rédigés par des notaires; ils n'auraient pas été compris des particuliers, et les expressions dont ils ne connaissaient pas la véritable acception auraient pu les égarer. Cependant la seule voie possible pour parvenir à perfectionner la rédaction de l'acte privé était de le modeler sur ceux qui, rédigés par des hommes qui emploient la plus grande partie de leur vie à réfléchir sur cette matière, sont seuls capables de la conduire à perfection.

Aujourd'hui que les notaires de la capitale parlent français, et que le langage des actes publics est intelligible pour tous, la tâche de celui qui veut publier la collection de tous les actes sous seing privé est facile, puisqu'il n'a plus qu'à calquer ses modèles sur ceux qui sont rédigés dans les études des notaires. Dans le cours de mes longues études notariales, frappé des vices de la plupart des actes privés et des défauts de tous les modèles contenus dans es divers formulaires, j'aspirai à devenir le régénérateur de l'acte privé, et je composai dans mes instans de loisir ce Traité pratique. Je l'ai long-temps conservé en manuscrit, espérant toujours que quelque chose de bon paraîtrait enfin sur cette matière ; aujourd'hui que rien de sa'isfaisant n'a encore été publié, je me détermine à offrir au Public ce recueil : c'est un travail presque matériel qui ne peut me faire un grand honneur, mais qui peut être utile à mes concitoyens.

TRAITÉ PRATIQUE

DE

TOUS LES ACTES

CIVILS ET COMMERCIAUX

QUE L'ON PEUT FAIRE SOUS SEING PRIVÉ.

PRINCIPES GÉNÉRAUX

APPLICABLES AUX ACTES SOUS SEING PRIVÉ.

On entend par acte tout écrit qui tend à prouver un fait quelconque.

Il y a diverses espèces d'actes ; il n'entre pas dans notre plan de donner des définitions de ces differentes natures d'actes : nous devons nous occuper uniquement de l'acte sous signatures privées.

DE L'ACTE SOUS SEING PRIVÉ.

L'acte sous seing privé est celui qui est revêtu seulement de la signature des parties, ou au moins de celle de la partie qui s'oblige sans l'intervention d'aucun officier public.

La loi ne permet pas de faire indistinctement tous les actes sous seing privé. Nous examinerons quels sont les actes que l'on ne peut pas faire sous signatures privées, car la loi permettant tout ce qu'elle ne défend pas, il s'ensuivra que tous les autres actes peuvent être faits dans cette forme.

Pour faire un acte privé, il faut être capable de contracter. Nous examinerons par les motifs ci-dessus quelles sont les personnes auxquelles la loi interdit cette faculté.

La loi astreint les actes, même sous seing privé, à certaines formalités : nous verrons quelles sont les conditions nécessaires à leur validité.

Ces actes peuvent être considérés soit par rapport aux contractans entre eux, soit par rapport aux tiers auxquels ils peuvent être opposés ; nous aurons donc à examiner l'effet de ces actes privés dans ces deux circonstances : nous ferons connaître quelles sont les formalités nécessaires pour qu'ils puissent être opposés aux tiers.

L'acte sous seing privé peut être su'et à diverses interprétations : il faudra déterminer les règles que la loi prescrit pour les interpréter lorsque leur sens n'est pas clair et précis.

Enfin, ils peuvent éprouver des difficultés soit sur leur validité, soit sur leur exécution. Nous verrons quels sont les moyens de prouver leur validité et de parvenir à les faire exécuter.

SECTION PREMIÈRE.

DES ACTES QUE L'ON NE PEUT PAS FAIRE SOUS SEING PRIVÉ.

Les actes que l'on ne peut faire sous seing privé sont en petit nombre, les principaux sont :

1° Les contrats de mariage.

2° Les donations entre-vifs.

3° Les actes et conventions qui portent hypothèque.

4° Les testamens publics, mystiques ou secrets.

5° Les cessions de brevets d'invention.

Tous ces divers actes doivent être reçus par deux

notaires ayant le droit d'instrumenter (1) dans l'endroit où ils sont reçus, ou par un notaire en présence de deux témoins. Les testamens exigent un plus grand nombre de témoins. A quoi il faut ajouter diverses espèces de procès-verbaux qui ne peuvent être rédigés que par des officiers publics préposés à cet effet.

Les actes privés ne peuvent d'ailleurs contenir aucunes stipulations ou conventions contraires aux bonnes mœurs ou à l'ordre public ; ceux qui contiendraient de pareilles conventions seraient frappés d'une nullité absolue.

Tous les actes qui ne sont pas compris dans les prohibitions ci-dessus peuvent être faits sous seing privé.

SECTION II.

DE LA CAPACITÉ DE CONTRACTER.

Nous avons posé comme principe que la loi permettait tout ce qu'elle ne défendait pas. C'est surtout en pareille matière que cette règle est applicable; car la faculté de contracter ne résulte pas de la permission de la loi, mais bien du défaut de prohibition.

Les incapacités prononcées par la loi sont totales ou partielles : elles ont pour motif l'intérêt de l'incapable, ou bien c'est une peine imposée à certains délits.

Quelles personnes ne peuvent contracter.

Les personnes qui ne peuvent contracter soit d'une manière absolue, soit partiellement, sont :

1° Les mineurs.
2° Les interdits.

____

(1) C'est-à-dire exercer ces fonctions.

3° Les femmes mariées.
4° Les morts civilement (1).

1° *Des Mineurs.*

On appelle mineur celui qui n'a pas atteint l'âge de 21 ans accomplis.

Le mineur est émancipé ou non-émancipé.

Le mineur non émancipé est pourvu d'un tuteur qui administre sa personne et ses biens, et d'un subrogé tuteur qui surveille l'administration du tuteur et agit lorsque les intérêts du mineur sont opposés à ceux de son tuteur.

L'incapacité du mineur non-émancipé est générale. La loi admet néanmoins une exception. L'art. 904 du Code civil est conçu en ces termes :

« Le mineur, parvenu à l'âge de 16 ans, peut disposer par testament de la moitié des biens dont la loi permet au majeur de disposer. »

Cependant son incapacité n'est que relative à lui-même, elle ne peut lui être opposée (art. 1125 du Code civil). Il est donc imprudent de contracter avec un tiers sans s'assurer, en exigeant la représentation de son acte de naissance, qu'il a atteint sa majorité, sauf ce qui sera dit ci-après.

---

(1) Le Code civil, art. 11, avait sanctionné une espèce d'incapacité particulière : l'étranger ne pouvait jouir en France que des droits civils accordés aux Français par les traités de la nation à laquelle cet étranger appartenait. Lorsque les traités étaient muets à cet égard, ou qu'il n'en existait pas, l'État recueillait la succession de l'étranger : ce droit s'appelait droit d'aubaine. Dès l'année 1791, la France avait donné le noble exemple de l'abolition de ce droit inique; elle ne l'avait rétabli que lorsque les autres nations, après s'être montrées sourdes à la voix de l'humanité, semblaient avoir juré son anéantissement; enfin la loi du 14 juillet 1819 l'a définitivement aboli, et aujourd'hui les étrangers sont aptes à succéder, recevoir et transmettre leurs successions même par testament.

Du Mineur émancipé.

Le mineur émancipé sort de tutelle, il est pourvu d'un curateur qui l'assiste dans tous les actes qui excèdent sa capacité. L'émancipation peut avoir lieu de trois manières qui sont indiquées par les articles 476, 477 et 478 du Code civil, et que nous rappellerons ci-après en donnant des modèles de l'énonciation des diverses qualités dans lesquelles on agit ordinairement.

Le mineur émancipé fait tous les actes de pure administration. Ainsi il passe les baux, dont la durée n'excède pas neuf années; il perçoit ses revenus, en donne quittance, et n'est restituable contre ces actes que dans le cas où le majeur le serait lui-même. (C. C., art. 481.)

Quoique recevoir un capital offert ou exigible ne soit qu'un acte administratif, le mineur émancipé ne peut recevoir des sommes offertes ou exigibles, et en donner décharge sans l'assistance de son curateur. (Art. 482.)

Cette assistance lui est également nécessaire pour intenter une action immobilière ou même y défendre. (*Ibidem.*)

Il ne peut, à plus forte raison, faire d'emprunt sous aucun prétexte, même avec l'autorisation de son curateur; il doit être spécialement autorisé par une délibération du conseil de famille, homologuée par le tribunal. (C. C., art. 483.)

Il ne peut vendre, aliéner ni hypothéquer ses immeubles, donner main-levée ou restreindre une inscription hypothécaire, procéder à un partage ou transiger, si ce n'est en remplissant les formalités prescrites par la loi aux mineurs non émancipés. (Art. 484, C. C.)

La faveur due au commerce a fait introduire diverses exceptions aux règles qui viennent d'être tracées.

L'art. 487 du Code civil porte : Le mineur émancipé, qui fait un commerce, est réputé majeur pour les faits relatifs à ce commerce.

Mais, aux termes de l'art. 2 du C. de Com., pour jouir de cette faculté, il faut réunir les trois conditions suivantes :

1° Etre âgé de dix-huit ans accomplis.

2° Avoir été préalablement autorisé par son père ou par sa mère, en cas de décès, interdiction ou absence du père, ou à défaut de père et de mère par une délibération du conseil de famille homologuée par le tribunal.

3° L'acte d'autorisation doit être enregistré et affiché au tribunal de commerce du lieu où le mineur veut établir son domicile.

Le mineur, marchand, et ainsi autorisé, peut engager et hypothéquer ses immeubles (art. 6 du C. de commerce). Mais, pour le cas d'aliénation, il doit se conformer aux dispositions prescrites par la loi aux mineurs émancipés ou non-émancipés. (Art. 457 et suivans du C. C.)

Les actes faits par les mineurs émancipés ou non-émancipés, et les obligations par eux contractées au-delà des bornes de leur capacité, ne sont pas nuls de plein droit, ils sont seulement susceptibles d'être annulés, si le mineur a éprouvé la moindre lésion ; mais ils doivent être maintenus, si l'on peut administrer la preuve qu'ils ont tourné au profit du mineur.

La loi accorde dix années aux mineurs, à compter de leur majorité, pour demander la résiliation des actes par eux faits durant leur minorité. (Art. 1304, C. C.)

2° *Des Interdits.*

On appelle interdit le majeur qui, étant dans un état habituel d'imbécillité, de démence ou de fureur, est dépouillé par un jugement de l'administration de ses biens, qui est confiée à un tuteur. (Art. 489, C. C.)

Les effets de l'interdiction absolue sont, à l'égard de l'interdit, les mêmes que ceux de la minorité à l'égard des mineurs non émancipés. Il est privé de la disposition et de l'administration de ses biens ; les actes qu'il passerait, après le prononcé du jugement portant interdiction, seraient nuls de plein droit. (C. C., art. 502.)

Ceux antérieurs à l'interdiction sont valables ; cependant, si la cause de l'interdiction existait notoirement à l'époque où ces actes ont été faits, ils sont susceptibles d'être annulés. (Art. 503, C. C.)

Mais, après la mort d'un individu, les actes par lui faits ne peuvent être attaqués pour cause de démence qu'autant que son interdiction aurait été prononcée et provoquée avant son décès, à moins que la preuve de la démence ne résulte de l'acte même qui est attaqué.

Le tribunal, devant lequel est portée la demande en interdiction, en la rejetant, peut, si les circonstances l'exigent, ordonner que la personne dont on poursuit l'interdiction ne pourra plus désormais plaider, transiger, emprunter ou recevoir un capital mobilier, en donner décharge, aliéner, ni grever ses biens d'hypothèques sans l'assistance d'un conseil qui lui est nommé par le même jugement. (Art. 499, C. C.)

La prodigalité excessive est une espèce de démence. La loi autorise les tribunaux à défendre aux prodigues les actes dont on vient de parler, sans l'assistance d'un conseil qui leur est nommé.

Les notaires sont, aux termes de l'article 18 de la loi du 25 ventose an 11, tenus d'avoir des registres sur lesquels sont portées les interdictions et nominations des conseils judiciaires. Ces registres sont publics, et doivent être communiqués à toute réquisition.

Les interdits ne reprennent l'exercice de leurs droits qu'après que l'interdiction a été levée par un jugement.

3° *Des Femmes mariées.*

Le législateur, en prononçant l'incapacité de la

femme mariée, a eu deux motifs évidens : protection accordée à sa faiblesse, et désir de maintenir l'ordre dans les familles en leur donnant un chef.

Le Code civil distingue quatre régimes spéciaux, que les époux peuvent adopter lors de la rédaction de leurs conventions matrimoniales ; 1° le régime de la communauté ; 2° celui de la non communauté ; 3° le régime dotal ; 4° celui de la séparation de biens.

Du Régime de la Communauté.

La communauté conjugale peut être définie une société de biens entre époux.

L'effet de cette société, dont le mari seul a l'administration, est de rendre communs entre les associés tous les biens meubles et immeubles qu'ils acquièrent durant la communauté par achat et à titre onéreux, les meubles qu'ils acquièrent par donations, legs, successions ou tel autre titre gratuit que ce puisse être ; mais les immeubles qui échoient à l'un deux, à titre gratuit, sont sa propriété exclusive, et n'entrent pas en communauté.

Ce régime est susceptible d'une foule de modifications ; à Paris les contrats de mariage contiennent ordinairement les modifications suivantes :

1° Exclusion des dettes respectives des époux, quelle que soit leur origine, antérieures à la célébration du mariage.

2° Réserve à titre de propres de tous les biens meubles et immeubles qui pourraient échoir à chacun d'eux par succession, donation ou legs.

Sous ce régime le mari administre seul les biens personnels de sa femme, qui ne peut faire aucun acte, même ceux de simple administration, sans le concours de son mari dans l'acte ou son consentement par écrit. A la dissolution de la communauté, chacun des époux reprend ses biens propres, eux ou leurs représentans partagent l'actif de la communauté par moitié ou dans les proportions réglées par le contrat de mariage.

Du Régime exclusif de Communauté.

Le régime exclusif de communauté tient le milieu entre le régime de la communauté et le régime de la séparation de biens ; il a tous les inconvéniens du premier, sans avoir les avantages du second.

Sous ce régime, comme en communauté, le mari a seul l'administration des biens de la femme ; il en perçoit les revenus et en profite : ils sont censés lui être apportés pour soutenir les charges du mariage.

Il s'empare de tous les objets mobiliers de sa femme, perçoit les capitaux, à la charge de rendre le tout lors de la dissolution du mariage.

Ce régime est rarement adopté dans les contrats ; il est trop contraire aux intérêts de la femme.

Du Régime dotal (1).

Ce régime est ainsi nommé parce que la dot, lorsqu'il y en a une, y est considérée sous un rapport particulier.

Pour adopter ce régime, il faut que les époux déclarent formellement dans leur contrat qu'ils entendent se marier sous le régime dotal.

L'effet de cette déclaration est de rendre inaliénables tous les biens immeubles compris dans la constitution dotale. Ils ne peuvent être aliénés ou hypothéqués pendant le mariage ni par le mari, ni par la femme, ni par les deux conjointement, sauf les cas d'exceptions déterminées par la loi. Les tiers qui les auraient acquis, sauf toujours les cas d'exceptions, s'exposeraient à une demande en restitution soit de la part de la femme ou de ses héritiers après la dissolution du mariage, sans qu'on puisse leur opposer aucune prescription pendant sa durée,

---

(1) Art. 1551, 1552, 1555, 1556, 1557, 1558 et 1559 du Code civil.

soit de la part du mari lui-même qui pourrait faire révoquer l'aliénation, sauf les dommages et intérêts de l'acheteur contre lui, s'il n'avait pas déclaré dans le contrat que l'immeuble était dotal. (Art. 1560, C. C.)

Tous les biens de la femme qui, sous ce régime, ne sont pas constitués en dot, sont paraphernaux, c'est à-dire extra-dotaux.

La femme a la jouissance et l'administration de ses biens paraphernaux, mais elle ne peut aliéner ses immeubles, même paraphernaux, sans l'autorisation spéciale de son mari.

De la Séparation de Biens.

La séparation de biens, qui résulte du contrat de mariage des époux, se nomme séparation contractuelle, pour la distinguer de la séparation qui peut avoir lieu pendant le mariage, pour les causes spécifiées par la loi, que l'on appelle séparation judiciaire, parce qu'elle est prononcée par justice.

La femme contractuellement séparée conserve l'entière administration de ses biens meubles et immeubles et la jouissance libre de ses revenus.

Sous ce régime, comme sous les précédens, et quelles que soient d'ailleurs les stipulations des époux constatées par leur contrat de mariage, la femme ne peut jamais aliéner ses immeubles sans l'autorisation de son mari.

Dispositions générales.

Tout ce que nous avons dit relativement au mineur commerçant s'applique à la femme mariée qui fait le commerce avec l'autorisation de son mari. Elle peut s'obliger, et, s'il y a communauté de biens entre eux, elle oblige son mari, sans sa participation, pour tout ce qui concerne son négoce. (Art. 220, C. C.) Elle n'est pas réputée marchande publique, lorsqu'elle ne fait que détailler les marchandises du commerce de son mari, mais seulement lorsqu'elle fait un commerce séparé. (*Ibidem.*)

Les époux séparés de biens par contrat de mariage, ou mariés sous le régime dotal, qui embrassent la profession de commerçant postérieurement à leur mariage, doivent faire exposer extrait de leur contrat de mariage, dans le mois du jour où ils entreprendraient le commerce, aux greffes des tribunaux de première instance et de commerce du domicile du mari ; s'il n'y a pas de tribunal, dans la principale salle de la maison commune du domicile du mari. Pareils extraits doivent être remis aux tableaux exposés dans les chambres des notaires et avoués, s'il y en a.

Cet extrait doit annoncer les noms, prénoms, profession et domicile des époux, s'ils sont séparés de biens ou mariés sous le régime dotal.

Le tout à peine, en cas de faillite, d'être punis comme banqueroutiers frauduleux.

Si les époux étaient commerçans au moment de la passation de leur contrat de mariage, le notaire doit lui-même remplir ces formalités. (Art. 67, 68 et 69 du C. de Com.)

Les personnes capables de contracter ne peuvent opposer aux mineurs, aux femmes mariées, aux interdits, leur incapacité. Elle est seulement relative aux incapables, qui peuvent l'opposer, pour se soustraire à l'exécution de leurs conventions. (Art. 225 et 425 du C.C.)

4° *De la Mort civile.*

La mort civile est l'état d'un homme qui subit, en vertu d'un jugement, une peine qui a pour effet de le retrancher du nombre des membres de la cité.

L'effet de la mort civile est de rendre celui qui en est frappé incapable de recevoir ou de disposer de ses biens, soit par acte entre-vifs, soit par testament. Il perd la propriété de tous ses biens, qui sont transmis à ses héritiers naturels, comme s'il était mort naturellement. Son mariage, s'il en a contracté un, est dissous quant à ses effets civils.

Cependant il peut recevoir à titre d'aliment, acquérir à titre onéreux, vendre et hypothéquer les biens qu'il a acquis depuis la mort civile, acter par rapport à ses biens; mais il ne peut en disposer par testament; ils appartiennent à l'État par droit de déshérence, c'est-à-dire faute d'héritiers habiles à succéder, tous les liens de parenté ayant été rompus par la mort civile.

Les causes qui entraînent la mort civile et ses effets sont énumérés aux articles 22 et suivans, jusqu'à l'article 33 inclusivement, du Code civil.

SECTION III.

DES CONDITIONS NÉCESSAIRES A LA VALIDITÉ DES ACTES SOUS SEING PRIVÉ.

Cette section ne contiendra que les règles générales; les règles particulières à chaque nature d'acte, et même à chaque acte en particulier, seront classées dans les chapitres qui auront rapport à ces actes.

Quatre conditions principales sont nécessaires pour la validité de l'acte sous signatures privées.

La 1re, que les parties soient également capables de s'obliger.

La 2e, que le consentement, qui est toujours essentiel, ne soit pas infecté des vices qui en détruisent la substance.

La 3e, que le consentement s'applique à un objet déterminé.

La 4e, que l'obligation ait une cause, et que cette cause ne soit pas contraire aux bonnes mœurs ni à l'ordre public.

1º *De la Capacité des Contractans.*

Nous avons déjà admis en principe que toute personne pouvait contracter si elle n'était pas déclarée incapable par la loi.

Nous avons vu que les incapables étaient , 1° les interdits pour tous actes.

2° Ceux auxquels il a été nommé un conseil judiciaire : Les mineurs, les femmes mariées non autorisées pour tous les actes qui excèdent leur capacité.

Dans le cours de ce travail nous aurons l'occasion de signaler quelques autres incapacités partielles.

2° *Des Causes qui peuvent vicier le Consentement.*

Les causes qui peuvent vicier les conventions sont l'erreur, la violence, le dol et la lésion (Art. 1109, Cod. civ.)

Elles ne les rendent pas nulles de plein droit, elles donnent seulement une action en nullité ou rescision.

De l'Erreur.

Pour vicier la convention, l'erreur doit tomber sur la substance même du contrat ou sur les choses qui leur sont essentielles. 1110.

Ainsi, si l'un veut vendre, et l'autre prendre à bail, il n'y a ni vente ni louage, parce qu'il n'y a pas concours de volontés.

L'erreur n'est point une cause de nullité lorsqu'elle ne tombe que sur la personne avec laquelle on a eu l'intention de contracter, à moins que la considération de cette personne ne soit la cause principale de la convention : par exemple, si croyant contracter avec le fameux David pour la confection d'un tableau , je faisais un marché avec un peintre secondaire portant le même nom, il y aurait erreur capable de vicier la convention.

De la Violence.

Il y a violence lorsqu'elle est de nature à faire impression sur une personne raisonnable, et qu'elle peut lui donner la crainte d'exposer sa personne ou sa fortune à un mal considérable et présent. 1112.

La violence est une cause de nullité du contrat, non seulement lorsqu'elle a été exercée sur la partie contractante, mais encore lorsqu'elle l'a été sur son époux ou sur son épouse, sur ses descendans ou ses ascendans. 1113.

La seule crainte révérentielle envers le père, la mère ou autre ascendant, sans qu'il y ait eu violence exercée, ne suffit pas pour annuler le contrat. 1114.

Un contrat ne peut plus être attaqué pour cause de violence, si depuis que la violence a cessé le contrat a été approuvé expressément ou tacitement, soit en laissant passer le temps de la restitution fixé par la loi. 1115.

Du Dol.

Le dol peut être défini tout artifice dont on se sert pour tromper une autre personne.

Le dol est une cause de nullité de la convention lorsque les manœuvres pratiquées par l'une des parties sont telles, qu'il est évident que sans ces manœuvres l'autre partie n'aurait pas contracté; il ne se présume pas et doit être prouvé. 1116.

La convention contractée par erreur, violence ou dol, n'est pas nulle de plein droit; elle donne seulement lieu à une action en nullité ou en rescision. 1117.

6° De la Lésion.

La lésion ne vicie les conventions que dans certains cas et à l'égard de certaines personnes.

Nous aurons occasion de déterminer ces cas dans le cours du présent travail. 1118.

3° De l'objet et de la matière des Contrats.

Le contrat doit avoir pour but un objet certain

que forme la matière de l'engagement, c'est-à-dire une chose qu'une partie s'oblige à donner, ou qu'elle s'oblige à faire ou ne pas faire. 1126.

Le simple usage ou la simple possession d'une chose, peut être, comme la chose même, l'objet du contrat. 1127.

Il faut que la chose soit dans le commerce, et qu'elle soit déterminée au moins quant à son espèce, la quotité de la chose pouvant être incertaine pourvu qu'elle soit déterminée. 1126, 1129.

Les choses futures, une simple espérance, peuvent être l'objet d'une obligation. 1130.

Des motifs d'ordre public ont cependant fait introduire une prohibition : on ne peut renoncer à une succession non ouverte, ou faire aucune stipulation sur une pareille succession, même avec le consentement de celui de la succession duquel il s'agit. (*Ibidem.*)

4° *De la Cause.*

La cause est ce qui détermine les parties à contracter.

Pour s'engager il faut avoir un motif; d'où résulte que l'obligation sans cause, sur une fausse cause, ou sur une cause illicite, ne peut avoir aucun effet. 1131.

Il suffit cependant que la cause existe; la convention peut être valable quoique la cause ne soit pas exprimée. 1132.

La cause est illicite lorsqu'elle est prohibée par la loi, lorsqu'elle est contraire aux bonnes mœurs et à l'ordre public. 1133.

SECTION IV.

DES FORMALITÉS NÉCESSAIRES A LA VALIDITÉ DES ACTES SOUS SEING PRIVÉ.

L'acte sous seing privé, quant à sa forme intrinsèque, n'est assujéti à aucune formalité particulière; il peut être fait dans la forme qu'il plaît aux parties intéressées de lui donner.

Il doit cependant contenir les noms des personnes qui contractent, et même leurs prénoms, qualités, profession et demeure;

L'énonciation des conventions, obligations, faits et paiemens qui sont l'objet de l'acte;

L'indication spéciale du moment et du lieu de leur exécution, celle du lieu où ils sont passés, la date du jour, du mois, de l'année de leur passation(1).

Ces actes peuvent être écrits soit par la partie ou l'une des parties qui s'obligent, soit par un tiers; mais ils doivent être signés par les contractans. Cette dernière formalité est de rigueur; c'est elle qui constitue l'acte; rien ne peut remplacer la signature; toute marque ou signe quelconque mis au bas de l'acte ne constituerait pas une obligation de la part de celui qui l'aurait fait. Quiconque ne sait ou ne peut signer ne peut pas faire directement d'acte sous seing privé.

---

(1) Voici quelques règles que la loi applique spécialement aux actes de l'état civil et actes notariés, mais qu'il est utile toutefois de connaître et de mettre en usage dans les actes privés, quoique le défaut d'accomplissement de ces règles n'entraîne pas la nullité des actes privés.

Ils doivent être rédigés sans aucun blanc; les ratures et les renvois doivent être approuvés de la même manière que le corps de l'acte; rien ne doit être écrit par abréviation, aucune date ne doit être mise en chiffre. Art. 42, Code civil.

De plus, ils doivent être écrits en un seul et même contexte lisiblement; il ne doit y avoir ni surcharges, ni interlignes, ni additions dans le corps de l'acte, les mots surchargés, interlignés et ajoutés sont nuls.

Les mots qui doivent être rayés le seront de manière que leur nombre puisse en être constaté à la marge de la page correspondante, ou à la fin de l'acte. (Art. 13, 15 et 16 de la loi du 25 ventose an 11, sur l'organisation du notariat.)

Les renvois ou apostilles que leur longueur obligerait de rejeter à la fin de l'acte, devraient être expressément approuvés par les parties; leurs signatures ou paraphes ne suffiraient pas, il faudrait que le renvoi fût motivé, le tout à peine de nullité des renvois.

Lorsque les actes sous seing privé contiennent des conventions synallagmatiques (c'est-à-dire où les parties sont réciproquement obligées l'une envers l'autre), ils ne sont valables qu'autant qu'ils ont été faits en autant d'originaux qu'il y a de parties ayant un intérêt distinct.

Il suffit d'un original pour toutes les personnes ayant le même intérêt.

Chaque original doit contenir la mention du nombre des originaux qui ont été faits, à peine de nullité.

Néanmoins le défaut de mention que les originaux ont été faits doubles, triples, etc., ne peut être opposé par celui qui a exécuté de sa part la convention portée dans l'acte.

Tous les originaux doivent être signés par toutes les parties intéressées.

Des Formalités du Timbre et d'Enregistrement.

En vertu des lois des 13 brumaire an 7 et 28 avril 1816,

Tous les actes sous signatures privées doivent être faits sur papier timbré au droit établi en raison de la dimension. *Cette règle générale reçoit* quelques exceptions ; elles seront classées sous les chapitres qui les concernent.

Les actes faits sous seing privé qui ne sont pas sur papier timbré ne peuvent être produits en justice, ni recevoir leur exécution, qu'après avoir subi cette formalité.

Il est fait défense aux notaires, huissiers, greffiers, arbitres et experts d'agir, aux juges de prononcer aucun jugement, et aux administrateurs publics de rendre aucun arrêt sur un acte, registre ou effet de commerce non écrit sur papier timbré du timbre présent.

Loi du 6 pluviose an 7, titre 4, art. 24.

Il est également fait défense à tout receveur d'enregistrement,

1° D'enregistrer aucun acte qui ne serait pas du

timbre présent , ou qui n'aurait pas été visé pour timbre ;

2° D'admettre à la formalité de l'enregistrement des protêts d'effets négociables, sans se faire représenter ces effets en bonne forme.

Les personnes qui veulent faire usage d'actes non timbrés doivent préalablement les présenter à la formalité , et payer une amende pour contravention.

L'amende est de 30 francs pour chaque acte ou écrit sous seing privé fait sur papier non timbré (1). (Art. 26 de la même loi.)

L'amende est du vingtième de la somme exprimée dans un effet négociable , s'il est écrit sur papier non timbré ou d'un timbre inférieur à celui qui aurait dû être employé.

De plus, il est perçu sur ces amendes un droit d'un décime par franc , à titre de subvention de guerre.

L'empreinte du timbre ne peut être couverte d'écriture ni altérée. (Loi du 13 brumaire an 7, titre 4, art. 21.)

L'amende pour contravention à cet article est de 12 francs. (13 brumaire an 7, art. 26.)

Le papier timbré qui aura été employé à un acte quelconque ne pourra plus servir pour un autre acte, quand même le premier n'aurait pas été achevé.

Il ne pourra être fait plusieurs actes à la suite l'un de l'autre sur la même feuille.

Sont exceptées les ratifications des actes passés en l'absence des parties , les quittances de prix de vente , et celles des remboursemens de contrats , de constitution ou obligation.

Il pourra être donné plusieurs quittances sur une

---

(1) Un arrêt de la cour de Cassation , du 2 fructidor an IX, impose à celui pour qui cet acte fait titre, l'obligation de payer l'amende encourue pour contravention à la loi sur le timbre.

même feuille , pour à-compte d'une seule et même créance ou d'un seul terme de fermage ou loyer.

Toutes autres quittances qui seront données sur une même feuille de papier timbré , n'auront pas plus d'effet que si elles étaient écrites sur papier non timbré.

L'amende pour contravention aux articles précédens est de 30 francs. (Ibid. art. 26.) (*Voyez au surplus le tarif à la fin du formulaire.*)

SECTION V.

DE L'EFFET DES ACTES PRIVÉS.

Les actes privés peuvent être considérés sous un double rapport, à l'égard des contractans entre eux et à l'égard des tiers.

§ Ier *De l'effet des actes privés par rapport aux contractans.*

Les actes tiennent lieu de loi à ceux qui les ont faits, à leurs héritiers et ayans cause, et les conventions qu'ils contiennent doivent être exécutées par eux, sans pouvoir être révoquées, si ce n'est de leur consentement unanime. Cependant l'acte privé ne fait foi entre les contractans que lorsqu'il a été reconnu, soit expressément, soit tacitement.

La simple dénégation de l'une des parties peut en arrêter l'exécution. C'est alors au demandeur à en prouver la vérité, et son effet doit être suspendu jusqu'à ce que cette preuve soit administrée. C'est ce qui constitue la différence tranchée qui existe entre cet acte et l'acte authentique, qui même attaqué est présumé vrai, jusqu'à la preuve contraire.

S'il y a désaveu de la signature de l'une des parties, la vérification en est ordonnée en justice, conformément aux articles 193 et suivans du Code de procédure.

Les héritiers et ayans cause de celui dont l'acte

paraît émané, ne sont pas même obligés de le désavouer formellement; ils peuvent se borner à déclarer qu'ils ne connaissent pas l'écriture ou la signature de leur auteur, et alors la vérification doit en être ordonnée. (Code civil, 1323, 1324.)

Mais, après la reconnaissance expresse ou tacite, volontaire ou forcée, l'acte sous seing privé fait, entre les signataires, leurs héritiers et ayans cause, la même foi que l'acte authentique.

§ II. *De l'effet des Actes privés à l'égard des tiers.*

On ne peut en général s'engager ni stipuler en son propre nom que pour soi-même. (Code civil, 1119.)

Néanmoins l'on peut se porter fort pour un tiers, en promettant le fait de celui-ci ou sa ratification, sauf l'indemnité contre celui qui s'est porté fort, ou qui a promis de faire ratifier, si le tiers refuse de tenir l'engagement. (Code civil, art. 1120.)

On peut également stipuler au profit d'un tiers, lorsque telle est la condition d'une stipulation que l'on fait pour soi-même; celui qui a fait la stipulation ne peut plus la révoquer, si le tiers a déclaré vouloir en profiter. (Code civil, art. 1121.)

Quoique les conventions n'aient d'effet qu'entre les parties contractantes, et qu'elles ne puissent jamais nuire aux tiers, et qu'elles ne leur profitent que dans le cas prévu par l'art. 1121 ci-dessus cité, néanmoins les créanciers peuvent exercer les droits et actions de leurs débiteurs, à l'exception de ceux qui sont exclusivement attachés à la personne. (Code civil, art. 1165 et 1166.)

Ils peuvent aussi, en leur nom personnel, attaquer les actes faits par leur débiteur en fraude de leurs droits. (Code civil, art. 1167.)

Les actes privés et conventions faites sans fraude par un débiteur peuvent être valablement opposés à ses créanciers et autres qui auraient intérêt à ce que ces actes n'existassent pas; mais il faut qu'ils aient acquis à leur égard une date certaine.

§ III. *De quelle manière les Actes privés acquièrent une date certaine.*

La date de l'acte privé se trouve invariablement fixée, conformément à l'art. 1328 du Code civil, dans les trois cas suivans :

1° Par la mort de l'un des signataires de l'acte ;

2° Lorsque la substance de ce même acte est constatée dans des actes authentiques, tels que procès-verbaux de scellés et d'inventaires ;

3° Lorsque l'acte est soumis à la formalité de l'enregistrement.

Mais la date certaine n'est acquise à ces actes que du jour de l'événement ou de l'accomplissement de la formalité.

De l'Enregistrement.

L'enregistrement est l'inscription de l'acte, faite par un préposé, appelé receveur de l'enregistrement, sur un registre ouvert à cet effet.

Le receveur des droits d'enregistrement perçoit, pour inscrire l'acte, un droit qui varie suivant la nature de la convention.

Nous donnerons à la fin du présent traité un petit tarif en forme de dictionnaire des droits, approprié à ce traité ; nous y joindrons toutes les observations qui nous paraîtront utiles.

SECTION VI.

DE LA MANIÈRE D'INTERPRÉTER LES CONVENTIONS CONTENUES AUX ACTES PRIVÉS.

Il est souvent nécessaire d'interpréter les conventions contenues aux actes privés, soit parce que les parties ne se sont pas expliquées d'une manière claire est précise, soit parce qu'un événement survenu depuis le contrat a fait naître une question imprévue qu'il faut décider.

Le Code civil indique les règles à suivre en pareilles circonstances.

On doit, dans les conventions, rechercher quelle

a été la commune intention des parties contractantes, plutôt que de s'arrêter au sens littéral des
termes. (Code civil, art. 1156.)

Lorsqu'une clause est susceptible de deux sens ,
on doit plutôt l'entendre dans celui avec lequel elle
peut avoir quelque effet que dans le sens avec lequel
elle n'en pourrait produire aucun. (Code civil , article 1157.)

Les termes susceptibles de deux sens doivent
être pris dans le sens qui convient le plus à la matière du contrat. (Code civil, art. 1158.)

Ce qui est ambigu s'interprète par ce qui est d'u-
sage dans le pays où le contrat est passé. (Code civil,
art. 1159.)

On doit suppléer dans les contrats les clauses
qui y sont d'usage, quoiqu'elles n'y soient pas exprimées. (Code civil , art. 1160.)

Toutes les clauses des conventions s'interprètent
les unes par les autres , en donnant à chacune d'elles
le sens qui résulte de l'acte entier. (Code civil, art.
1161.)

Dans le doute , la convention s'interprète contre
celui qui a stipulé , et en faveur de celui qui a contracté l'obligation. (Art. 1162, Code civil)

Quelque généraux que soient les termes dans lesquels une convention a été conçue, elle ne comprend que les choses sur lesquelles il paraît que les
parties se sont proposé de contracter. (Code civil ,
art. 1163.)

Lorsque dans un contrat on a exprimé un cas
pour l'explication de l'obligation, on n'est pas censé
avoir voulu par-là restreindre l'étendue que l'engagement reçoit de droit aux cas non exprimés. (Art.
1164.)

L'acte privé fait foi entre les parties , même de
ce qui n'y est exprimé qu'en termes énonciatifs ,
pourvu que l'énonciation ait un rapport direct à la
disposition. Les énonciations étrangères à la disposition ne peuvent servir que d'un commencement
de preuve par écrit.

SECTION VII.

DE L'EXÉCUTION DES ACTES PRIVÉS.

L'acte privé, lors même qu'il est revêtu des formalités exigées par la loi et qu'il n'est pas contesté, ne peut être exécuté contre la partie obligée, et sur ses biens, qu'en vertu d'un jugement. C'est ce qui constitue la différence de l'acte sous signatures privées, et de l'acte notarié, dont l'exécution peut être poursuivie immédiatement sur les biens du débiteur, qui ne peut en arrêter l'effet qu'en s'inscrivant en faux. (Code civil, art. 1319.)

La cause de cette différence est que l'exécution de l'acte se poursuit au nom du souverain, et que ses seuls délégués, qui en cette matière sont les juges pour la juridiction judiciaire, les notaires pour la juridiction volontaire, ont le droit de revêtir l'acte de la formalité nécessaire, pour qu'il puisse être exécuté.

L'officier chargé de l'exécution peut, en vertu de l'acte en forme, requérir, s'il y a nécessité, l'intervention et l'assistance de la force publique.

L'acte sous seing privé devient authentique et susceptible d'exécution parée, lorsque les signatures des parties contractantes sont reconnues devant notaires par les signataires, leurs héritiers ou ayans cause.

Les titres exécutoires, contre le défunt, sont pareillement susceptibles d'être exécutés contre l'héritier personnellement, et néanmoins les créanciers ne peuvent en poursuivre l'exécution que huit jours après la signification de ces titres à la personne ou au domicile de l'héritier. (C. civil, art. 877.)

INTRODUCTION AUX FORMULES.

Nota. Pour éviter des répétitions nous avons rejeté à la fi
des formules l'énonciation des diverses qualités dans lesquelles o
peut agir.

DES DIVERSES ESPÈCES D'ACTES.

Les premières transactions des hommes consi‑
tèrent en échanges ou ventes. La tradition réciproqu
ou la promesse respective et verbal de livrer l'obje
acheté ou échangé constituait ces actes. Mais bien
tôt les besoins et la mauvaise foi, qui croît avec eux
firent connaître que ces formes simples étaient in
suffisantes ; on prit des témoins qui certifiaient a
besoin la vérité des faits allégués par les contrac
tans ou l'un d'eux ; on y joignit même, pour grave
plus profondément les faits dans l'esprit des té
moins, des formes symboliques : l'histoire romain
nous montre presque toutes les conventions accom
pagnées de symboles. Ce mode de preuve dura long
temps encore après la découverte de l'écriture et l
propagation de cet art ; mais l'expérience ayant con
vaincu les hommes qu'il fallait se garantir de l
mauvaise foi par les précautions les plus minu
tieuses, et obtenir des preuves moins fragiles d
leurs conventions, on les rédigea par écrit.

Les contrats d'échanges et de vente furent donc le
premières transactions des hommes; tous les autre
contrats dérivent médiatement ou immédiatemen
de ce type; nous classerons les contrats à peu prè
dans l'ordre de leur dérivation, sans insister davan
tage sur ce mode de classification. Les contrats d
vente et d'échange se confondent, puisque l'échang
est la permutation d'un corps certain contre u

corps certain ; et la vente, la permutation d'un corps certain contre une certaine quantité de monnaie représentant l'objet donné en contre écharge : mais le contrat de vente étant plus simple que celui d'échange, qui contient, à proprement parler, deux ventes, nous commencerons par ce contrat.

CHAPITRE PREMIER.

DE LA VENTE.

Le contrat de vente est une convention par laquelle l'un des contractans livre ou s'oblige de livrer une chose à un autre , moyennant un certain prix que celui-ci s'oblige à payer.

Trois choses sont de l'essence du contrat : le consentement des contractans, une chose déterminée qui fasse l'objet du contrat, un prix certain.

Le contrat est donc parfait lorsqu'il réunit ces trois choses. Il y a cependant quelques exceptions, mais elles s'appliquent plus spécialement aux ventes commerciales ; nous les ferons connaître au titre de la vente en matière commerciale.

SECTION Ire.

DES PERSONNES QUI NE PEUVENT ACHETER OU VENDRE.

Ce sont, 1° le saisi réellement qui ne peut aliéner l'immeuble saisi quand la saisie lui a été dénoncée (Code de proc., art 692 et 693) ;

2° Le failli (*ibid.* 442 et 444) ;

3° Le tuteur, qui ne peut acheter les biens de son pupille, même en adjudication publique ;

4° Le mandataire, qui ne peut acquérir les biens qu'il est chargé de vendre.

5° Les administrateurs des communes et des établissemens publics, qui ne peuvent acheter les biens confiés à leurs soins.

6° Les officiers publics, à qui il est défendu d'acheter les biens nationaux dont les ventes se font par leur ministère (Code civil, art. 1596);

7° Les juges, leurs suppléans, les magistrats remplissant le ministère public, les greffiers, huissiers, avoués, défenseurs officieux et notaires, qui ne peuvent devenir cessionnaires des procès, droits et actions litigieux qui sont de la compétence du tribunal dans le ressort duquel ils exercent leurs fonctions, à peine de nullité, des dépens, dommages et intérêts (Code civil, art. 1597);

8° Les personnes notoirement insolvables ne peuvent acquérir en adjudication publique;

9° Les communes, hospices et fabriques, sans l'autorisation du souverain;

10° Les époux l'un à l'égard de l'autre, sauf les exceptions déterminées par la loi. (Code civil, art. 1595.)

SECTION II.

DES CHOSES QUI PEUVENT ÊTRE VENDUES.

On peut acheter ou vendre toutes les choses qui sont dans le commerce, lorsque des lois particulières n'en prohibent pas l'aliénation. (Code civil, art. 1598.) Mais il faut que la chose existe au moment du contrat, ou qu'elle puisse exister. Toutes choses susceptibles d'appréciation peuvent être l'objet de ce contrat.

Les lois de police défendent la vente des blés submergés, celle des bestiaux morts de maladie.

On ne peut vendre la succession d'une personne vivante, même de son consentement. (Code civil, art. 1600.)

La vente de la chose d'autrui est nulle; elle peut donner lieu à des dommages-intérêts lorsque l'acheteur a ignoré que la chose fût à autrui. (Code civil, art. 1599.)

Si au moment de la vente la chose vendue était périe en totalité, la vente serait nulle.

Si une partie seulement de la chose était périe,
il serait au choix de l'acquéreur d'abandonner la
vente, ou de demander la partie conservée en
faisant déterminer le prix par la ventilation. (Code
civil, art. 1601.)

Les biens des mineurs et des interdits ne peuvent
être vendus sans les solennités et formalités prescrites à leur égard par les lois.

SECTION III.

DE LA FORME DU CONTRAT DE VENTE.

Ce contrat n'exige aucune forme particulière ; il
peut être fait sous seing privé et même verbalement,
sauf dans ce dernier cas l'application des règles relatives à la preuve testimoniale.

La promesse de vente vaut vente, lorsqu'il y a
consentement réciproque des deux parties sur la
chose et sur le prix (Code civil, art. 1589). Mais
pour cela il faut qu'il n'y ait pas eu d'arrhes donnés ; car si la promesse a été accompagnée d'arrhes,
chacun des contractans est maître de s'en départir.

Celui qui les a donnés en les perdant ;

Et celui qui les a reçus en restituant le double.
(Code civil, art. 1590.)

Les frais d'acte et autres accessoires de la vente
sont toujours à la charge de l'acheteur, à moins de
stipulation contraire. (Code civil, art. 1593.)

Tout pacte obscur ou ambigu s'interprète contre
le vendeur, qui est tenu d'expliquer clairement ce
à quoi il s'oblige. (Code civil, art. 1602.)

SECTION IV.

DU PRIX.

Le prix est la valeur représentative de la chose.

Sans prix il n'y a pas de vente ; lorsque le prix est
exprimé, la principale obligation de l'acheteur est
de le payer.

Le prix doit être sérieux, déterminé ou au moins susceptible de l'être; ainsi, par exemple, il peut être laissé à l'arbitrage d'un tiers, et la vente n'est parfaite que lorsque le tiers a fait l'estimation. (Code civil, art. 1092.)

Dans la vente, le vendeur est toujours censé s'être réservé le droit de reprendre sa chose à défaut de paiement du prix ou de l'accomplissement des conditions qu'il a imposées. (Code civil, art. 1654.)

SECTION V.

DE LA GARANTIE EN CAS D'ÉVICTION.

La garantie que le vendeur doit à l'acquéreur a deux objets : le premier est la possession paisible de la chose vendue ; le deuxième, les défauts cachés de cette chose. (Code civil, art. 1625.)

Le vendeur est tenu de garantir l'acheteur de l'éviction de tout ou partie de la chose vendue; si l'acquéreur est évincé de la totalité, le vendeur doit lui restituer, outre le prix,

1° Les fruits, lorsque l'acheteur est obligé de les rendre au propriétaire qui l'évince;

2° Les frais faits sur la demande en garantie de l'acheteur, et ceux faits par le demandeur originaire;

3° Enfin les dommages et intérêts ainsi que les frais et loyaux coûts du contrat. (Code civil, art. 1630.)

Si l'acquéreur n'est évincé que d'une partie de la chose, il peut, suivant les circonstances, demander ou l'annulation du contrat, ou une indemnité proportionnée à la valeur de la portion dont il se trouve évincé.

SECTION VI.

DE LA GARANTIE POUR RAISON DE DÉFAUTS CACHÉS.

Pour qu'il y ait lieu à garantie pour raison de

défauts cachés, il faut qu'ils aient existé lors de la vente et qu'ils rendent la chose impropre à l'usage auquel on la destine.

Dans ce cas l'acquéreur a le choix de faire résilier le contrat, de se faire rendre le prix ou de garder la chose, et de se faire rendre une partie du prix, telle qu'elle sera arbitrée par experts Mais il faut que ces vices lui aient été cachés. S'ils étaient apparens et tels que l'acquéreur ait pu les apercevoir facilement, ou s'ils ont été déclarés, il n'y a pas lieu à garantie. (Code civil, art. 1642, 1643 et 1644.)

Si le vendeur connaissait les vicesde la chose, il est tenu, outre la restitution du prix qu'il en a reçu, de tous les dommages-intérêts envers l'acheteur. (Code civil, art. 1645.)

S'il ne les connaissait pas, il n'est tenu qu'à la restitution du prix, et à rembourser à l'acquéreur les frais occasionnés par la vente. (Code civil, art. 1646.)

Si la chose qui avait des vices a péri par suite de sa mauvaise qualité, la perte est pour le vendeur, qui est tenu envers l'acheteur à la restitution du prix, et aux autres dédommagemens expliqués dans les art. 1645 et 1646.

Mais la perte arrivée par cas fortuit est pour le compte de l'acheteur. (Code civil, art. 1647.)

FORMULES D'ACTES CIVILS

ET COMMERCIAUX.

VENTE MOBILIÈRE.

Meubles et Effets corporels.

Quelques règles spéciales étant applicables à la vente des effets corporels, après nous être occupé

3.

des principes généraux, nous allons dire un mot de ceux qui s'appliquent spécialement à ce contrat.

La vente mobilière doit toujours être accompagnée de la délivrance ou tradition qui est la remise de la chose vendue en la possession de l'acheteur. (Code civil, art. 1604.)

En fait de meubles corporels, il y a trois sortes de traditions :

La réelle, la symbolique, la feinte.

La tradition réelle est celle qui s'opère par la remise directe de la chose dans les mains de celui auquel elle doit être livrée.

La symbolique s'opère par la remise, non pas de la chose même, mais de quelque chose qui la remplace : par exemple, par la remise des clés des bâtimens où sont déposés les objets qui doivent être livrés. (Code civil, art. 1606.)

La feinte s'opère par le seul consentement des parties, lorsque le transport des objets à livrer ne peut se faire au moment de la vente, ou bien lorsque l'acheteur qui les a déjà en son pouvoir a un autre titre. (Code civil, art. 1606.)

La tradition doit se faire au lieu où était la chose vendue au moment de la vente ; les frais de délivrance sont à la charge du vendeur, ceux d'enlèvement à la charge de l'acquéreur.

Le vendeur est tenu de livrer la chose de suite, ou à l'époque fixée par le contrat. A défaut de livraison à l'époque fixe, l'acheteur peut demander une indemnité, ou même la résolution du contrat avec dommages-intérêts. (Code civil, art. 1611.)

Mais il faut que l'acheteur ait payé son prix ou qu'il ne soit pas encore exigible, autrement le vendeur n'est pas tenu de livrer ; il en serait de même si l'acheteur était en faillite ou déconfiture au moment où la livraison devrait avoir lieu. (Code civil, art. 1613 et 1614.)

La chose doit être délivrée avec ses accessoires et tout ce qui est destiné à son usage perpétuel. Tous les fruits perçus depuis la vente appartiennent à l'acquéreur. (Code civil, art. 1614 et 1615.)

Vente de Meubles avec paiement comptant.

Entre les soussignés,

M. A... (*nom, prénoms, qualités et profession ou demeure*), d'une part;

Et M. B... (*nom, prénoms, qualités et demeure*), d'autre part;

A été convenu ce qui suit :

M. A... vend avec garantie de tous troubles, saisies et revendications, à M. B..., qui l'accepte,

Les objets mobiliers dont le détail suit :

Ou bien :

Les objets mobiliers désignés en l'état que les soussignés en ont dressé entre eux sur une feuille de papier au timbre de... centimes, qui est demeuré joint à ces présentes.

Tradition réelle.

(*Désigner sommairement les objets vendus*), lesquels objets M. A... a remis à l'instant à M. B... qui le reconnaît.

Tradition feinte.

Tous lesquels objets mobiliers sont dans un appartement au.. étage..., dépendant d'une maison sise à..., rue...., n°..., et sont... déjà en la possession de l'acquéreur qui occupe cet appartement.

Tradition symbolique.

Ou bien:

Lesdits objets sont dans une maison située à..., de laquelle maison ledit sieur A... a présentement remis les clés à M. B... qui promet d'enlever lesdits meubles sous huit jours.

Tradition feinte.

Ou bien :

Lesquels objets sont dans une maison..., appartenant à M..., ou entre les mains de M. C... qui en est dépositaire, d'où M. B... pourra les retirer quand bon lui semblera.

Promesse de Tradition réelle.

Ou enfin :

Lesquels objets mobiliers le vendeur s'oblige de livrer et remettre à l'acquéreur sous huit jours.

Ils sont au surplus vendus dans l'état où ils se trouvent sans en rien excepter, M. B... déclarant les connaître et en être content.

Pour en jouir et disposer par M. B .. comme de chose lui appartenant en toute propriété à compter de ce jour.

Cette vente est faite moyennant le prix et somme de... fr. que M. B... a à l'instant payé en espèces ayant cours à M. A... qui le reconnaît et l'en quitte et décharge.

Fait double, à..., le...

(Signatures des parties.)

Vente Mobilière avec délai pour le paiement.

Entre les soussignés,

(*Le commencement comme dans la formule précédente en ayant soin de prendre le modèle de tradition analogue à la circonstance, jusqu'à ces mots : cette vente est faite.*)

Cette vente est faite moyennant le prix et somme de... fr. que M. B..., acquéreur, promet et s'oblige de payer à M. A..., dans le délai d'un mois à partir de ce jour, en sa demeure, ci-devant indiquée, en espèces ayant cours.

Si, par suite du défaut de paiement de la part de l'acquéreur, il devenait nécessaire de faire enregistrer ces présentes, elles le seront aux frais de M. B...

Pour l'exécution des présentes, les soussignés font élection de domicile en leurs demeures respectives.

Ou bien :

Pour l'exécution des présentes, M. A... fait élection de domicile chez M..., demeurant..., et M. B... en sa demeure (1).

Fait double, à..., le...

(Signatures des parties.)

Vente d'effets mobiliers avec paiement en billets.

Entre les soussignés,

M. A... (*nom, prénoms qualités ou profession et demeure*), d'une part ;

Et M. B... (*idem*), d'autre part ;

A été convenu et arrêté ce qui suit :

M. A... vend par ces présentes, avec garantie de toute saisie et revendication, à M. B... qui l'accepte,

Les objets mobiliers ci-après désignés :

1°... 2°

Tels qu'ils sont sans en rien excepter, M. B..., acquéreur, déclarant les avoir examinés et en être satisfait ; lesquels objets ont été à l'instant remis par le vendeur en la possession de l'acquéreur qui le reconnaît.

Cette vente est faite moyennant la somme de cinq cents francs,

---

(1) L'élection de domicile a pour effet, en cas de contestation sur les dispositions du contrat, de valider tous les actes de procédure qui seraient faits au domicile élu ; à défaut d'élection spéciale, chacune des parties doit être assignée et poursuivie à son domicile.

NOTA. Lorsque l'on vend des objets mobiliers, il est prudent de se faire payer comptant ou de se faire donner des sûretés, car la loi n'accorde au vendeur aucun droit de suite ou privilége sur les objets mobiliers qu'il a vendus, sauf quelques exceptions.

que M. A .. reconnaît avoir à l'instant reçue de M. B..., en
cinq billets à ordre souscrits par ce dernier au profit de M. A...,
le 1er en date à..... du..... de la somme de cent francs,
payable le...; le 2e, de la même date et de la même somme,
payable le...; le 3e, etc.—En acquittant lesquels effets à leurs
échéances, M. B... sera et demeurera bien et valablement quitte
et déchargé envers M. A...

Fait double, à..., le...

(Signatures des parties.)

Vente à l'essai.

Entre les soussignés,
M. A... (*nom, prénoms, profession, demeure*), d'une part ;
M B... (*idem*), d'autre part ;
A été convenu ce qui suit :
M. A... vend à M. B..., qui l'accepte,
Une pendule (*la désigner d'une manière précise*), moyennant le
prix et somme de mille francs, que M. B... a à l'instant payés
à M. A... qui le reconnaît sous la condition ci-après :
Cette vente est faite à l'essai et sous la condition formelle que
M. B... se réserve d'éprouver ladite pendule pendant l'espace de
(*deux mois*); et dans le cas où il trouverait qu'elle ne lui convient pas, il pourra la rendre à M. A... qui s'oblige de la reprendre pourvu que la restitution soit faite avant l'expiration
du délai fixe et qu'elle ne soit ni endommagée ni détériorée par
le fait de l'acquereur.
Le délai qui vient d'être fixé est de rigueur, et après son expiration la vente sera définitive.
Fait double, à..., le...

(Signatures des parties.)

Vente conditionnelle.

Entre les soussignés,
M. A... (*nom, prénoms, qualités ou profession, demeure*), d'une
part ;
Et M. B... (*idem*), d'autre part ;
A été convenu ce qui suit :
M. A... vend à M. B..., qui l'accepte,
Les objets ci-après désignés :
1°... 2°
Cette vente est faite sous la condition (*exprimer clairement les
conditions*).
Laquelle condition devra être accomplie avant le..., époque
à laquelle se fera la livraison des objets ci-dessus désignés.
Faute par M. A... d'avoir accompli la présente condition dans
le terme prescrit, la présente vente sera nulle de plein droit sans
qu'il puisse exiger aucune indemnité, la condition qui lui est im-

posée étant considérée comme le prix de la présente vente (1).
Fait double, à. . . le. . .,

(Signatures.)

Vente de Récolte.

Entre les soussignés,
M. A. . . ., d'une part ;
M. B. . . ., d'autre part ;
A été convenu ce qui suit :
M. A. . . vend avec garantie de toutes saisies et revendications à M. B. . . ., qui l'accepte,
La récolte de. . . (*désigner la pièce dont on vend la récolte, et la nature de la récolte*), pour la présente année, moyennant le prix de. . ., que M. B. . . ., acquéreur, s'oblige de payer le jour de la Saint-Martin prochain (*onze novembre*), en un seul paiement, à M. A. . . ., et en sa demeure ci-devant indiquée.
Cette vente est faite aux charges et conditions suivantes :

Ces charges varient autant que les conventions ; voici quelques exemples :

S'il s'agit d'une récolte en grains, on peut accorder à l'acquéreur les granges et greniers nécessaires à l'exploitation ; alors la clause se rédige ainsi :

Et pour l'exploitation de ladite récolte et son engrangement, M. A. . . accorde à M. B... la jouissance d'une grange et greniers (*les désigner*), et ce, jusqu'au. . ., époque à laquelle M. B. . . ., acquéreur, sera tenu de vider les lieux, qu'il devra laisser en bon état de réparation tels qu'ils lui seront livrés.

S'il s'agit d'une récolte de cidre ou de vin, avec obligation de fournir les cuves, pressoirs et ustensiles nécessaires à l'exploitation, la clause se rédige ainsi :

M. A... accorde à M. B. . ., et ce jusqu'au. . . prochain, la jouissance exclusive du pressoir, des cuves et ustensiles (*les désigner*) nécessaires à l'exploitation de ladite récolte, à la charge de ne pouvoir les employer qu'à l'exploitation des objets vendus, d'en user en bon père de famille, de réparer les dégradations provenant de son fait, et de les rendre dans l'état où ils ont été livrés.

---

(1) Cet acte n'est pas précisément une vente, mais un contrat innomé qui devrait recevoir son exécution.

S'il s'agit de la récolte d'un jardin, après avoir désigné la nature de la récolte, on peut ajouter cette condition :

La récolte ne pourra se faire qu'en présence du jardinier de Ms A...; et s'il est fait par M. B..., ou les gens qu'il emploiera, quelque dommage aux vignes, treilles, espaliers, ou murs dudit jardin, ce dommage devra être réparé immédiatement par M. B..., et à ses frais, et avant l'enlèvement de ladite récolte.

Fait double, à..., le. .

(Signatures.)

Vente de Coupes de bois.

Entre les soussignés,

M. A... (*nom, prénoms, profession et demeure*), d'une part;

Et M. B..., marchand de bois, demeurant à. . . . ., d'autre part;

A été convenu et arrêté ce qui suit :

M. A... vend, avec garantie de toutes saisies et revendications, à M. B..., qui l'accepte,

La coupe, pour une fois seulement, de. . . hectares de bois taillis (...arpens environ, mesure ancienne) en une seule pièce dite la pièce de..., sise au terroir de..., tenant du nord à. .. , du midi à..., du levant à..., du couchant à...

Pour en jouir et disposer par M. B..., comme de chose à lui appartenante en toute propriété à compter de ce jour, et en se conformant aux lois et réglemens sur les forêts et aux usages locaux.

Cette vente est faite à la charge par M. B..., qui s'y oblige, de faire cette coupe dans le délai de.. , de l'enlever et de rendre la place nette avant l'expiration dudit délai, à peine de tous dommages et intérêts.

En outre, moyennant le prix et somme de. . ., que M. B... a à l'instant payés à M. A. , . en un billet à ordre de pareille somme, payable le... prochain, daté de ce jour, dont l'acquit à l'échéance opérera quittance finale du prix de la présente vente.

Fait double, à..., le

(Signatures.)

Vente de Coupes de Bois pour plusieurs années.

Entre les soussignés,

M. A... (*nom, prénoms, qualités ou profession et demeure*), d'une part;

Et M. B... (*idem*), d'autre part ;

A été convenu ce qui suit:

M. A... vend par ces présentes, avec garantie de toutes saisies et revendications,

A M. B..., qui l'accepte,

La coupe, pendant le temps ci-après déterminé, de... hectares (...arpens, mesure ancienne) de bois taillis à prendre dans la forêt de... ou bois de...

Pour faire cette coupe pendant neuf années, à commencer de la Saint-Martin d'hiver prochain, à raison de... hectares par chaque année, en se conformant aux lois et usages sur les coupes de bois.

Le mesurage et la livraison de la quantité d'hectares, dont la coupe annuelle est présentement vendue, seront faits dans le courant de ce mois.

Cette vente est faite à la charge par M. B..., qui s'y oblige, 1° de payer les frais et droits auxquels elle donnera ouverture ; 2° de laisser sur chaque hectare desdits bois... gros chênes et... baliveaux de l'âge desdits bois, qui seront marqués par le garde du vendeur.

Et en outre, moyennant la somme de... pour chaque coupe, laquelle somme M. B... s'oblige de payer à M. A... pendant chacune desdites neuf années, avant le commencement de chaque coupe.

Fait double, à..., le...

(Signatures.)

VENTE D'IMMEUBLES.

Le contrat de vente immobilière est le plus important de tous les contrats que l'on peut faire sous seing privé ; il offre les difficultés les plus sérieuses : l'examen des titres de propriété, leur énonciation régulière exigent des connaissances étendues dans la science du droit. Cependant ce contrat se fait très fréquemment, au moins préparatoirement, sous signatures privées. Les parties ou leurs conseils doivent apporter dans ces ventes préparatoires la plus scrupuleuse attention ; car, en cas de contestation, le sous seing privé fait la loi commune des parties.

Vente provisoire faite sous seing privé, avec promesse de réalisation devant notaire dans un court délai.

Entre les soussignés,

M. A... (*nom, prénoms, profession et demeure*), d'une part ;

Et M. B... (*idem*), d'autre part ;

A été convenu ce qui suit :

M. A... vend par ces présentes, avec promesse de garantir de tous troubles et éviction et autres empêchemens,

A M. B... qui l'accepte pour lui, ses héritiers et ayans-
ause.

Une maison sise à...

Consistant (*désignation sommaire*).

Telle qu'elle est actuellement, sans en rien excepter ni re-
erver, déclarant la parfaitement connaître pour l'avoir vue et
isitée.

Elle appartient à M. A..., ainsi qu'il le déclare, au moyen de
acquisition qu'il en a faite de M. Z...., par acte notarié.

La propriété sera d'ailleurs établie d'une manière régulière
ans le contrat, devant notaire, qui sera dressé incessamment:
. A... s'obligeant de justifier d'une propriété régulière, remon-
ant à trente années au moins.

Pour jouir par M. B... de ladite maison, circonstances et dé-
endances, au moyen des présentes, et à compter de ce jour, et
ucher les loyers à partir du...

Cette vente est faite à la charge, 1° de prendre ladite maison
ans l'état où elle se trouve, avec les servitudes actives et pas-
ves qui peuvent en dépendre ou la grever;

2° De payer, à compter du... (*ordinairement à compter de l'é-
oque réelle d'entrée en jouissance*) les impositions foncières et
utres de toute nature qui pourraient grever ladite pro-
riété.

**S'il y a des baux écrits, il faut avoir soin d'im-
oser à l'acquéreur l'obligation de les entretenir
our ne pas s'exposer à des dommages intérêts en-
ers les preneurs, ce qui s'exprime ainsi :**

3° D'entretenir le bail sous signatures privées fait par M. A...
M. Z...., de... (*désigner l'objet loué*), en date, à..., du.., pour
nées consécutives qui ont commencé le..., pour finir le...,
yennant la somme de...

4° Les parties s'obligent respectivement à faire intervenir
urs femmes au contrat notarié : celle du vendeur, pour s'obli-
r solidairement avec lui à la garantie de la vente; celle de
cquéreur, pour s'obliger solidairement au paiement du
ix.

En outre, cette vente est faite moyennant la somme de...,
e M B. s'oblige de payer à M. A... en sa demeure, ci-de-
nt indiquée, savoir :... après l'accomplissement des forma-
és de transcription et purge; et les... restant dans un an, à
rtir du..., avec les intérêts sur le pied de cinq pour cent
r an, payables de six mois en six mois, aussi à partir de ce
ir.

M. B... aura quatre mois, à partir de ce jour, pour rem-
r les formalités de transcription et purge. S'il y a des inscrip-
ns, M A... lui en rapportera la main-levée dans la quinzaine de
signification qu'il lui en fera; ce delai expiré, la première partie
prix deviendra exigible de plein droit.

Les titres de propriété seront remis lors du premier paiement du prix; ces présentes seront réalisées devant notaire le plus tôt que faire se pourra, à la première réquisition de l'une des parties et aux frais de l'acquéreur.

Fait double, à..., le...

(*Signatures.*)

Contrat de vente définitif avec établissement de propriété.

Entre les soussignés,

M. A... (*nom, prénoms, profession*) et dame (1), son épouse, qu'il autorise à l'effet des présentes, demeurant ensemble à..., d'une part;

Et M. B... (*idem*) et dame..., son épouse, qu'il autorise à l'effet des présentes, demeurant à..., d'autre part,

A été convenu et arrêté ce qui suit:

M. et madame A... vendent par ces présentes, et s'obligent conjointement et solidairement à garantir de tous troubles, évictions et autres empêchemens quelconques,

A M. et madame B..., acquéreurs pour eux, leurs héritiers et ayans-cause...

DÉSIGNATION.—Une maison sise à..., consistant (*désignation sommaire*).

Telle au surplus que ladite maison s'étend et comporte avec toutes ses circonstances et dépendances.

PROPRIÉTÉ.—M. et madame A... sont propriétaires de cette maison, au moyen de l'acquisition qu'ils en ont faite, durant leur communauté, de M. et madame C..., par contrat passé devant Me***, qui en a la minute, et son collègue, notaires à..., le..., moyennant les prix et somme de..., qui ont été payés suivant deux quittances étant à la suite l'une de l'autre et passées devant les mêmes notaires, les...; la première desquelles constate que les formalités de transcription et purge ont été remplies, et que le paiement a été régulier (2).

---

(1) Lors même que la femme du vendeur n'est pas propriétaire de l'immeuble vendu, il est essentiel de la faire concourir à la vente, et de l'obliger à la garantie, conjointement et solidairement avec son mari, afin qu'elle puisse valablement consentir, s'il y a lieu, la main-levée de son hypothèque légale sans avoir recours à une délibération du conseil de famille qui deviendrait indispensable en pareille matière, si la femme n'avait pas concouru à l'acte

(2) Il est essentiel d'examiner scrupuleusement si tous les prix antérieurs ont été régulièrement payés, la loi accordant à tout vendeur le droit de demander la résolution du contrat de vente, faute de paiement du prix total, et cette action durant 30 années à partir du contrat.

Elle appartient à M. C..., comme lui étant échue par le partage amiable fait entre lui et ses deux frères, tous majeurs, des biens de la succession des sieur et dame C..., leurs père et mère, passé devant M^e***, qui en a gardé la minute, et son collègue, notaires à..., le..., sans soulte ni retour (ou à la charge par lui de payer à ses cohéritiers une soulte de..., qui a été soldée par la clôture du partage, qui en porte quittance).

De laquelle maison M. C... père était propriétaire, au moyen du legs particulier qui lui en a été fait par M. D..., suivant son testament fait olographe, en date, à..., du..., présenté à M. le président du tribunal de.., qui en a fait l'ouverture, constate l'état et ordonne le dépôt ès mains de M^e***, notaire à.... lequel legs a reçu son exécution, attendu qu'il n'entamait pas la réserve légale des enfans de M. D..., comme le constate le partage fait entre eux des biens de leur père, suivant acte passé devant M^e***, et son collègue, notaires à..., le..., et que d'ailleurs ces mêmes héritiers ont consenti à la délivrance dudit legs et à l'exécution du testament, suivant acte passé devant M^e***, et son collègue, notaires à..., le...

Ou bien :

Lequel legs a dû recevoir son exécution, attendu qu'il n'existait pas d'héritier à réserve (1), comme le constate un acte de notoriété fait à défaut d'inventaire, suivant acte passé devant M^e***, notaire à..., en présence de témoins, le...

M. D... en était lui-même propriétaire, au moyen du don entre-vifs qui lui en a été fait par M. D..., son oncle paternel, suivant acte passé devant M^e***, et son collègue, notaires à..., le... M. D.. étant décédé sans ascendans ni descendans, cette donation a dû recevoir son exécution.

Telles sont à peu près les principales manières d'établir une propriété ; il faut, pour qu'elle soit régulière, qu'elle remonte au-delà de 30 années.

Jouissance.—Pour jouir, faire et disposer par les sieur et dame B..., acquéreurs de ladite maison et dépendances, comme bon leur semblera et comme de chose à eux appartenante, au moyen des présentes, à compter de ce jour (2), et néanmoins n'entrer en jouissance réelle, par la perception des loyers, qu'à partir du... (*ordinairement le 1er terme qui suit*).

---

(1) Les héritiers à réserve sont les père et mère, aïeul et aïeule et les enfans et descendans d'eux.

(2) Remarquez que l'on peut être propriétaire à partir du jour de la vente et avoir le droit de disposer immédiatement de la propriété, et cependant ne pouvoir toucher les loyers qu'à partir d'une époque plus éloignée.

CHARGES ET CONDITIONS.—Cette vente est faite aux charges et conditions suivantes, que M. et Mad. B... promettent, sous ladite solidarité, d'exécuter et accomplir, savoir :

1° De prendre ladite maison dans l'état où elle se trouve avec les servitudes actives et passives qui peuvent en dépendre ou la grever, sauf à eux à profiter des premières et à se défendre des secondes, à leurs risques, périls et fortune, et sans que la présente clause puisse conférer à qui que ce soit plus de droits qu'il n'en résulte des titres ;

2° De payer, à partir du... (*ordinairement de l'époque réelle d'entrée en jouissance*), les impositions foncières et autres de toute nature qui pourraient grever la propriété présentement vendue;

3° De payer les droits d'enregistrement et autres auxquels ces présentes pourront donner ouverture;

4° D'entretenir tous les baux, verbaux ou écrits, et particulièrement, etc.... (*désigner les baux qui doivent être entretenus*).

PRIX.—Et en outre, la présente vente est faite moyennant les prix et somme de 30,000 fr., que M. et Mad. B... promettent et s'obligent solidairement de payer à M. et Mad. A..., en leur demeure ci-devant indiquée, ou, pour eux, au porteur de leurs pouvoirs, savoir: 10,000 fr. immédiatement après l'accomplissement des formalités de transcription et purge, dont va être parlé; 10,000 fr., le 1ᵉʳ janvier prochain; et les 10,000 fr. formant le complément du prix le 1ᵉʳ juillet suivant, avec les intérêts sur le pied de 5 p. c/o par an, sans retenue, payables de six mois en six mois à partir de ce jour. Les intérêts diminueront naturellement au fur et à mesure de chaque paiement partiel, à la garantie desquels paiemens la maison présentement vendue demeurera par privilège spécial affectée et hypothéquée (1).

TRANSCRIPTION EN PURGE (2). Les acquéreurs feront transcrire

---

(1) C'est une exception à la règle générale que nous avons établie page 2, que l'hypothèque ne peut être conférée que par acte authentique : le contrat de vente sous seing-privé, dûment transcrit, entraîne hypothèque au profit des vendeurs ; le conservateur est tenu de former d'office inscription à leur profit sur l'immeuble vendu.

(2) La transcription est la copie littérale du contrat translatif de propriété, faite par le conservateur des hypothèques dans l'arrondissement duquel sont situés les biens vendus.

Elle a pour effet d'assurer les droits de l'acquéreur. Les créanciers du vendeur, ayant titre exécutoire, ne seraient plus admis à prendre inscription sur l'immeuble vendu après l'expiration de la quinzaine de la transcription; elle sert aussi d'acheminement pour arriver à purger les hypothèques judiciaires et conventionnelles qui pourraient grever l'immeuble vendu. Les formalités à remplir à cet égard sont déterminées par les art. 2181 et suivans du Code présent contrat au bureau des hypothèques de... (*la situation l'immeuble*), dans le délai de... (*12 jours par exemple*), faute de quoi les vendeurs pourront le faire transcrire aux frais desdits acquereurs.

Ils rempliront toutes les formalités que la loi indique pour purger les hypothèques légales qui pourraient grever ledit immeuble.

Ces formalités devront être mises à fin avant l'expiration d'un délai de quatre mois, à partir de ce jour; faute par les acquereurs d'avoir rempli lesdites formalités dans ledit delai, ils ne pourront s'en prevaloir pour retarder le paiement de la partie exigible dudit prix.

S'il existait des inscriptions, ou si, pendant l'accomplissement desdites formalités, il en survenait, les sieur et dame A... s'obligent, sous ladite solidarité, d'en rapporter main-levée et certificat de radiation dans la quinzaine du jour de la signification qui leur en serait faite à leur domicile.

Les sieur et dame B..., acquereurs, ne seront tenus que des simples frais de transcription, sans inscription **tous** : les frais extraordinaires seront à la charge des vendeurs.

REMISE DE TITRES.

Nota. Il faut énoncer clairement les titres remis et ceux à remettre : le vendeur doit autant que possible exiger que l'on fasse le détail article par article des titres qu'il s'oblige à fournir; ce détail lui évitera des désagrémens et des retards lors des paiemens.

M. et mad. A... ont présentement remis aux sieur et dame B..., qui le reconnaissent, les pièces dont le détail suit :

1°...

Ou bien :

M. et Mad. A... promettent et s'obligent de remettre aux sieur et dame B..., lors du premier paiement du prix, les pièces ci-après :

1°...

---

civil. Elle est également nécessaire dans l'intérêt du vendeur; son titre étant sous signatures privées, il n'aurait pas d'autre moyen pour assurer son privilége et son inscription. La transcription n'entraine aujourd'hui qu'un droit fixe de 1 franc par precedent propriétaire.

La purge légale a pour objet spécial de libérer l'immeuble de toutes hypothèques existantes, independamment de l'inscription, qui pourraient le grever : telles que celles des mineurs des femmes mariées, des interdits. Les formalités à suivre à cet égard sont tracées par les art. 2181 et suivans du Code civil.

4.

S'il convenait aux sieur et dame B..., acquéreurs, de déposer ces présentes chez un notaire, les sieur et dame A .. promettent de se présenter à toutes réquisitions pour intervenir à l'acte de dépôt qui en serait dressé par le notaire, et de reconnaître leurs signatures pour donner à ces présentes le caractère d'acte authentique (1).

Fait double, à..., le...

Vente d'une pièce de terre.

Les soussignés,

M. A... (*nom, prénoms, profession et demeure*) d'une part;

Et M. B..., (*idem*), d'autre part,

Sont convenus de ce qui suit :

M. A... vend à M. B..., qui l'accepte avec garantie de tous troubles et évictions,

Une pièce de terre, située à..., lieu dit..., tenant du nord à..., du midi à..., du levant à..., du couchant à...

Telle, au surplus, que ladite pièce de terre se poursuit et comporte, l'acquéreur déclarant la connaître.

Pour en jouir et disposer par M. B..., comme de chose à lui appartenante en toute propriété et en percevoir les revenus, à partir du 11 novembre prochain.

Cette pièce de terre appartient...

(*Pour l'établissement de la propriété, voyez les modèles que nous avons donnés page 38.*)

La présente vente est faite moyennant la somme de..., que M. B... s'oblige de payer, le... prochain; pendant cet intervalle il remplira, si bon lui semble, les formalités de transcription et purge.

Les titres de propriété ci-dessus énoncés seront remis lors du paiement du prix.

Ces présentes seront réalisées devant notaires à la première demande et réquisition de l'une des parties et aux frais de l'acquéreur.

Fait double à..., le...

(Signatures.)

Vente d'une ferme.

Entre les soussignés,

M. A.. (*nom, prénoms, profession*) et dame***, son épouse, qu'il autorise à l'effet des présentes, demeurant à..., d'une part;

Et M. B... (*nom, prénoms, profession ou qualité, demeure*) d'autre part,

---

(1) Pour l'élection de domicile, voyez ce que nous avons dit page 32.

A été convenu et arrêté ce qui suit :

M. et Mad. A... vendent et s'obligent solidairement entre eux garantir de tous troubles, évictions et empêchemens quelconques, à M. B..., qui l'accepte, acquéreur pour lui, ses héritiers et ayans-cause,

Un corps de ferme composé de bâtimens d'exploitation, logement du fermier, deux granges, deux écuries, et autres circonstances et dépendances de... hectares... ares... centiares, tant en terres labourables qu'en prés et bois, savoir: en terres labourables... hectares... ares... centiares...; en... pièces, dont la 1re située à .., lieu dit..., contient. . . hectares. . . ares. . . centiares, et tient du levant à. . ., du couchant à..., du nord à..., du midi à...

La 2e (*désigner successivement et de cette manière les pièces de terres, prés et bois*)...

Ainsi que ladite ferme et dépendances se poursuivent et comportent, l'acquéreur déclarant les bien connaître et en être satisfait.

L'on ajoute quelquefois : Ladite ferme et dépendances sont vendues dans l'état où elles se trouvent actuellement, sans aucune garantie de mesure, le plus ou le moins devant tourner au profit ou à la perte de l'acquéreur.

Pour jouir, faire et disposer, par l'acquéreur de ladite ferme comme de chose à lui appartenante, au moyen des présentes, à compter de ce jour et en toucher les revenus, savoir: quant aux objets loués par la perception des fermages représentatifs de l'année..., et quant aux objets non loués par la récolte desdits fruits actuellement adhérens au sol.

Cette terre appartient, etc. (*Pour l'établissement de la propriété voir le modèle page 38.*)

Cette vente est faite à la charge de M. B..., acquéreur, qui s'y oblige, 1° de prendre ladite ferme dans l'état où elle se trouve avec les servitudes actives et passives qui peuvent en dépendre ou les grever, sauf à lui à profiter des unes et à se défendre des autres à ses risques, périls et fortune, le tout conformément aux titres qui les constatent, s'il en existe aucun;

2° D'acquitter les contributions foncières et autres impôts de toute nature qui grèvent ladite ferme (1).

---

(1) Il est fort important de fixer précisément l'époque à compter de laquelle les impositions seront payées, surtout lorsque l'époque d'entrée en jouissance est divisée comme dans cette formule; car en général l'acquéreur n'est tenu de l'impôt que du jour de son entrée en jouissance, et si cette jouissance est scindée cela peut faire le sujet de contestations.

En outre, la présente vente est faite moyennant le prix et somme de. . ., que ledit sieur B..., acquéreur, s'oblige de payer aux époques ci-après fixées (*fixer les époques de paiement*) ; le tout avec l'intérêt à 5 p. 0/0, payable de six mois en six mois, à partir du. . ., à la garantie desquels paiemens ledit corps de ferme et dépendances demeurent affectés, obligés et hypothéqués.

Ledit sieur B... fera transcrire et purger légalement, dans le délai de quatre mois de ce jour ; et s'il y a ou survient des inscriptions, le vendeur en rapportera les certificats de radiation dans le délai de quinze jours, à partir de la signification.

M. et Mad. A... promettent de remettre à M. B..., lors du premier paiement du prix, tous les titres de propriété de ladite ferme ci-devant énoncés.

Ces présentes seront réalisées devant notaire à la première réquisition de l'une ou de l'autre des parties, et aux frais de l'acquéreur.

Fait double, à..., le...

(Signatures.)

DE LA VENTE A RÉMÉRÉ.

Le réméré est la faculté que le vendeur se réserve de pouvoir reprendre la chose vendue dans un délai déterminé, moyennant la restitution du prix et autres indemnités de droit. (C. C., art. 1673.)

La réserve du réméré doit être faite dans l'acte de vente même, et non par acte postérieur.

La faculté de réméré ne peut être stipulée pour un terme excédant cinq années.

Si elle est stipulée pour un terme plus long, elle est réduite à ce terme.

Mais elle peut être stipulée pour un terme plus court, et l'acquéreur devient propriétaire incommutable par la seule échéance du terme. (C. C., art 1662.)

Le délai court contre toutes personnes, même les mineurs. (C. C., art. 1663.)

Le vendeur à pacte de rachat peut exercer son droit contre un second acquéreur, quand même la faculté de réméré n'aurait pas été déclarée dans ledit contrat. (C. C., art. 1664.)

Le vendeur qui use de la faculté de rachat doit rembourser non seulement le prix principal, mais encore les frais et loyaux coûts de la vente, les réparations nécessaires, et celles qui ont augmenté la valeur du fonds, jusqu'à concurrence de cette augmentation. Il ne peut rentrer en possession qu'après avoir satisfait à toutes ces obligations.

Lorsque le vendeur rentre dans son héritage par suite du pacte de rachat, il le reprend exempt de toutes les charges et hypothèques dont l'acquéreur l'aurait grevé; il est tenu d'exécuter les baux faits sans fraude par l'acquéreur. (Code civil, art. 1673.)

La clause du rachat paraît s'appliquer aussi bien aux meubles corporels qu'aux immeubles. Cependant, en fait de meubles, elle ne peut avoir d'effet qu'entre les parties contractantes, puisque le fait seul de la propriété est un titre suffisant vis-à-vis des tiers auxquels cette clause ne pourrait jamais être opposée.

Vente mobilière à réméré.

Les soussignés,

M. A... (*nom, prénoms, qualités ou profession, demeure*), d'une part;

Et M. B... (*idem*), d'autre part,

Sont convenus de ce qui suit :

M. A... vend, sous la réserve du réméré ci-après exprimé, à M. B..., qui l'accepte,

Les objets mobiliers dont la désignation suit (*les désigner*).

Ces objets mobiliers sont vendus dans l'état où ils se trouvent actuellement; M. B..., acquéreur, déclare les avoir déjà en sa possession.

Cette vente est faite moyennant la somme de mille francs, que M. A... reconnaît avoir reçue à l'instant de M. B...; en valeur à sa satisfaction..., dont quittance.

M. A..., vendeur, se réserve, pendant six mois à partir de ce jour, la faculté de reprendre les objets mobiliers ci-dessus vendus en remboursant à M. B... ladite somme de mille francs, ensemble tous les frais que ces présentes pourraient occasionner.

Ce remboursement devra être fait en un seul paiement, et, faute par M. A... d'avoir exercé la faculté de réméré ci-dessus avant l'expiration dudit délai, M. B... demeurera propriétaire incommutable desdits objets mobiliers, sans qu'il soit besoin d'aucun acte de procédure.

Fait double, à..., le...

(Signatures.)

Vente à réméré d'un immeuble.

Les soussignés,

M. A... (*nom, prénoms. qualité et demeure*), d'une part;

Et M. B... (*idem*), d'autre part,

Sont convenus de ce qui suit :

M. A... vend par ces présentes et promet garantir de tous troubles, évictions et autres empêchemens,

Audit sieur B..., qui l'accepte, acquéreur pour lui, ses héritiers et ayans-cause,

Une maison de campagne et d'agrément, située à Auteuil, près Paris, rue..., n°..., consistant en un principal corps de logis, au fond de la cour, élevé d'un rez-de-chaussée, 1er étage et 2e étage, toit à l'italienne, deux pavillons en ailes, dont un sert de logement au jardinier, l'autre d'écurie, buanderie et logement de gens, cour d'honneur, basse cour, jardin de la contenance de... environ... entouré de murs de tous côtés.

Cette maison est ornée de glaces, boiseries et autres embellissemens (*les désigner formellement*), lesquels sont compris dans la présente vente.

Le tout est d'ailleurs vendu tel qu'il est sans aucune exception ni réserve, l'acquéreur déclarant connaître parfaitement ladite maison.

Pour jouir et disposer par M. B..., acquéreur, de ladite maison et dépendances comme bon lui semblera et de choses à lui appartenantes, au moyen des présentes, à compter de ce jour.

Ladite maison appartient (*expliquer la propriété conformément aux bases que nous avons indiquées en la page 38*).

Cette vente est faite (*voyez les charges ordinaires, page 40*).

Et en outre, moyennant les prix et somme de 60,000 fr., dont 20 000 fr. pour les objets mobiliers, détaillés et estimés ci-dessus, et 40,000 fr. pour l'immobilier (1), laquelle somme M. B..., a à l'instant payée audit sieur A... en espèces et monnaie ayant cours, sous la condition néanmoins qu'elle restera déposée ès-mains de M. C..., ci-après intervenant, jusqu'après l'accomplissement des formalités de transcription et purge légale sans inscription.

L'acquéreur fera transcrire (*voyez la suite, page 40*).

M. A... a présentement remis à M. B..., qui le reconnaît, les titres de propriété ci-après désignés, savoir (*voyez page 41.*)

---

(1) Il est important de diviser le prix du mobilier et de l'immobilier; parceque le mobilier, lorsqu'il est estimé article par article, ne paie que 2 p. 0/0 de droit d'enregistrement, au lieu que le prix applicable à l'immobilier est susceptible d'un droit de 5 1/2 pour cent.

M, A... se réserve la faculté, pendant trois ans, à partir de ce jour, de reprendre ladite maison circonstances et dépendances, qui viennent d'être vendues; en remboursant à M. B... ladite somme de 60,000 fr., tous les frais auxquels ces présentes pourront donner ouverture, les grosses réparations, celles nécessaires, et les ameliorations qui auraient augmenté (1) la valeur du fonds, mais seulement jusqu'à concurrence de l'augmentation réelle.

Ce remboursement ne pourra être fait qu'en un seul paiement, au domicile de M. B...; et faute par M. A... de l'avoir effectué dans les termes et de la manière fixée, il sera déchu de plein droit de ladite faculté de réméré, et M. B..., ses héritiers ou ayans cause demeureront propriétaires incommutables, sans qu'il soit besoin d'aucun acte de procédure.

Ces présentes seront réalisées devant notaires à la première réquisition de l'une des parties contractantes et aux frais du requérant.

Fait double, à...,

(*Signatures.*)

DE LA PROMESSE DE VENTE.

La promesse de vente vaut vente lorsqu'il y a consentement sur la chose et sur le prix. (Code civil, art. 1589.)

Mais, pour qu'elle lie irrévocablement les parties, il faut qu'elle ait été faite sans arrhes; car si la promesse a été faite avec des arrhes, chacun des contractans est maître de s'en départir: celui qui les a reçues en restituant le double, celui qui les a données en les perdant. (Code civil, art. 1590.)

La promesse de vente se fait souvent sous signa-

---

(1) Il est inutile de faire sentir combien de pareilles ventes sont dangereuses; l'espérance de rentrer dans l'objet vendu inspire au vendeur une funeste facilité, il accepte un prix évidemment au-dessous de la valeur réelle de l'héritage, et l'impossibilité où il peut se trouver à l'époque fatale de retirer son bien peut rendre un pareil contrat très préjudiciable à ses interêts.

D'ailleurs, la loi accorde à l'acquéreur le droit de faire des dépenses et améliorations, et le propriétaire primitif qui veut exercer la faculté qu'il s'est réservée est obligé de rembourser les impenses jusqu'à concurrence des améliorations réelles; mais de semblables ameliorations peuvent augmenter tellement la valeur de l'immeuble que le vendeur, qui aurait pu rembourser le prix primitif, se trouve dans l'impossibilité de payer l'immeuble d'après sa valeur réelle.

tures privées. Lorsque les contractans sont d'accord, l'un de vendre et l'autre d'acquérir, ils se lient souvent réciproquement par une promesse de vente, sous seing privé, faite double.

Mais ces promesses de vente valent vente ; si les parties ne peuvent s'entendre sur la rédaction du contrat, elles se trouvent dans la nécessité de faire enregistrer leur promesse, qui fait leur loi commune, et leurs intérêts respectifs sont discutés sur des bases presque toujours mal assises. De là mille contestations.

Pour prévenir cet inconvénient, il est nécessaire de mettre dans la rédaction de ces promesses de vente le même soin et la même précision que dans le contrat définitif.

Nous avons donné, page 36, un modèle de vente provisoire; nous y renvoyons, ainsi qu'aux divers autres modèles de contrat de vente que nous avons présentés. Ces cadres serviront de guide pour rédiger les promesses de vente ; on aura soin d'y faire seulement les changemens que la raison indique.

DE LA VENTE EN MATIÈRE COMMERCIALE.

Outre les règles que nous avons données, qui s'appliquent aux ventes en matière civile, il en est quelques autres qui régissent spécialement les ventes commerciales.

Ainsi, d'après l'article 109 du Code de commerce, la vente des marchandises se constate par acte public, par acte sous seing privé, par une facture acceptée, par la correspondance, par les livres des parties, par la preuve testimoniale, dans le cas où le tribunal croit devoir l'admettre.

Lorsque les marchandises ne sont pas vendues en bloc, mais au poids, au compte ou à la mesure, la vente n'est pas parfaite en ce sens que les choses vendues sont au risque du vendeur jusqu'à ce qu'elles soient pesées, comptées ou mesurées ; mais l'acheteur peut en demander la délivrance ou des dommages-intérêts, s'il y a lieu, en cas d'inexécution de l'engagement. (Art. 1586.)

Si au contraire les marchandises ont été vendues en bloc, la vente est parfaite, quoique les marchandises n'aient pas été comptées, pesées ni mesurées. (Art. 1586.)

A l'égard du vin, de l'huile et des autres choses qu'on est dans l'usage de goûter avant de faire l'achat, il n'y a pas de vente tant que l'acheteur ne les a pas goûtées et agréées. (Code civil, art. 1587.)

La vente faite à l'essai est toujours présumée faite sous une condition suspensive.

La délivrance, comme nous l'avons vu, est le transport de la chose vendue en la puissance de l'acheteur. (Code civil, art. 1608.)

La délivrance doit se faire au lieu où était, au temps de la vente, la chose qui en a fait l'objet, s'il n'en a été autrement convenu. (Code civil, art. 1609.)

Si le vendeur manque à faire la délivrance dans le temps convenu entre les parties, l'acquéreur pourra à son choix demander la résolution de la vente, ou sa mise en possession, si le retard ne vient que du fait du vendeur. (Code civil, article 1610.)

Dans tous les cas le vendeur doit être condamné aux dommages-intérêts, s'il résulte un préjudice pour l'acquéreur du défaut de délivrance au temps convenu. (Code civil, art. 1611.)

Le vendeur n'est pas tenu de délivrer la chose, si l'acquéreur n'en paie pas le prix, et que le vendeur ne lui ait pas accordé un terme pour le paiement. (Code civil, art. 1612.)

Il ne sera pas non plus obligé à la délivrance, quand même il aurait accordé un délai pour le paiement, si, depuis la vente, l'acheteur est tombé en déconfiture; en sorte que le vendeur se trouve en danger imminent de perdre le prix, à moins que l'acheteur ne lui donne caution de payer au terme. (Code civil, art. 1613.)

La chose doit être délivrée en l'état où elle se

trouve au moment de la vente ; depuis ce jour tous les fruits appartiennent à l'acquéreur. (Code civil, art. 1614.)

L'obligation de délivrer la chose comprend ses accessoires et tout ce qui a été destiné à son usage perpétuel. (Code civil, art. 1615.)

Vente de marchandises.

Les soussignés,

M. A... (*nom, prénoms, profession et demeure*), d'une part ;
Et M. B... (*idem*), d'autre part,
Sont convenus de ce qui suit :
M. A... vend avec garantie de toutes saisies et revendications à M, B..., qui l'accepte, les marchandises ci-après désignées ; savoir :
Désigner les objets vendus.
M. B... pourra, quand bon lui semblera, les faire enlever des magasins de M. A.... L'enlèvement devra néanmoins être fait avant le... M. B. s'oblige de payer à M. A... le prix desdites marchandises vendues en bloc, et fixe entre les parties à la somme de..., avant l'enlèvement ou au moment de l'enlèvement desdites marchandises.

Fait double, à..., le

(Signatures.)

Vente de marchandises vendues à raison du poids et de la qualité. Paiement en billets.

Les soussignés,

M. A... (*nom, prénoms, profession et demeure*), d'une part ;
Et M. B... (*idem*), d'autre part,
Sont convenus de ce qui suit :
M. A... vend avec garantie de toute saisie et revendication à M. B..., qui l'accepte,
1° Cent kilog. de café Moka, première qualité ;
2° Deux cents kilog. de sucre superfin, première qualité :
Lesquelles marchandises sont vendues à raison, savoir : le café de... le kilog., et le sucre de... le kilog., ce qui fait au total la somme de...

M. A... promet de faire la délivrance desdites marchandises à la première réquisition de M. B..., qui déclare les avoir goûtées et agréées ; elles seront pesées avant que M. B... en prenne livraison.

M. B... a payé immédiatement le prix desdites marchandises à M. A... en deux billets à ordre : le premier en date du..., payable le..., de la somme de... ; le deuxième de la somme de..., payable à..., le...

Il est convenu que faute par M. B... d'avoir pris livraison desdites marchandises dans le delai qui a été fixé et prescrit, il paiera (*tant*) par chaque jour de retard.

Fait double, à..., le

Vente de marchandises avec stipulation de dommages-intérêts en cas d'inexécution de la convention de la part de l'une des parties.

Les soussignés,

M. A... (*nom, prénoms, profession et demeure*), d'une part;

Et M. B... (*idem*), d'autre part,

Sont convenus de ce qui suit :

M. A... vend par ces presentes, avec garantie de toute saisie et revendication, à M. B... qui l'accepte,

Les marchandises ci-après (*les désigner*), aux prix qu'on aura déterminés, savoir :

1° Tant de kilog. de sucre..., à raison de... le kilog.

M. A... s'oblige de faire délivrance desdites marchandises à M. B... le .. au domicile de lui, vendeur, à la charge par M. B... de lui en payer le prix en trois effets ; chacun de la somme de..., payables le... M. B..., de son côté, s'oblige de prendre livraison desdites marchandises aux époques qui viennent d'être fixées, et à la remise desdits effets avant de prendre livraison.

Et dans le cas où l'un des contractans manquerait à son engagement, et faute d'avoir effectué ou pris livraison à l'époque et aux conditions ci-dessus, le contrevenant paiera à l'autre (*tant*) à titre de dommages et intérêts, fixé d'avance entre les parties, quelle que soit d'ailleurs la cause, hors le cas de force majeure, qui l'a t empêché de remplir son engagement

Fait double, à..., le

(*Signatures.*)

Convention relative à des fournitures à faire.

Les soussignés,

M. A... (*noms, prénoms, profession et demeure*), d'une part ;

Et M. B... (*idem*), d'autre part,

Sont convenus de ce qui suit :

M. A... promet et s'oblige de fournir à M B..., qui l'accepte,

Les marchandises dont le détail suit, aux prix de facture ci après fixés.

(*Détailler les marchandises avec les prix de facture.*)

M. B..., en recevant lesdites marchandises que M. A... devra lui expédier avant le... sous peine de (*tant*) de dommages-interêts, s'oblige de souscrire au profit de M. A..., et de remettre à M. C..., son banquier à Paris, un billet à ordre du montant de la valeur des objets livrés, payable le... et causé valeur reçue en marchandises.

Ces marchandises seront expédiées à M.*** par (*tel*) roulage.

Les risques de route seront à la charge de l'acquéreur, sauf son recours contre qui de droit, s'il y a lieu (1).

Fait double, à..., le

(*Signatures.*)

Autre convention pour fournitures de marchandises.

Les soussignés,

M. A... (*nom, prénoms, profession et demeure*), d'une part;

Et M. B... (*idem*), d'autre part,

Sont convenus de ce qui suit :

M. A... promet et s'oblige de fournir à M. B... les marchandises dont le détail suit, aux prix de facture ci-après fixés.

(*Désigner les marchandises, leur prix, leur poids, leur mesure.*)

Ces marchandises seront expédiées et rendues à son domicile avant le... par (*tel*) roulage..., à la charge par lui de payer les frais de voitures, transports et entrées.

M. B... accepte ladite promesse, et s'oblige de payer les prix fixés en recevant les marchandises dans ledit délai.

Si les marchandises n'étaient pas parvenues à leur destination le..., M. B... ne sera pas tenu de les accepter.

Le défaut d'envoi ou refus motivé et légitime d'acceptation desdites marchandises entraînera contre le vendeur une indemnité de la somme de..., qui sera considérée comme compensation des bénéfices que le sieur B..., acheteur, aurait pu faire si la convention eût reçu son exécution; elle devra être payée dans la quinzaine, à partir du jour où ces marchandises auraient dû être livrées.

Par dérogation aux usages, les risques de route seront à la charge de l'expéditeur.

Fait double entre les soussignés, à..., le

(*Signatures.*)

Vente de fonds de commerce.

La vente d'un fonds de commerce est une vente mobilière; cependant nous avons cru devoir nous en occuper particulièrement sous un chapitre spécial, à cause de son importance.

____

(1) Nous donnerons ci-après les modèles des procès-verbaux à dresser en cas d'avaries, pour se réserver le recours contre les commissionnaires de roulage ou voituriers.

Lorsque l'on vend ou qu'on achète il est prudent 1°
de séparer la partie du prix qui s'applique à l'achalandage de celle qui frappe sur le mobilier, attendu que
si l'on soumet l'acte à la formalité de l'enregistrement,
soit au moment même de la rédaction des conventions, soit par la suite, on peut éviter de supporter
le *maximum* des droits d'enregistrement, la division
présentant l'avantage de ne donner ouverture qu'au
droit d'un franc pour cent sur l'achalandage, tandis
que celui qui s'applique au mobilier est de deux
francs pour cent;

2° L'acquéreur doit autant que possible se mettre
immédiatement en possession du fonds vendu, faire
mettre l'enseigne en son nom, et ne payer le prix
stipulé que dix jours après la vente, qui devra acquérir date certaine par l'enregistrement. Ces précautions ont pour but de se garantir, en cas de faillite
du vendeur, du recours des créanciers; la loi annu-
lant tout acte de vente fait, par le failli, dans les dix
jours qui ont précédé la faillite. On dépose ordinairement le prix du fonds entre les mains d'une personne qui mérite la confiance mutuelle des contractans.

En observant même ces formalités, il ne serait pas
prudent d'acheter d'un homme qui serait en déconfiture complète, lors même que sa faillite ne serait
pas déclarée, et de payer le prix de l'acquisition,
parce que la loi accorde aux tribunaux le droit de
faire remonter l'ouverture d'une faillite à l'époque
antérieure où il était évident que le failli était en déconfiture bien caractérisée;

3° Le vendeur, à moins qu'il n'ait une extrême
confiance dans son acquéreur, doit exiger, au moment même de la livraison, le paiement intégral du
prix ou au moins une caution notoirement solvable
pour la partie du prix non payée: car, quoique la jurisprudence accorde au vendeur la faculté de reprendre l'objet vendu, faute de paiement; comme
les meubles n'ont pas de suite par hypothèque, la
mauvaise foi de l'acquéreur peut rendre illusoire ce
privilége.

5.

FORMULE.

Les soussignés,

M. A... (*nom, prénoms, qualités ou profession, demeure*), d'une part;

Et M. B... (*idem*), d'autre part,

Sont convenus de ce qui suit :

M. A... vend par ces présentes, avec garantie de tous troubles, revendications et empêchemens quelconques,

A M. B..., qui l'accepte,

Le fonds de marchand épicier qu'il exploite rue..., n°..., les pratiques et achalandages qui en dépendent, ensemble les marchandises qui en font partie, et dont le détail suit, savoir :

1° (*détailler les marchandises avec estimation*)...

Ou bien :

Ensemble les marchandises qui en font partie, dont la quotité, qualité et prix seront fixés par l'état descriptif et estimatif qu'en feront les parties la veille de l'entrée en jouissance.

Pour en jouir, faire et disposer, par M. B..., comme bon lui semblera et de chose à lui appartenante en toute propriété, au moyen des présentes, à compter de ce jour et n'entrer en possession que le..., jour auquel M. A... lui en fera livraison.

Cette vente est faite moyennant la somme de..., dont pour l'achalandage... et pour le mobilier... (1),

Laquelle somme de... M. A... reconnaît avoir reçue de M. B... en valeurs à sa satisfaction.

M. A... a immédiatement déposé les valeurs ès mains de M.*** pour ce intervenant, qui le reconnaît et s'en charge, pour ne lui être remises que dans le cas où, jusqu'au..., il ne surviendrait pas d'empêchement ni trouble à l'exercice des droits résultant, au profit de M. B..., de ces présentes (2).

M. A... promet et s'oblige à ne prendre aucun établissement d'un genre semblable à celui qu'il vient de vendre (*en telle ville, tel département, ou seulement tel ou tel arrondissement*), sous peine de payer à M. B... la somme de..., à titre de dommages-intérêts.

---

(1) Si les marchandises sont constatées par état postérieur, la totalité du prix doit porter sur l'achalandage, le prix du mobilier étant constaté par l'état estimatif.

(2) Il vaut mieux que le dépôt soit fait par acte séparé; le dépositaire peut donner une reconnaissance, conçue en ces termes : « Je soussigné déclare que M. A. m'a déposé la somme de...., qu'il a déclarée être le prix de la vente qu'il a faite à M. B., par acte sous seing privé, en date, à......... du...... pour ne lui être remis que dans le cas où, d'ici au.......... exclusivement, il ne surviendra pas de saisies, oppositions ou autres empêchemens à ladite vente..... Paris, le............, fait par moi en duplicata: l'un pour le vendeur, l'autre pour l'acquéreur. »

De plus, M. A.. a cédé à M. B..., qui l'accepte, son droit au bail des lieux où s'exploite ledit commerce, consistant...,pour tout le temps qui en reste à courir, c'est-à-dire pour..., à la charge de se conformer à toutes les obligations qui lui ont été imposées par cet acte dont il a donné une connaissance exacte à M *** par la remise de... (*un double de l'acte sous seing privé ou de l'expédition du bail*); lequel bail n'interdit pas la faculté de transporter ses droits,

Fait triple, à..., le...

Deuxième formule.

Les soussignés,

M. A... (*nom, prénoms, profession, demeure*), d'une part ;
Et M. B.. (*idem*), d'autre part,
Sont convenus de ce qui suit :
M. A... vend, par ces présentes, avec promesse de garantir de tous troubles, saisies et revendications,
A M. B..., qui l'accepte,
La partie de son commerce qui s'applique à l'épicerie, avec tous les ustensiles et objet nécessaires à son exploitation, les marchandises, pratiques et achalandages qui y sont attachés,
Pour en jouir, faire et disposer, par M. B..., comme de chose lui appartenant en toute propriété, au moyen des présentes, à compter de ce jour, à l'effet de quoi les parties ont immédiatement procédé à l'inventaire des ustensiles, objets mobiliers et marchandises qui se trouvent compris en la présente vente, et sont constatés par l'état qu'ils en ont dressé, lequel, fait en double original, est demeuré joint à chaque double du présent acte, après avoir été certifié véritable par les soussignés.
Cette vente est faite moyennant la somme de..., sur laquelle M. B... a payé à l'instant celle de...; le surplus sera payé de mois en mois, à partir du... prochain, par portion égale, de... chacune; et pour assurer le paiement de ce reliquat aux époques qui viennent d'être déterminées, M. B... a souscrit au profit de M. A... quatre billets à ordre, chacun de la somme de..., datés, à..., du..., le premier payable le..., le second le...; lesquels billets ne font qu'une seule et même chose avec ces présentes, leur acquit devant entraîner la libération définitive de M. B... envers M. A...
M. A.. se réserve expressément le droit de continuer le commerce de la mercerie, et M. B... s'interdit expressément le droit de joindre ce genre de commerce à celui d'épicerie qu'il va exercer ou même à l'exercer séparément (*en tel endroit*). L'indemnité, en cas de contravention, de la part de l'une ou de l'autre des parties, est fixée à la somme de...
De plus, M. A... cède à M. B... son droit au bail des lieux qu'il occupe, en vertu de l'acte sous seing privé fait entre lui et M.***, propriétaire, pour tout le temps qui en reste à courir, c'est-à-dire pour..., à la charge de se conformer en tout, et l'exécuter toutes les obligations que lui impose ce bail, et spé-

cialement à la charge de payer, aux époques déterminées par le sous seing privé, la somme annuelle de...

Reconnaît M. B... que M. A. . lui a à l'instant remis le double dudit bail sous signatures privées, dont décharge.

Fait double, à..., le...

(Signatures.)

DE LA VENTE DES PRODUCTIONS DE L'ESPRIT.

La loi doit protéger spécialement ces hommes qui emploient leurs veilles à propager les lumières, à composer des ouvrages utiles ou simplement agréables. Les productions de l'esprit ou du génie sont la propriété de l'auteur; il peut tirer tous les avantages que ses ouvrages ou ses découvertes sont susceptibles de produire; il peut les vendre, les céder aux conditions qu'il détermine.

Plusieurs lois ont été faites pour assurer aux auteurs ou inventeurs la propriété de leurs ouvrages ou découvertes.

Le décret du 19 juillet 1793, et l'art. 39 de l'acte du gouvernement du 5 février 1810, assurent aux auteurs d'écrits en tout genre, compositeurs de musique, peintres ou dessinateurs qui font imprimer, graver des ouvrages, dessins ou tableaux; en un mot à tous ceux à qui appartient la première conception d'un ouvrage de littérature, sciences ou beaux-arts, le droit exclusif pendant leur vie et pendant celle de leurs veuves, si les conventions matrimoniales de celles-ci leur en donnent la jouissance, de vendre, faire vendre et distribuer leurs ouvrages dans le territoire français, et d'en céder la propriété en tout ou partie.

Les enfans le conservent encore 20 ans après la mort de l'auteur; les autres héritiers ne le conservent que 10 années.

Si l'auteur a vendu ses droits à la totalité des éditions, le cessionnaire conserve ses droits 20 ans ou 10 ans, selon que l'auteur a laissé en mourant des héritiers en ligne directe ou en ligne collatérale.

Ces délais expirés chacun est libre d'en faire l'impression et le débit en se conformant aux réglemens particuliers sur la police, l'imprimerie ou la librairie.

Conformément au décret du 22 mars 1805 (1er germinal an 13), les propriétaires d'ouvrages posthumes ont les mêmes droits que l'auteur, à la charge de l'imprimer séparément.

Les auteurs étrangers qui font paraître en France des ouvrages non encore publiés, peuvent, suivant l'art. 4 du décret du 5 février 1810, invoquer le bénéfice de ces lois, et le même droit appartient à leurs cessionnaires.

Pour assurer cette propriété et conserver l'exercice exclusif des droits qui en résultent, il suffit de déposer à la préfecture de son département, et à Paris, à la direction de la librairie, deux exemplaires de chaque ouvrage; par ce moyen on acquiert le droit de poursuivre les contrefacteurs, vendeurs ou distributeurs d'exemplaires contrefaits, quand même la contrefaçon serait antérieure à ce dépôt.

Les mêmes principes s'appliquent aux pièces de théâtre, conformément aux lois des 19 janvier et 6 août 1791 ; les ouvrages des auteurs vivans ne peuvent être représentés sur aucun théâtre public, dans toute l'étendue de la France, sans le consentement formel et par écrit des auteurs, sous peine de confiscation du produit total des représentations au profit des auteurs.

Les héritiers ou cessionnaires des auteurs de pièces de théâtre sont propriétaires de leurs ouvrages durant l'espace de 5 années après la mort de l'auteur.

L'art. 12 de l'acte du gouvernement du 8 juin 1806 attribue les mêmes droits aux propriétaires de pièces posthumes.

En ce qui concerne le droit d'imprimer et débiter des pièces imprimées, il ne dure que 10 ans au profit des héritiers quels qu'ils soient, conformément aux décrets des 19 juillet et 1er septembre 1793, et un avis du conseil d'état du 23 août 1811 ayant déclaré que les articles 39 et 40 du décret du 5 février 1810 n'étaient pas applicables à ces sortes de compositions.

La vente d'un manuscrit peut être faite verbalement ou par écrit : lorsque la valeur du manuscrit excède 150 fr., il est plus prudent de rédiger ses conventions par écrit en cas de contestation ; la preuve par témoins ne serait pas admise au-delà de cette somme.

L'on peut vendre la propriété de l'ouvrage ou ne vendre que le droit de publier une ou plusieurs éditions.

Dans ce dernier cas, l'auteur ne peut publier de nouvelles éditions que lorsque les anciennes sont vendues.

Si le libraire ne pouvait ou ne voulait vendre tout ou partie des exemplaires de la 1re édition, l'auteur pourrait le contraindre à les lui vendre au prix primitif.

Il pourrait aussi contraindre le libraire, acquéreur, à publier l'ouvrage vendu ; c'est encore une des conditions qui est toujours sous-entendue dans ces sortes de contrats ; il peut toujours en exiger l'exécution.

FORMULE *de vente de manuscrits.*

Les soussignés,

M. A... (*nom, prénoms, demeure*), auteur d'un ouvrage intitulé (*dire le titre de l'ouvrage*), d'une part;

Et M. B... (*idem*), libraire, demeurant à..., d'autre part;

Sont convenus de ce qui suit :

M. A... vend avec garantie de ses faits et promesses, c'est-à-dire qu'il est auteur de l'ouvrage et qu'il ne l'a cédé à qui que ce soit,

A M. B..., qui l'accepte,

Le manuscrit de l'ouvrage dont vient d'être parlé, dans l'état où il se trouve. M. B... déclare en avoir pris connaissance et en être satisfait.

Pour en jouir et disposer par M. B..., aux charges ci-après, à compter de ce jour, comme sa propriété, conformément aux lois sur les ouvrages littéraires.

Cette vente est faite à la charge par M. B..., qui le promet et s'y oblige, 1° de faire imprimer et publier l'ouvrage dans le délai de.. , à partir de ce jour; 2° de soumettre à M. A... toutes les épreuves d'impression, afin qu'il puisse faire toutes les corrections et changemens qu'il jugera convenables;

3° De lui remettre, sans diminution du prix ci-après fixé, vingt exemplaires dudit ouvrage, pour les cadeaux qu'il se propose de faire.

Et en outre, moyennant la somme de..., sur laquelle M. B... a à l'instant payé à M. A..., qui le reconnait, celle de...; à l'égard du surplus du prix, il s'oblige de lui payer, en sa demeure à..., en deux termes et paiemens égaux de chacun...: le premier...le..., le deuxième... le..., sans aucun intérêt jusqu'à l'échéance, et sous la condition qu'à défaut de paiement ladite somme produira de plein droit intérêt à 5 p. 0/0 à partir du jour de l'échéance de chaque partie dudit prix.

M. B... reconnait que M. A... lui a à l'instant remis le manuscrit dudit ouvrage.

(*Signatures.*)

Vente de droits incorporels, ou des cessions et transports.

Sous ce titre nous nous occuperons des principes généraux qui s'appliquent aux ventes des choses incorporelles : nous donnerons les formules des cessions qui ne dérivent pas d'une convention précédente, comme le transport d'hérédité, ou qui n'en dérivent qu'implicitement, comme le transport de droits litigieux, de créances sur l'état, etc. ; nous aurions pu aussi donner un modèle de transport de tout ou partie du prix de vente, parce que nous connaissons déjà le contrat de vente, mais ces transports se font presque toujours par acte notarié, ce qui est nécessité par la subrogation dans l'hypothèque du vendeur qu'ils contiennent presque toujours : nous nous abstiendrons donc d'en parler.

Quant aux transports de créances, rente perpétuelles et viagères et autres qui exigent la connaissances des actes d'où ils dérivent, nous en renverrons les modèles à la suite des diverses natures d'actes qui leur donnent naissance.

L'on appelle transport ou cession la vente d'une créance ou d'un droit, moyennant un prix exprimé; le vendeur s'appelle cédant, l'acquéreur cessionaire.

Le transport est un acte synallagmatique, c'est-à-dire qu'il exige le concours des deux parties contractantes. Il doit être accepté par le cessionnaire, pour être parfait; jusqu'à l'acceptation, le cédant peut le révoquer.

Le cessionnaire n'est saisi à l'égard des tiers que par la signification du transport faite au débiteur; néanmoins le cessionnaire peut être également saisi par l'acceptation du transport faite par le débiteur dans un acte authentique (Code civil, art. 1690.

La signification ne peut être valablement faite au préjudice des créanciers opposans (1), s'il en existe; la signification ne vient que comme nouvelle opposition et donne droit au cessionnaire à participer à la distribution au marc le franc avec les autres créanciers.

S'il y a plusieurs cessions, le cessionnaire qui le premier a fait signifier son titre est seul saisi lors même que l'acte qui lui transfert la propriété serait postérieur en date à celui des autres cessionnaires.

Le transport est fait avec toute garantie ou sans garantie. Dans le premier cas, il entraîne, de la part du cédant, l'obligation de rendre indemne le cessionnaire, si, après avoir fait les diligences nécessaires pour être payé, il justifie qu'il ne l'a point été par l'insolvabilité du débiteur ou toute autre cause que le fait personnel du cessionnaire.

La stipulation de non garantie a pour effet de mettre l'objet transporté, aux risques et périls de

---

(1) Lorsqu'il existe une ou plusieurs oppositions, il serait prudent au débiteur de se démunir des fonds qu'il a entre mains, en conservant seulement vers lui le montant des causes des oppositions; car si, postérieurement à ce paiement partiel, il survenait une nouvelle opposition, la somme qui resterait entre les mains du débiteur devrait être distribuée au marc le franc entre les opposans : mais alors les premiers opposans éprouveraient un dommage par le fait même du débiteur, puisqu'ils recevraient moins qu'il n'auraient reçu s'il n'y avait pas eu de paiement partiel; ce dommage devrait être réparé par le débiteur qui en payant ainsi aurait nui indirectement aux intérêts des opposans, conservés par l'opposition.

ssionnaire, du jour de la cession ; mais le cédant, nonobstant cette stipulation, doit garantir l'exis-nce de la créance au moment du transport, à moins qu'il n'ait exprimé formellement dans l'acte les justes otifs qu'il avait de craindre que la créance n'exis-t plus et qu'il eût déclaré qu'il entendait la trans-orter dans l'état où elle se trouvait, sans aucune pèce de garantie.

Dans le transport d'une créance, d'un droit ou une action sur un tiers, la délivrance s'opère entre cédant et le cessionnaire par la remise du titre. Code civil, art. 1689.)

La vente ou cession d'une créance comprend us les accessoires de la créance, tels que caution, riévilge, hypothèque, etc.

SECTION

DU TRANSPORT DE DROITS SUCCESSIFS.

Le transport de droits successifs est un acte par quel un héritier vend à son co-héritier ou à un ers la totalité ou partie de ses droits dans une suc-ssion ouverte.

Il suffit que le droit existe pour que la vente soit lable, quand même par l'événement il n'en ré-lterait aucun avantage pour l'acquéreur.

Celui qui vend une hérédité est tenu de justifier ulement qu'il est héritier : s'il a perçu quelque uit, s'il a reçu le montant de quelque créance le prix de quelque objet dépendant de la suc-ssion il est tenu de restituer la valeur du tout à cquéreur, à moins qu'il n'en ait fait la réserve à n profit lors de la vente.

De son côté l'acquéreur doit rembourser au ven-ur toutes les sommes qu'il a pu avancer pour la ccession et l'indemniser de tout le préjudice que ut lui occasionner l'acceptation de l'hérédité, et le rantir de toutes poursuites ultérieures de la part s créanciers.

La vente des droits successifs donne quelquefois

lieu à une action en retrait, qu'on appelle **retrait** successoral.

Toute personne, même parent du défunt, qui n'est pas successible, à laquelle un co-héritier aurait **cédé** son droit à la succession, peut être écartée du partage soit par tous les co-héritiers, soit par un seul, en lui remboursant le prix de la cession. (Code civil, art. 841.)

Le législateur, par cette disposition, a voulu donner aux héritiers les moyens d'éloigner un étranger, qui en s'immisçant dans la succcession pourrait **y** introduire un esprit de chicane.

Formule *de transport de droits successifs.*

Les soussignés,

M. A... (*nom, prénoms, qualités ou profession, demeure*), **fils** et héritier seul et unique (*ou pour telle part*) de M. A..., ainsi qu'il le déclare...; *ou bien,* ainsi qu'il résulte de l'intitulé de l'inventaire fait après le décès de M. A..., par le ministère de M^{e****}, qui en a la minute, et son confrère, notaires à..., en date du... (*tel jour*) et jours suivans; *ou bien encore,* ainsi qu'il résulte de la notoriété, à défaut d'inventaire, et reçu par M^{e****}. notaire à..., qui en a minute, en présence de témoins, le..., d'une part;

Et M. B... (*nom, prénoms, qualités ou profession, demeurant* d'autre part ;

Sont convenus de ce qui suit :

M. A... cède à M. B..., qui l'accepte, sous la simple garantie de sa qualité d'héritier,

Tous les droits mobiliers et immobiliers, tant en capitaux, fonds, fruits, revenus qu'ils ont pu produire et produiront, qui peuvent appartenir à M. A..., dans ladite succession, en sa qualité ci-devant déterminée;

Tels que lesdits droits lui appartiennent, et à quelque somme qu'ils puissent monter, ou en quelques lieux qu'ils soient dus et situés sans en rien excepter ni réserver :

Pour en jouir, faire et disposer, par M. B..., comme bon lui semblera et comme chose lui appartenant en toute propriété, au moyen des présentes, à compter de ce jour.

Déclare M. A... qu'il n'a reçu aucune somme, ni disposé d'aucun objet de la succession, comme aussi qu'il n'a rien à réclamer contre elle personnellement pour avance et débours qu'il aurait pu faire de créances antérieurement dues (1).

---

(1) Cette clause peut être remplacée par la suivante.

Ce transport est fait à la charge par M. B... de prendre l'hérédité dans l'état où elle se trouve, et, en outre, moyennant la somme de... que M. B... a présentement payée à M. A... qui le reconnaît et qui l'en acquitte et décharge.

Au moyen de ce qui précède, M B..., cessionnaire, est subrogé dans tous les droits de M. A... pour se faire remettre par qui il appartiendra tous titres, pièces et papiers de la succession.

Le présent transport sera soumis à la formalité de l'enregistrement dans la quinzaine au plus tard ; à partir de ce jour les frais seront supportés par le cessionnaire.

Fait double, à..., le...

(Signatures.)

Formule de retrait successoral.

Les soussignés,

M. A... (noms, prénoms, qualités ou profession, demeure), cessionnaire suivant acte sous signatures privées, en date, à..... (l'endroit), du....., sur laquelle est la mention suivante (copier la mention d'enregistrement), de tous les droits successifs de M... dans la succession de M.***, son père, dont il était héritier pour moitié, ainsi qu'il est constaté par ledit acte d'une part ;

Et M. B..., héritier dudit sieur***, son père, pour l'autre moitié, d'autre part ;

Sont convenus de ce qui suit :

M B..., voulant user du bénéfice de l'art. 841 du Code civil, a demandé à M A... qu'il lui rétrocédât les droits successifs de M***, son frère, qu'il a acquis aux termes de l'acte sous seing privé ci-devant énoncé.

M. A..., pour se conformer aux dispositions de la loi, a consenti à faire cette rétrocession, à la charge par le rétrocessionnaire de l'indemniser de toutes les sommes qu'il a avancées en principal, intérêts et frais.

En conséquence, M. A... a par ces présentes rétrocédé à M. B..., qui l'accepte, tous les droits qui lui avaient été cédés par M. B..., aux termes de l'acte susdaté ;

Pour en jouir, faire et disposer, par M. B..., comme de chose lui appartenant, au moyen des présentes, à compter de ce jour.

Le compte fait entre les soussignés, des diverses sommes déboursées par M. A... à cause de la cession dont vient d'être question, il a été reconnu qu'elles s'élevaient ensemble à la somme

---

Déclare M. A. qu'il a déjà touché telles et telles créances s'élevant ensemble à la somme de..........., qu'il a payé pour le compte de la succession la somme de....., mais qu'il conserve spécialement toutes les sommes par lui touchées, et renonce à toutes répartitions pour celles par lui avancées.

de... que M. B... lui a à l'instant payée en espèces ayant cours, ainsi que M A... le reconnaît.

Déclare M. A... qu'il n'a reçu aucune somme dépendante de la succession , au moyen de quoi il se trouve déchargé de toutes responsabilité vis-à-vis de tous créanciers et prétendans droits à ladite succession.

Fait double , à..., le...

Signatures.)

SECTION

DE LA VENTE, CESSION, OU TRANSPORT DE DROITS LITIGIEUX.

Un droit est litigieux lorsqu'il est contesté ou raisonnablement susceptible de l'être.

La loi ne répute un droit litigieux que lorsqu'il y a contestation ou procès sur le fonds du droit. (Code civil, art. 1700.)

Pour qu'un transport soit de droit litigieux, il faut qu'il présente le caractère d'un contrat aléatoire.

Pour qu'il présente ce caractère, il faut que ce transport soit fait moyennant une somme moindre que celle qui fait l'objet de la réclamation , afin que l'espérance des bénéfices puisse compenser la chance des pertes ;

Que le droit soit acquis et vendu avec l'intention que le cessionnaire le fasse valoir à ses risques et périls.

Si le cédant était de mauvaise foi et s'il n'y avait nulle incertitude sur l'illégitimité de la créance, le contrat serait susceptible d'être annulé pour cause de dol.

Celui contre lequel on a cédé un droit litigieux peut s'en faire tenir quitte par le cessionnaire en lui remboursant le prix réel de la cession, avec les frais, loyaux coûts et intérêts à compter du jour où le cessionnaire a payé le prix de la cession à lui faite. (Code civil, art. 1699.)

Pour éviter l'application de l'art. 1699, le vendeur consent quelquefois, par pure complaisance, à reconnaître avoir reçu du cessionnaire un prix égal au montant de la créance cédée ; le vendeur dénature par-là le contrat ; au lieu d'un acte aléatoire (soumis aux chances), il en fait un contrat commutatif (intéressé de part et d'autre, où chacun est censé recevoir l'équivalent de ce qu'il donne) et se rend garant de la légitimité de la créance.

L'action de retrait est refusée au débiteur :

1° Dans le cas où la cession a été faite à un co-héritier ou co-propriétaire du droit cédé ;

2° Lorsqu'elle a été faite à un créancier en paiement de ce qui lui est dû ;

3° Lorsqu'elle a été faite au possesseur de l'héritage sujet au droit litigieux.

FORMULE *de transport de droits litigieux.*

NOTA. On doit observer que les causes des procès sont très diversifiées, qu'il faut clairement expliquer le point de fait qui fait le sujet de la contestation, et que nous avons choisi l'exemple suivant entre mille qui peuvent donner naissance à des procès.

Les soussignés,

M. A... (*nom, prénoms, qualités ou profession, demeure*), d'une part,

Et M. B... (*idem*), d'autre part ;

Ont dit et arrêté ce qui suit :

M. A..., par exploit du sieur ***, huissier près le tribunal de première instance de..., a formé contre M. Jean-Casimir, propriétaire, demeurant à..., une demande en paiement de la somme de...., qu'il réclame pour reliquat du prix d'un immeuble, situé à..., vendu par M. A..., son aïeul paternel, à M. Casimir, père du propriétaire actuel.

M. Casimir refuse de payer à M. A... la somme qu'il réclame et lui oppose plusieurs moyens pour se soustraire à accomplir ses engagemens, entre autres celui qu'il tire de la prescription trentenaire qu'il prétend être acquise à son profit.

M. A... repousse tous les moyens qu'on lui oppose, par les motifs qui ont été exposés dans la plaidoirie de M***, son avocat..., devant le tribunal de première instance de..., où la demande est actuellement pendante.

M. B... a examiné l'état de la créance, qui, à ses yeux, ne présente qu'une chance aléatoire ; mais la proximité des lieux où la contestation est élevée avec son domicile lui facilitant les moyens de suivre cette demande avec plus de soin, il a proposé à M. A..., et ce dernier y a consenti de lui céder ce droit litigieux moyennant la somme de..., à la charge par lui de faire du tout sa propre affaire, de manière que M. A... ne puisse aucunement pour raison de ce, être inquiété ni recherché.

En conséquence, M. A... cède et transporte, mais sans aucune espèce de garantie, à M. B..., qui l'accepte,

Le droit litigieux dont vient d'être question, pour l'exercer et faire valoir comme et ainsi qu'il avisera, le subrogeant, à cet effet, dans tous ses droits, actions et privilèges, et dans l'effet des poursuites commencées, mais sans aucune espèce de garantie.

Ce transport est fait moyennant la somme de..., que M. A... reconnaît avoir à l'instant reçue de M. B.. en espèces ayant cours, dont quittance.

M. A... subroge M. B...dans le droit de se faire remettre par tous avoués, avocats ou autres officiers publics chargés des pièces, les titres qui établissent ses prétentions et toutes pièces de procédure, dont décharge.

Fait double, à ..., le...

(Signatures.)

SECTION

DES TRANSFERTS.

Dans la pratique, la dénomination de transfert s'applique plus spécialement à la cession d'une rente inscrite sur le grand-livre.

Les transferts de rentes inscrites ne peuvent être faits que sur le registre des transferts et mutations ouvert au trésor royal ; le vendeur seul signe, et sa signature est certifiée ainsi que son individualité par un agent de change responsable vis-à-vis le trésor.

Les transferts, par suite de décès, se font par un certificat de propriété délivré par un notaire d'après les pièces justificatives qu'il a entre les mains.

Il existe une autre espèce de transferts qui peut être faite par acte notarié et par acte sous signatures privées, et qui n'est soumise à aucune règle particulière, ce sont les transferts de créances dues par le gouvernement, non liquidées ou liquidées, mais non inscrites.

Ces transferts doivent, comme les autres transferts, être signifiés au débiteur, et le cessionnaire n'est saisi que par cette signification.

Ces transferts participent du contrat aléatoire et peuvent être faits moyennant une somme moindre que celle réclamée.

Transfert de créances dues par le gouvernement.

Les soussignés,

M. A... (*nom, prénoms, qualités ou profession, demeure*), d'une part ;

Et M. B... (*idem*), d'autre part,

Sont convenus de ce qui suit :

M. A... cède et transfère sous la simple garantie de ses faits et promesses à M B..., qui l'accepte,

Toutes les sommes qui lui sont dues par le gouvernement pour (*exprimer la cause de l'origine de la dette*)...

Desquelles sommes le cédant ne peut actuellement préciser le montant, attendu qu'elles ne sont pas encore liquidées.

Pour les toucher et recevoir de tous caissiers, payeurs et autres qu'il appartiendra, retirer toutes ordonnances, bons, mandats, inscriptions, promesses d'inscription, reconnaissances de liquidation et autres valeurs qui seront données en paiement, le tout sur de simples quittances et autrement en jouir comme de chose à lui appartenante en toute propriété ; à l'effet de quoi M. A... subroge ledit sieur B... dans tous ses droits et actions contre le gouvernement.

Ce transport est fait moyennant le prix et somme de... que M. A... reconnaît avoir à l'instant reçue de M. B... en espèces ayant cours, dont quittance.

Reconnaît M B..., que M. A... lui a à l'instant remis l'état certifié des sommes qu'il réclame du gouvernement.

De plus, M. A... déclare que toutes les pièces établissant lesdites créances sont déposées au ministère de la guerre, sous le n°...; autorisant M. B... à les retirer, si bon lui semble, comme aussi promettant de lui fournir toutes celles qui seraient exigées par le ministère pour parvenir à la liquidation définitive.

Fait double. à..., le... (1).

(Signatures.)

Transport de créance due par billet ou simple reconnaissance (voyez ci-après *billet, reconnaissance*).

Transport de créance due par obligation sous seing

---

(1) Il faudrait, pour que la signification d'un pareil acte fût acceptée par le trésor, que les signatures du cédant et du commissaire fussent légalisées par le maire du lieu où l'acte a été passé et par le préfet, ou bien qu'il fût déposé chez un notaire avec reconnaissance de signatures.

privé ou notarié (voyez *obligation ou prêt d'argent.*)

Transport de rente perpétuelle et viagère (voyez ci-après *rente perpetuelle ou viagère*).

Transport de bail (voyez *bail*).

Transport d'un intérêt dans une société ou entreprise (voyez *société*).

CHAPITRE II.

DES ÉCHANGES.

L'échange, que l'on peut à juste titre appeler l'acte primitif, toutes les autres conventions n'étant que des modifications de cet acte , est défini par la loi, un contrat par lequel les parties se donnent respectivement une chose pour une autre. (Code civil, art. 1702.)

L'échange s'opère par le seul consentement de la même manière que la vente.

L'échange d'un meuble contre un meuble s'appelle communément troc , le mot échange s'appliquant plus spécialement à la permutation d'un immeuble contre un autre immeuble.

Dans le contrat d'échange il y a, à proprement parler, et comme nous l'avons déjà remarqué, deux ventes ; chaque contractant est à la fois vendeur et acquéreur, et se trouve, par conséquent, tenu des obligations respectives de l'un et de l'autre.

Il suit de là que l'échangiste doit, comme l'acquéreur, purger la propriété qui lui est donnée en échange des priviléges et hypothèques qui peuvent la grever comme ferait un acquéreur ;

Qu'il doit également garantir à son co-permutant toutes évictions, quelle qu'en soit la cause, et lui rapporter main-levée de toutes les inscriptions qui peuvent grever l'objet par lui donné en contre-échange.

Si l'un des co-permutans a déjà reçu la chose à lui donnée en échange, et qu'il prouve ensuite que l'autre contractant n'était pas propriétaire de cette chose, il ne peut être forcé à livrer celle qu'il a promise en contre-échange, mais seulement à rendre celle qu'il a reçue. (Code civil, art. 1704.)

Le co-permutant qui est évincé de la chose qu'il a reçue en échange a le choix de conclure à des dommages et intérêts ou de répéter sa chose. (Code civil, art. 1705.)

La rescision pour cause de lésion n'a pas lieu dans le contrat d'échange. (Code civil, art. 1706.)

Toutes les autres règles prescrites pour le contrat de vente s'appliquent d'ailleurs à l'échange. (Code civil, art 1707.)

Il est rare que le contrat d'échange se fasse but à but, c'est-à dire prix pour prix, et sans que l'un des co-permutans paie à l'autre une certaine somme pour égaliser. La somme ainsi payée s'appelle soulte ou retour.

Troc ou échange d'objets mobiliers.

Les soussignés,

M. A... (*nom, prénoms, qualités ou profession, demeure*), d'une part;

Et M. B... (*idem*), d'autre part,

Sont convenus de ce qui suit :

M, A... cède et délaisse, à titre d'échange, avec la garantie de ses faits et promesses, à M. B..., qui l'accepte (*désigner clairement l'objet*);

De son côté, M. B..., cède et délaisse, à titre de contre-échange, sous la garantie ci-devant exprimée, audit sieur A..., qui l'accepte (*désigner l'objet*).

Le présent échange est fait but à but sans soulte ni retour de part ni d'autre;

Ou bien :

Le présent échange est fait moyennant la somme de..., que M A... promet payer à M. B... le .. prochain... à titre de soulte et retour, à cause de la plus-value de l'objet donné en contre-échange.

Fait double à..., le...

(Signatures.)

Échange d'animaux.

Les soussignés,

M A... (*nom, prénoms, qualités ou profession, demeure*), d'une part;

Et M. B... (*idem*), d'autre part,

Sont convenus de ce qui suit :

M. A... cède et délaisse à titre d'échange, avec garantie des vices rédhibitoires et de toute revendication, à M. B...., qui l'accepte,

Un cheval âgé de... ans, taille de..., sous poil de...

Et M. B... cède à M. A..., qui l'accepte, sous ladite garantie, à titre de contre-échange, un autre cheval, âgé de... ans, taille de..., sous poil de...

Le présent échange est fait moyennant le prix et somme de. . que M. B... a à l'instant payée à M. A..., qui le reconnaît, à itre de soulte et retour.

Fait double, à..., le...

(Signatures.)

Échange de pièces de terre.

Les soussignés,

M. A... (nom, prénoms, qualités ou profession) et dame***, son épouse, qu'il autorise à l'effet des présentes, demeurant à...

Et M. B... (idem) et dame***, son épouse, qu'il autorise également à l'effet des présentes, demeurant à...

Sont convenus de ce qui suit :

Les sieur et dame A... cèdent, délaissent et transportent à titre d'échange avec garantie de tous troubles, évictions et autres empêchemens quelconques, aux sieur et dame B... qui l'acceptent pour eux, leurs héritiers et ayans-cause,

Deux hectares de terre plantée de vignes, sis au terroir de... tenant d'un côté à..., d'autre à..., d'un bout à..., d'autre à...

Ainsi que ladite pièce de terre s'étend et comporte, et dans l'état où elle se trouve actuellement.

Les sieur et dame A... sont propriétaires (voyez la manière d'établir les propriétés, page 38.)

De leur côté, les sieur et dame B... cèdent et délaissent à titre de contre-échange, et sous les mêmes garanties, aux sieur et dame A..., qui l'acceptent,

Un hectare, soixante-quinze centiares de prés en une seule pièce, situés à..., tenant... telle qu'elle s'étend, poursuit et comporte.

Les sieur et dame B... en sont propriétaires, etc. (voyez au titre de la vente les formules d'établissement de propriété).

Chacun des co-permutans jouira des objets à lui abandonnés à partir de ce jour, aux charges et conditions d'usage entre échangistes; ils paieront les contributions des mêmes objets à partir du...

Ces échanges sont faits but à but, sans soulte ni retour de part ni d'autre.

Les parties déclarent que la valeur de chacun des objets échangés est de... (1).

---

(1) Il est rare que dans les campagnes on soumette les échanges de portion de terre à la formalité de la transcription; cela présente

Chacun des co-permutans a remis à l'autre un extrait du titre de propriété qui vient d'être énoncé.

Fait double, à..., le

(*Signatures.* ,

Autre contrat d'échange d'une terre contre une maison et des rentes avec soulte en argent.

Les soussignés,

M. A... (*nom, prénoms qualités ou profession*) et dame***, son épouse, qu'il autorise à l'effet des présentes, demeurant à..., d'une part;

Et M B... (*idem*) et dame***, son épouse, qu'il autorise également à l'effet des présentes, demeurant à..., d'autre part;

Sont convenus de ce qui suit :

Les sieur et dame A... cèdent et délaissent à titre d'échange, avec garantie de toutes évictions et autres empêchemens quelconques,

A M. et Mad. B..., qui l'acceptent pour eux, leurs héritiers et ayans-cause,

La terre de..., sise à..., contenant .., etc., avec toutes ses dépendances, telle qu'elle s'étend et se compose, sans aucune exception ni réserve; M. et Mad. B... déclarant la bien connaître et n'avoir pas besoin d'une plus ample désignation.

Cette terre appartient..., etc. (*voyez, page* 38, *la manière d'établir les propriétés*).

Pour en jouir, faire et disposer, par les sieur et dame B..., comme de chose à eux appartenante en toute propriété, à compter de ce jour..., quant aux objets non affermés ; quant aux objets loués ou affermés par la perception des loyers et fermage, à partir du 11 novembre... (1).

En contre-échange, les sieur et dame B... cèdent et délaissen auxdits sieur et dame A..., qui l'acceptent sous les mêmes garanties,

La maison et les rentes ci-après désignées :

1° Une maison sise à..., consistant... (*désigner la maison*), ainsi que ladite maison se compose et s'étend, sans aucune exception; M. et Mad. A... déclarant la connaître et n'en pas désirer une plus ample désignation.

---

moins d'inconvéniens, parcequ'en général on connaît bien mieux que dans les villes la fortune de celui avec qui on traite. — Il est plus sûr, néanmoins, d'accomplir les formalités de transcription et purge (*voyez la formule,* page 40).

(1) Le 11 novembre, jour de Saint-Martin, est l'époque ordinaire où l'on entre en jouissance des biens ruraux. — Souvent cette convention s'exprime par ces mots : « Par la perception des fermages représentatifs de l'année courante. »

2° Cinq mille livres de rente perpétuelle au principal, au denier vingt, de cent mille francs, constituées au profit de M. et Mad. B... par M.***, aux termes d'un contrat passé devant M*****, qui en a la minute, et son collègue, notaires à..., le. ., lequel contrat de constitution contient affectation hypothécaire sur une maison sise à. ; l'hypothèque est assurée par une inscription formée au profit des sieur et dame B..., au bureau des hypothèques de..., vol..., n°...

La maison dont vient d'être parlé appartient aux sieur et dame B... au moyen (*voyez la pag* 35)...

Pour jouir, faire du tout, par M. et Mad. A..., comme de chose à eux appartenante, au moyen des présentes, à partir de ce jour; toucher les loyers de ladite maison, à partir du..., et les arrérages de ladite vente, à partir du...

Les échangistes paieront les contributions des objets à eux cédés, à partir du...

Ils supporteront les servitudes passives, apparentes et occultes, et profiteront de celles actives, également à partir de la même époque, sauf à se défendre des unes et à faire valoir les autres à leurs risques, périls et fortune.

Ces échanges sont faits à la charge, par les sieur et dame A... qui le promettent et s'y obligent, de payer aux sieur et dame B.., aussitôt après l'accomplissement des formalités de transcription et purge, dont va être parlé, la somme de..., à titre de soulte et retour à cause de la plus-value des objets cédés aux sieur et dame A..., avec les intérêts sur le pied de 5 p. o₀o par an à partir de l'époque d'entrée en jouissance.

Les parties déclarent que les biens cédés aux sieur et dame A... sont d'une valeur de.........: cette déclaration est faite seulement pour fixer la perception des droits d'enregistrement, sans qu'elle puisse avoir d'autres conséquences entre les parties (1).

Chacun des co-permutans remplira, en ce qui le concerne, les formalités de transcription et purge légale; et si, lors de l'accomplissement de ces formalités, il y avait ou survenait des inscriptions, provenant du chef des co-permutans ou de leurs auteurs, ils s'obligent d'en rapporter main-levée et certificats de radiation dans le mois de la notification qui leur en serait faite à leur domicile; comme ils s'engagent à s'indemniser réciproquement de tous frais extraordinaires de transcription.

Les titres de propriété énoncés ci-dessus ont été respectivement remis à chaque échangiste par son co-permutant, dont décharge respective.

Ces présentes seront déposées ès-mains de M*****, notaire, de convention entre les parties, dans le délai de dix jours, tous frais

---

(1) Lorsqu'il y a soulte, on doit toujours déclarer la valeur de l'objet moindre, c'est à dire du bien cédé par celui qui paie la soulte, parceque c'est sur la valeur de cet objet que se perçoit le droit d'enregistrement fixé par la loi pour les échanges.

de dépôt dans lequel les parties s'engagent à reconnaître respec-
ivement leurs signatures, pour donner à l'échange un caractère
authentique. Les frais d'enregistrement, de papier timbré et ho-
noraires, seront payés par moitié.

Fait double, à..., le...

(*Signatures.*)

CHAPITRE III.

DES OBLIGATIONS.

L'obligation est un lien de droit qui nous oblige à
donner, à faire ou ne pas faire quelque chose.

L'on voit par cette définition que les premiers con-
rats entraînèrent des obligations réciproques, ou,
n d'autres termes, que les obligations ne furent
qu'une suite immédiate et directe des premières
onventions.

Dans la pratique on appelle plus spécialement
obligation la promesse de payer une somme d'argent
ue à une époque déterminée. Nous allons nous oc-
uper, sous ce chapitre, de ces obligations ; nous y
jouterons les reconnaissances, promesses et autres
ngagements de la même espèce ; nous nous occupe-
ons aussi du billet à ordre et de la lettre de change,
ui rentrent dans leur nature, et du contrat de prêt,
ui, dans la pratique, est appelé obligation.

SECTION Ire.

DES OBLIGATIONS.

Engagement, promesse et reconnaissance.

L'obligation, sous le point de vue où nous la con-
dérons, peut être définie : un acte par lequel nous
ous obligeons à quelque chose pour une époque
éterminée, avec ou sans conditions.

L'on entend par engagement toute obligation que

l'on contracte verbalement ou par écrit de faire ou donner quelque chose.

La promesse est l'obligation de donner quelque chose a quelqu'un, ou de faire quelque chose pour son utilité.

La reconnaissance est l'aveu d'une chose faite ou reçue.

Celui qui réclame l'exécution d'une obligation doit la prouver. (Code civil, art. 1315.)

Il doit être passé acte devant notaire ou sous signatures privées de toute chose excédant la somme ou la valeur de cent cinquante francs. (Code civil, art. 1341.)

L'obligation doit être cassée : nous avons vu que celle sans cause, sur une fausse cause ou cause illicite ne pouvait avoir d'effet. (Code civil. art, 1131.)

La promesse sous signature privée par laquelle une des parties s'engage envers l'autre à lui payer une somme d'argent ou autre chose appréciable, doit être écrite en entier de la main de celui qui l'a souscrite, ou du moins il faut qu'outre sa signature il ait écrit de sa main un *bon* ou un *approuvé*, portant en toutes lettres la somme ou la quantité de la chose. (*Bon pour la somme de...*, *approuvé le billet portant obligation de la somme de...*)

Excepté dans le cas où l'acte émane de marchands, artisans, laboureurs, vignerons, gens de journée et de service.

Formules. — *Obligation simple.*

Je soussigné déclare devoir à M.*** la somme de... pour argent qu'il m'a avancé en différentes fois, à diverses époques, pour mes besoins et affaires; je promets de lui rendre cette somme dans deux mois à partir de ce jour,

       A..., le...

           (*Signature avec bon ou approuvé, si le corps de l'obligation n'est pas de la main du signataire.*)

Obligation *pour prix d'un cheval.*

Je soussigné déclare devoir à M.*** la somme de... pour prix d'un cheval, âgé de..., sous poil gris, ayant crin... queue et oreilles; garni de sa selle, bride et licou, qu'il m'a vendu et livré en bon état, et dont je suis content, sous la garantie suivant l'usage de... (*tel endroit*) en cas de vices redhibitoires (1).

Laquelle somme je lui paierai le...

(*Signature.*)

Reconnaissance.

Je soussigné reconnais devoir à M *** (*sa profession*) la somme de... pour divers ouvrages qu'il a faits dans une maison qui m'appartient, rue..., lesquels ouvrages ont été faits à prix débattu et convenu entre nous, déclarant qu'après avoir examiné ces travaux j'en... demeure satisfait...

Laquelle somme de... je lui paierai le...

Fait à..., le...

(*Signature.*)

Autre pour nourriture fournie et logement.

Je soussigné reconnais devoir à M.***, hôtellier, demeurant à... chez lequel je demeure, la somme de... pour deux mois de loyer du petit logement que j'occupe dans son hôtel, et deux mois et demi de nourriture qu'il m'a fournie.

Laquelle somme je promets de lui payer dans... à partir de ce jour, avec les intérêts à 5 p. o/o.

Fait à..., le...

(*Signature.*)

Reconnaissance pour loyer échu en vertu d'un bail sans écrit.

Les soussignés,

M. A... (*nom, prénoms, qualités ou profession, demeure*), d'une part;

M. B... (*idem*), d'autre part;

Sont convenus et ont arrêté ce qui suit :

M. A... reconnaît devoir à M. B... la somme de... pour une

---

(1) L'usage de Paris est de rendre le vendeur, durant 9 jours, garant de certaines maladies occultes, telles que la morve, la pousse et la courbature; il est obligé de le reprendre et d'en restituer le prix.—Il ne serait cependant pas tenu de ces deux obligations s'il était exprimé dans l'acte qu'il le vendait tel qu'il était.

Sans préjudice des peines portées par la loi contre ceux qui vendent des chevaux infectés de la morve.

année de loyer échue le... de l'appartement qu'il occupe, sans
bail écrit, dans une maison sise à..., rue de..., n°..., qu'il
s'oblige de lui payer avec intérêts de 5 p. o/o, dans six mois de
ce jour.

M. B... accepte l'obligation souscrite à son profit, renonce,
jusqu'à l'échéance du terme, à pouvoir exercer contre M. A...
aucune poursuite à raison des ces loyers, mais sans aucune novation ni dérogation aux droits et priviléges que la loi accorde
aux propriétaires sur les meubles qui garnissent les appartemens
qu'ils louent, au contraire, se les réservant expressément (1).

Fait double, à..., le...

(Signatures.)

Autre reconnaissance pour fermages.

Les soussignés,

M. A... (noms, prénoms, qualités ou profession, demeure) d'une
part ;

M. B..., (idem) d'autre part ;

Sont convenus de ce qui suit :

M. A... reconnaît devoir à M. B... la somme de... pour deux
années échues, au jour de Saint-Martin d'hiver dernier, des fermages de la ferme de..., sise à..., louée audit sieur B... par
ledit sieur A..., suivant bail, etc.

Ou bien :

La somme de... à laquelle les parties ont estimé la redevance
en grains de... que M. B... est tenu de payer à M. A... pour
prix de la ferme qu'il lui a louée suivant bail, etc.

Laquelle somme il s'oblige de payer à M. A... en sa demeure,
à..., avec les intérêts sur le pied de 5 p. o|o par an, sans re-
tenue, payables avec le capital.

M. A... accepte ladite obligation pour l'époque déterminée, et
renonce, jusqu'à l'échéance, à exercer aucune poursuite à raison
desdits fermages, mais sans aucune novation ni dérogation aux
droits et priviléges que la loi accorde aux propriétaires, se les
réservant au contraire expressément.

Fait double, à..., le...

Promesse de livrer des ouvrages à une époque dé-
terminée.

Les soussignés,

M. A... (nom, prénoms, profession, demeure), d'une part ;

---

(1) Ce privilége est consacré par l'article 2102 du Code civil.
Lorsque l'on accepte une pareille reconnaissance, il faut avoir
soin de réserver expressément ses droits ; sans cette réserve expresse le privilége serait anéanti par la novation.

Et M. B... (*idem*), d'autre part;

Sont convenus de ce qui suit :

Le sieur A... promet fournir à M. B..., aux prix ci-après désignés, les objets dont le détail suit :

1°...

Ces fournitures devront être faites en totalité dans le courant du présent mois, si M. A... n'avait pas complété lesdites fournitures dans ledit délai, elles pourront l'être dans la quinzaine suivante, mais alors les prix fixés éprouveront une diminution de 10 p. 0|0; après l'expiration de ce délai, 20 p. 0|0, etc.

Si, nonobstant la présente convention, M. A... refusait de fournir lesdits objets aux conditions ci-dessus, M. B... pourra exiger de lui une somme de... à titre de dommages-intérêts.

Les objets fournis seront payés comptant et au fur et à mesure des livraisons; si M. B... refusait de prendre livraison, M. A... après avoir fait constater que les objets sont bons, loyaux et marchands, pourrait exiger de lui la somme de... à titre de dommages et intérêts, ou le contraindre à prendre livraison.

Fait double, à..., le...

(Signatures.)

Engagement de payer à des époques déterminées.

Les soussignés,

M. A... (*nom, prénoms, profession et demeure*), d'une part;

Et M. B... (*idem*), d'autre part ;

Sont convenus de ce qui suit :

M. A..., débiteur de M. B... d'une somme de..., suivant obligation sous seing privé, du..., exigible en deux paiemens, dont le 1er échoit aujourd'hui, et le 2e fin prochain, sans intérêts, s'engage par ces présentes à payer à M. B... la totalité de ladite somme fin prochain avec intérêts à cinq p. 0|0 par an, à la charge par M. B... de suspendre les poursuites commencées pour avoir paiement de la portion exigible de ladite somme.

M. B... accepte cet engagement, et promet surseoir aux poursuites jusqu'à la fin du mois prochain.

Fait double, à..., le...

(Signatures.)

Engagement réciproque pour paiement de dommages-intérêts.

Les soussignés,

M. A... (*nom, prénoms, qualités et demeure*), d'autre part;

Et M. B... (*idem*), d'autre part;

Sont convenus de ce qui suit :

7.

M. A... s'engage par ces présentes et consent à restreindre à la somme de... celle de... montant des dommages-intérêts prononcés à son profit par le jugement contradictoirement rendu par le tribunal de.., le..., à la charge par M. B... de lui payer ladite le... prochain, avec convention expresse que, si M. B... ne payait pas ladite somme de... ledit jour..., la présente convention et la remise qu'il lui fait par ces présentes seraient considérées comme nulles, et M. A... rentrerait dans la plénitude de ses droits résultant dudit jugement.

M. B..., en acceptant cette réduction, s'engage au paiement ci-dessus fixé, et promet d'y satisfaire sous les peines de déchéance stipulées ci-dessus.

Fait double, à ..., le...

(Signatures.)

SECTION IIe.

DU BILLET SIMPLE OU A ORDRE, DES LETTRES DE CHANGE.

§ Ier. — *Du Billet.*

L'on distingue deux sortes de billets, le billet simple et le billet à ordre.

L'on entend par billet simple celui qui porte promesse de payer une certaine somme ou autre chose appréciable a une personne dénommée.

Le billet à ordre est un contrat par lequel l'une des parties s'oblige de payer à l'autre, ou à son ordre, une certaine somme pour la valeur qu'elle lui a fournie.

Les règles dont nous avons parlé page 74, relatives à l'écriture du corps du billet, à l'approbation en toutes lettres de l'acte sous seing-privé, ne portant qu'engagement de la part du débiteur, s'appliquent spécialement aux billets : on doit y exprimer la nature de la dette.

Le billet à ordre doit être daté, il doit énoncer la somme à payer, le nom de celui à l'ordre de qui il est souscrit, l'époque à laquelle le paiement doit s'effectuer, la valeur qui a été fournie en espèces, en marchandises, en compte ou de toute autre manière. (Code civil, art. 188.)

Lorsque le billet à ordre ne porte que les signatures d'individus non négociants, le tribunal de commerce ne doit pas en connaître. (Code civil, art. 636.)

Lorsque les billets à ordre portent en même temps des signatures d'individus négociants et d'individus non négociants, le tribunal de commerce est compétent ; mais il ne peut prononcer la contrainte par corps contre les individus non négociants, à moins qu'ils ne soient engagés à l'occasion d'opération de commerce, trafic, change, banque ou courtage. (Art. 639, Code de commerce.)

Ne sont pas de la compétence des tribunaux de commerce les actions intentées contre un propriétaire, cultivateur ou vigneron, pour vente de denrées provenant de son cru, les actions intentées contre un commerçant pour paiement de denrées et marchandises achetées pour son usage particulier.

Néanmoins les billets souscrits par un commerçant seront censés faits pour son commerce, et ceux des receveurs, payeurs, percepteurs ou autres comptables de deniers publics, seront censés faits pour leur gestion, lorsqu'une autre cause n'y sera pas énoncée.

Plusieurs des règles ci-après relatives aux lettres de change s'appliquent aux billets à ordre.

DE LA LETTRE DE CHANGE.

La lettre de change est une traite tirée par un négociant sur son correspondant, à son ordre, au profit d'un tiers qui a fourni la valeur.

La lettre de change est tirée d'un lieu sur un autre.

Elle est datée.

Elle énonce la somme à payer, le nom de celui qui doit payer, l'époque et le lieu où le paiement doit s'effectuer.

La valeur fournie en espèces, en marchandises, en compte ou de toute autre manière.

Elle est à l'ordre d'un tiers ou à l'ordre du tireur lui-même.

Si elle est par 1er, 2e, 3e ou 4e, elle l'exprime. (Code de commerce, art. 110.)

Une lettre de change peut être tirée sur un individu et payable au domicile d'un tiers.

Elle peut être tirée par ordre ou pour le compte d'un tiers. (Code de commerce, art. 111.)

Sont réputées simples promesses toutes lettres de change contenant supposition, soit de nom, soit de qualité, soit de domicile, soit des lieux où elles sont tirées ou dans lesquels elles sont payables.

La lettre de change peut être tirée :

à vue,

à un ou plusieurs jours
à un ou plusieurs mois   } de vue,
à une ou plusieurs usances

à jour fixe ou à jour déterminé,

en foire. (Code de commerce, art. 129.)

La lettre de change à vue est payable à sa présentation. (Code de commerce, art. 130.)

L'échéance d'une lettre de change,

à un ou plusieurs jours
à un ou plusieurs mois   } de vue,
à une ou plusieurs usances

est fixée par la date de l'acceptation, et par celle du protèt, faute d'acceptation. (Code de commerce, art. 131.)

L'usance est de 3o jours qui courent le lendemain de la date de la lettre de change. (Code de commerce, art. 132.)

Le tireur de la lettre de change doit faire provision, c'est-à-dire que la quantité d'argent promise dans les espèces déterminées par la lettre de change doit se trouver au lieu indiqué par la lettre de change.

La lettre de change est acceptée par ces mots : acceptée pour la somme de......

L'acceptation est signée. (Art. 121 du Code de commerce.)

Elle est datée, si elle a un ou plusieurs jours de vue. (Même article.)

De l'endossement.

L'endossement est un acte que le propriétaire met au dos de la lettre de change ou du billet, par lequel il donne ordre d'en payer le montant à telle personne, ou à son ordre.

L'endossement doit être daté. (Art. 137 du Code de commerce.)

Il doit exprimer la valeur fournie (1). Même article.)

Il doit énoncer le nom de celui à l'ordre duquel il est passé. (Même article.)

Il doit être signé de l'endosseur. L'endossement qui n'est pas revêtu de ces formalités n'opère pas le transport, il ne vaut que comme procuration.

Il est défendu d'antidater les ordres à peine de faux. (Art. 139 du Code de commerce.)

Tous ceux qui ont signé, accepté ou endossé une lettre de change (2), sont tenus à la garantie solidaire envers le porteur. (Art. 140 du Code de commerce.)

Un endosseur peut cependant stipuler valablement qu'il passe la lettre sans garantie.

En cas de faillite du tireur, de l'accepteur et des endosseurs, le porteur a droit de participer aux distributions dans toutes les masses et dans chacune

---

(1) La valeur fournie en espèces est exprimée suffisamment par ces mots : valeur reçue comptant. L'on met valeur reçue en marchandises lorsque la lettre de change a été fournie au porteur pour prix de marchandises. Quelquefois on met valeur reçue en compte pour exprimer que le porteur doit compte au tireur de cette valeur; quelquefois, valeur entendue, ce qui exprime la même chose. La lettre de change qui n'est pas causée de l'une des manières ci-dessus n'est qu'un simple mandat.

(2) Ou billet à ordre.

d'elles pour la totalité de sa créance jusqu'à parfait paiement. (Art. 534, Code de commerce.)

Toutefois ce qu'il aurait reçu d'une caution viendrait en déduction de sa créance, sauf à la caution à se faire comprendre dans la masse pour tout ce qu'elle aurait payé à la décharge du failli. (Code de com., art. 538.)

Du Paiement.

La lettre de change doit être payée dans la monnaie qu'elle indique. (C. de com., art. 142.)

Celui qui paie une lettre de change avant son échéance est responsable de la validité du paiement. (C. de com., art. 144.)

Le porteur d'une lettre de change ne peut être contraint d'en recevoir le montant avant l'échéance. (C. de com., art. 146.)

Le paiement d'une lettre de change sur une seconde, troisième ou quatrième est valable lorsque cette seconde, troisième ou quatrième porte que ce paiement annule l'effet des autres.

Faute d'acceptation ou de paiement, la lettre de change est protestée.

De la Prescription.

Toutes les actions relatives aux lettres de change ou billets à ordre, souscrits par des négocians, marchands ou banquiers, ou pour fait de commerce se prescrivent par cinq ans, à compter du protêt ou de la dernière poursuite juridique, s'il n'y a eu condamnation, ou si la dette n'a été reconnue par acte séparé.

Néanmoins les prétendus débiteurs seront tenus, s'ils en sont requis, d'affirmer sous serment qu'ils ne sont plus redevables, ou leurs veuves, héritiers ou ayans-cause, qu'ils estiment de bonne foi qu'il n'est plus rien dû.

Formules. — *Billet.*

Bon pour...

Au... prochain je paierai à M.***, ou ordre, la somme de...
valeur reçué (*comptant—en marchandises—en compte*).
A..., ce...   (*Signature.*)

Lettre de change.

Paris, le...   Bon pour...

Au... 1830, il vous plaira payer, par cette lettre de change,
à M.***, ou ordre, la somme de..., valeur reçue comptant, que
vous passerez en compte suivant l'avis de...
                         Votre serviteur,
                              (*Signature.*)

Autre.

Paris, le...   Bon pour...

A vue—ou à cinq jours de vue—ou à un mois—ou à une usance
—il vous plaira payer par cette première—ou bien par cette seconde de change, la première étant égarée, la somme de...valeur
reçue en marchandises que vous passerez suivant l'avis de...
                         Votre serviteur,
                              (*Signature.*)
L'acceptation a lieu en ces termes : Accepté pour la somme de..
     Endossement :
Payez à l'ordre de M.***, valeur reçue comptant—en marchandises—ou en compte.
A..., le...

                              (*Signature.*)

De l'Aval.

Le paiement d'une lettre de change, indépendamment de l'acceptation et de l'endossement, peut-
être garanti par un aval. (Art. 141 du Code de commerce.)

Cette garantie est fournie par un tiers sur la lettre
de change ou par acte séparé.

Le donneur d'aval est tenu solidairement et par
les mêmes voies que les tireurs et endosseurs, sauf
les conventions différentes des parties.

L'aval sur la lettre de change s'exprime en ces termes :

Bon pour aval. Paris, le...

(Signature.)

Aval séparé.

Je, soussigné, déclare garantir par aval le paiement de la lettre de change, de la somme de..., tirée de... (*tel endroit*) par M.*** (*tel*) sur M.*** (*tel*), négociant, demeurant à..., à l'ordre de M.***, valeur..., et accepté par le tiré, m'obligeant solidairement avec le tireur, l'accepteur et les endossseurs au paiement de cette lettre de change, à défaut de paiement à l'échéance.

A..., le...

(Signature.)

Autre.

Je soussigné, déclare garantir par aval le paiement du billet ... de la somme de..., souscrit par M.*** (*tel*), à l'ordre de M.*** (*tel*), causée valeur reçue comptant, promettant payer ledit billet à l'échance, à défaut de paiement de la part du sieur ***, souscripteur dudit billet.

A...,le....

Du prêt à intérêt.

Le prêt à intérêt est un contrat par lequel l'une des parties livre à l'autre une certaine quantité de numéraire, à la charge par cette dernière de lui en rendre autant de même espéce et qualité.

Par l'effet de ce prêt, l'emprunteur devient propriétaire de la chose prêtée ; et c'est pour lui qu'elle périt, de quelque manière que cette perte arrive. (Code civil, art. 1893.)

L'obligation qui résulte d'un prêt en argent n'est toujours que de la somme numérique énoncée au contrat.

S'il y a eu augmentation ou diminution d'espéces avant l'époque du paiement, le débiteur doit rendre la somme numérique prêtée, et ne doit rendre que cette somme dans les espéces ayant cours au moment du paiement. (Code civil, art. 1895.)

La règle portée en l'article précédent n'a pas lieu

si le prêt a été fait en lingots. (Code civil , article 1896.)

Si ce sont des lingots, quelle que soit l'augmentation ou la diminution de leur prix, le débiteur doit toujours rendre la même quantité ou qualité , et ne doit rendre que cela. (Art. 1897 du Code civil.)

Le prêteur ne peut redemander les choses prêtées avant le terme convenu. (Code civil, art. 1899.)

S'il n'a pas été fixé de terme pour la restitution , le juge peut accorder un délai à l'emprunteur , suivant les circonstances. (Code civil, art. 1900.)

S'il a été seulement convenu que l'emprunteur paierait quand il le pourrait, ou quand il en aurait les moyens , le juge lui fixera un terme de paiement suivant les circonstances.

L'emprunteur doit rendre les choses prêtées au temps convenu. (Code civil, art. 1902.)

Le taux de l'interêt conventionnel doit être fixé par écrit.

La quittance du capital, donnée sans réserve des intérêts, en fait présumer le paiement , et en opère la libération. (Code civil, art. 1908.)

FORMULES.

Nota. Nous ne donnerons ici qu'une formule simple du contrat de prêt; lorsque nous aurons vu les règles relatives au cautionnement simple ou solidaire, à la solidarité et au dépôt, nous donnerons des formules de contrat de prêt avec tous ses accessoires.

Les soussignés ,

M. A... (*nom, prénoms, qualités ou profession et demeure*) d'une part ;

Et M. B..., (*idem*), d'autre part ,

Ont dit et arrêté ce qui suit :

M. A... reconnaît par ces présentes devoir légitimement à M. B..., ce acceptant, le somme de...... pour prêt de pareille somme qu'il lui a fait à l'instant, en espèces et monnaie ayant cours, laquelle somme M. A... promet et s'oblige de rendre à M. B.. en mêmes espèces et non en papier-monnaie, de convention expresse, dans deux ans , à partir de ce jour, et de lui en payer l'interêt sur le pied de cinq pour cent par an sans retenue, de six en six mois , aussi de ce jour.

8

M. A... s'interdit expressément la faculté de pouvoir rembourser avant ladite époque, si ce n'est du consentement exprès et par écrit de M. B...(1)

Fait double, à..., le...

CHAPITRE IV.

Du Cautionnement.

Le cautionnement est un contrat par lequel une personne, accédant à l'obligation d'une autre personne, s'oblige envers le créancier à lui payer en totalité ou en partie ce que celle-ci lui doit, ou à faire partie ou la totalité de ce qu'elle s'est obligée de faire pour lui.

Le cautionnement est volontaire, légal ou judiciaire. Nous n'avons à parler que du cautionnement volontaire ou conventionnel.

C'est celui qu'un débiteur fournit volontairement à son créancier, en vertu d'une convention faite entre eux.

Le cautionnement ne peut exister que sur une obligation valable.

On peut néanmoins cautionner une obligation, encore qu'elle puisse être annulée par une exception purement personnelle à l'obligé ; par exemple, en cas de minorité. (Code civil, art. 2012.)

Le cautionnement ne peut excéder ce qui est dû par le débiteur, ni être contracté sous des conditions plus onéreuses.

Il peut être contracté pour une partie de la dette, et sous des conditions moins onéreuses.

Le cautionnement qui excède la dette et qui est contracté sous des obligations plus onéreuses n'est pas nul, il est seulement réductible à la mesure de l'obligation principale. (Code civil, art. 2013.)

On peut se rendre caution non-seulement du débiteur principal, mais encore de celui qui le cautionne. (Code civil, art. 2015.)

---

(1) Sans cette convention l'emprunteur a toujours le droit de se libérer.

Le cautionnement indéfini d'une obligation principale s'étend à tous les accessoires de la dette, même aux frais de la première demande, et à tous ceux postérieurs à la dénonciation qui est faite à la caution. (Code civil, art. 2016.)

- Les engagemens des cautions passent à leurs héritiers, à l'exception de la contrainte par corps, si l'engagement était tel que la caution y fût obligée. (Code civil, art. 2017.)

La caution n'est obligée envers le créancier à le payer qu'à défaut du débiteur, qui doit être préalablement discuté dans ses biens, à moins que la caution n'ait renoncé au bénéfice de discussion, ou ne se soit obligée solidairement.

Lorsque plusieurs personnes se sont rendues caution d'un même débiteur, pour une même dette, elles sont obligées chacune à toute la dette. (Code civil, art. 2025.)

Néanmoins chacune d'elles peut, à moins qu'elle n'ait renoncé au bénéfice de division, exiger que le créancier divise préalablement son action et la réduise à la part et portion de chaque associé. (Code civil, art. 2026.)

Lorsqu'il a plusieurs cautions, celle qui a acquitté la dette a son recours contre les autres, chacun pour sa part et portion. (Code civil, art. 2033.)

La caution qui a payé a son recours contre le débiteur principal, soit que le cautionnement ait été donné au su ou à l'insu du débiteur. (Code civil, art. 2028.)

La caution qui a payé la dette est subrogée à tous les droits qu'avait le créancier contre le débiteur. (Code civil, art. 2029.)

Le cautionnement est simple ou solidaire : cela nous conduit naturellement à examiner ce qu'on entend par solidarité.

De la solidarité.

L'obligation peut être solidaire entre es créanciers ou entre les débiteurs.

Elle est solidaire entre les créanciers lorsque le titre donne expressément à chacun d'eux le droit de demander le paiement du total de la créance, et que le paiement fait à l'un d'eux libère le débiteur, encore que le bénéfice de l'obligation soit partageable et divisible entre les divers créanciers. (Code civil, art. 1197.)

Il est au choix du débiteur de payer à l'un ou à l'autre des créanciers solidaires tant qu'il n'a pas été prévenu par les poursuites de l'un d'eux. — Néanmoins la remise qui n'est faite que par l'un des créanciers solidaires ne libère le débiteur que pour la part de ce créancier (Code civil, art. 1198.)

Tout acte qui interrompt la prescription à l'égard de l'un des créanciers solidaires, profite aux autres créanciers. (Code civil, art. 1199.)

Il y a solidarité de la part des débiteurs lorsqu'ils sont obligés à une même chose, de manière que chacun puisse être contraint pour la totalité, et que le paiement fait par un seul libère les autres envers les créanciers. (Code civil, art. 1200.)

La solidarité ne se présume pas : il faut qu'elle soit expressément stipulée. (Code civil, art. 1202.)

Le créancier d'une obligation contractée solidairement peut s'adresser à celui des débiteurs qu'il veut choisir, sans que celui-ci puisse lui opposer le bénéfice de division (Code civil, art. 1203.)

Les poursuites faites contre l'un des débiteurs n'empêchent pas le créancier d'en exercer de pareilles contre les autres. (Code civil, art. 1204.)

Les poursuites faites contre l'un des débiteurs solidaires interrompent la prescription à l'égard de tous. (Code civil, art. 1206)

La demande d'intérêts formée contre l'un des débiteurs solidaire fait courir les intérêts à l'égard de tous. (Code civil, art, 1207.)

Le créancier qui conclut à la division de la dette, à l'égard de l'un des co-débiteurs, conserve son action solidaire contre les autres, mais sous la déduction, de la part du débiteur, qu'il a déchargé de la solidarité. (Code civil, art. 1210.)

Le créancier qui reçoit divisément la part de l'un des débiteurs, sans réserver dans la quittance la solidarité ou ses droits en général, ne renonce à la solidarité qu'à l'égard de ce débiteur.

Le créancier n'est pas censé remettre la solidarité au débiteur, lorsqu'il reçoit de lui une somme égale à la portion dont il est tenu si la quittance ne porte pas que c'est pour sa part. (Code civil, art. 1211.)

L'obligation contractée solidairement envers le créancier se divise de plein droit entre les débiteurs qui n'en sont tenus entre eux que chacun pour sa part et portion. (Code civil, art. 1213.)

Le co-débiteur d'une dette solidaire qui l'a payée en entier ne peut répéter contre les autres que les parts et portions de chacun d'eux.

Si l'un d'eux se trouve insolvable, la perte qu'occasionne son insolvabilité se répartit par contribution entre tous les autres co-débiteurs solvables et celui qui a fait le paiement. (Code civil, art. 1214.)

Dans le cas ou le créancier a renoncé à l'action solidaire envers l'un des débiteurs, si l'un ou plusieurs des autres co-débiteurs deviennent insolvables la portion des insolvables est contributoirement répartie entre tous les débiteurs, même ceux précédemment déchargés de la solidarité par le créancier. (Code civil, art. 1215.)

Si l'affaire pour laquelle la dette a été contractée solidairement ne concernait que l'un des co-obligés solidaires, celui-ci sera tenu de toute la dette vis-à-vis des autres co débiteurs, qui ne seraient considérés par rapport à lui que comme ses cautions.

Formule. — *Cautionnement simple par acte séparé, à l'insu du débiteur.*

Je soussigné déclare me rendre volontairement caution et répondant de M. A***, envers M. B***; pour paiement de l'obligation de la somme de...., souscrite par le sieur A*** au profit dudit sieur B***, suivant obligation sous seing privé, en date...., du...

En conséquence, je m'oblige au paiement de ladite somme de ... envers M. B***; ainsi que des intérêts et autres accessoires qui en seront dus, le tout dans les termes et de la même manière que le sieur A*** y est obligé, et, à défaut de paiement de la part de ce dernier, discussion préalablement faite de ses biens.

A..., le...

(Signatures.)

FORMULE *de cautionnement simple, pour mettre à la suite d'un autre acte.*

A ces présentes est intervenu,

M.*** (*nom, prénoms, qualité ou profession, demeure*),

Lequel, après avoir pris communication de l'obligation qui précède, s'est volontairement constitué caution et répondant de ladite somme de...... pour M. D—envers M. A—, acceptant, s'obligeant, à défaut de paiement de ladite somme, de la rembourser en principal, intérêts et accessoires de la même manière que M. A—y est lui-même obligé par l'acte qui précède,

Fait triple, à..., le..

FORMULE *de cautionnement partiel.*

A ces présentes est intervenu ;

M.*** (*nom, prénoms, qualité ou profession, demeure*),

Lequel, après avoir pris communication de l'acte qui précède, a, par ces présentes, déclare se porter volontairement caution et répondant de M. A*** (*débiteur*), envers M. B** (*créancier*), mais seulement jusqu'à concurrence de la somme de..., et non pour le surplus de ladite obligation, ni pour les intérêts et autres accessoires.

S'obligeant seulement au paiement de cette partie de ladite somme, dans le cas où elle ne serait pas acquittée par ledit sieur A*** dans les termes, aux époques et de la manière ci-devant indiqués.

Fait triple, à..., le...

(Signature.)

FORMULE *de cautionnement par plusieurs individus avec renonciation au bénéfice de division.*

A ces présentes sont intervenus,

M. A*** (*nom, prénoms, qualité ou profession, demeure*),

M. B... (*idem*).

M. C... (*idem*).

Lesquels, après avoir pris communication de l'obligation que précède, ont déclaré se rendre et constituer caution et répondans volontaires de M. A*** (*débiteur*), envers M. B*** (*créancier*) ce acceptant pour raison de la somme de..., montant de ladite obligation, sous toute renonciation au bénéfice de division.

S'obligeant chacun au remboursement de la totalité de ladite somme en principal, intérêts et accessoires, dans le cas où ledit sieur A*** ne la rembourserait pas lui-même, discussion préalablement faite des ses biens.

Fait quintuple, à..., le...

(*Signatures.*)

Formule *de cautionnement solidaire par un mari et une femme.*

A ces présentes sont intervenus,

M. A... (*nom, prénoms, qualités ou profession*),

Et dame***, son épouse, qu'il autorise à l'effet des présentes, demeurant à...

Lesquels, après avoir pris communication de l'obligation qui précède, ont déclaré se rendre et constituer volontairement caution et répondans solidaires de M. A*** (*le débiteur*) envers M. B*** (*le créancier*), pour raison du paiement de ladite somme de..., montant de ladite obligation, ensemble des intérêts et autres accessoires.

En conséquence, ils s'obligent conjointement et solidairement entre eux, sous toute renonciation au bénéfice de droit, et solidairement avec ledit sieur A*** (*le débiteur*) de payer 1) ladite somme de..., en principal, intérêts et accessoires, le tout dans les termes et de la manière que M. A*** y est lui-même obligé, faisant du tout leur propre affaire comme principaux obligés.

Fait quadruple, à..., le...

(*Signature.*)

Formule *d'obligation solidaire avec cautionnement pur et simple.*

Entre les soussignés,

M. A... (*nom, prénoms, qualité ou profession*), et dame***, son épouse, qu'il autorise spécialement à l'effet des présentes, demeurant à..., d'une part;

Et M. B... (*idem*), d'autre part,

A été convenu ce qui suit :

M et madame A... reconnaissent devoir bien légitimement à M. B..., qui l'accepte,

---

(1) Quelquefois on ajoute après un simple commandement infructueux.

La somme de..., pour prêt de pareille somme présentement fait par M. B... aux sieur et dame A... en espèces et monnaies ayant cours, pour employer à leurs besoins et affaires.

Laquelle somme de... M. et madame A... promettent et s'obligent conjointement et solidairement, sous toute renonciation aux bénéfices de droit de rendre et de rembourser à M. B..., en sa demeure ci-devant indiquée, ou pour lui au porteur de ses pouvoirs spéciaux, dans un an à partir de ce jour, c'est-à-dire le..., et, jusqu'à l'époque du remboursement d'en payer l'intérêt sur le pied de cinq pour cent par an, sans retenues, payables de six mois en six mois, à partir de ce jour.

Ces remboursemens de principal et paiemens ne pourront avoir lieu qu'en espèces pareilles à celles prêtées et non autrement, de convention expresse entre les parties.

A ce fut présent, et est intervenu,

M*** (*noms, prénoms, qualités ou profession, demeure*),

Lequel, après avoir pris communication de l'obligation qui précède, a déclaré se constituer volontairement caution simple de M. et madame A..., envers M. B... qui l'accepte, pour raison du paiement de ladite obligation, et des intérêts et accessoires, s'obligeant à payer à défaut de paiement de la part des sieur et dame A..., mais après discussion préalable de leurs biens.

Fait triple, à..., le...   (*Signatures.*)

DU DÉPÔT ET DU SÉQUESTRE.

Il y a deux espèces de dépôts, le dépôt proprement dit et le séquestre.

Du Dépôt proprement dit.

Le dépôt est un acte essentiellement gratuit, par lequel on reçoit la chose d'autrui, à la charge de la garder et de la restituer en nature.

Il ne peut avoir pour objet que des choses mobilières. (Code civil, art. 1918.)

Il n'est parfait que par la tradition réelle ou feinte de la chose déposée.

La tradition feinte suffit quand le dépositaire se trouve déjà nanti à quelqu'autre titre de la chose que l'on consent à lui laisser à titre de dépôt.

Le dépôt doit être prouvé par écrit; la preuve testimoniale n'en est pas reçue pour valeur excédant cent cinquante francs. (Code civil, art. 1923.)

Il ne peut être fait que par le propriétaire de la chose déposée, ou de son consentement exprès ou tacite. (Code civil, art. 1922.)

Le dépôt ne peut avoir lieu qu'entre personnes capables de contracter.

Néanmoins si une personne capable de contracter accepte le dépôt fait par une personne incapable, elle est tenue de toutes les obligations d'un véritable dépositaire ; elle peut même être poursuivie par le tuteur ou administrateur de la personne qui a fait le dépôt.

Si le dépôt a été fait par une personne capable à une personne qui ne l'est pas, la personne qui a fait le dépôt n'a que l'action en revendication de la chose déposée, tant qu'elle existe dans la main du dépositaire, ou une action en restitution jusqu'à concurrence de ce qui a tourné au profit de ce dernier. (Code civil, art. 1926.)

Le dépositaire contracte deux obligations principales.

La première est de garder avec fidélité la chose déposée et d'apporter dans cette garde les mêmes soins qu'il apporte dans les choses qui lui appartiennent. (Code civil, art. 1927.)

Le dépositaire n'est tenu dans aucun cas des accidens de force majeure, à moins qu'il n'ait été mis en demeure de restituer la chose déposée. (Code civil, art. 1929.)

Il ne peut se servir de la chose déposée sans la permission expresse ou présumée du déposant. (C. civil, art. 1930.)

Il ne doit pas chercher à connaître quelles sont les choses qui lui sont déposées, si elle lui ont été confiées dans un coffre fermé ou sous une enveloppe cachetée. (Code civil, art. 1931.)

Le dépositaire doit rendre identiquement la chose qu'il a reçue.

Ainsi le dépôt des sommes monnayées doit être rendu dans les mêmes espèces qu'il a été fait, soit dans le cas d'augmentation, soit dans le cas de diminution de leur valeur.

Le dépôt doit être remis au déposant, et , s'il n'a plus le droit d'agir lui-même, à la personne chargée de stipuler ses intérêts. (Code civil, art. 1940.)

La restitution doit être faite dans le lieu désigné; si le contrat n'en désigne aucun, la restitution doit être faite au lieu même du dépôt.(Code civil, articles 1942 et 1943)

Le dépôt doit être remis au déposant aussitôt qu'il le réclame, lors même que le contrat aurait fixé un délai pour la restitution , à moins qu'il n'existe entre les mains du dépositaire une saisie-arrêt ou opposition à la restitution ou au déplacement de la chose déposée. (Code civil, art. 1944.)

La personne qui a fait le dépôt est tenue de rembourser au dépositaire les dépenses qu'il a faites pour la conservation de la chose déposée, et de l'indemniser de toutes les dépenses que le dépôt peut lui avoir occasionées.

Il n'est pas nécessaire de faire l'acte qui constate le dépôt en double original, à moins qu'il ne contienne d'autres conventions, parce qu'il n'est qu'imparfaitement synallagmatique, c'est-à-dire qu'il n'y a vraiment qu'une des parties intéressées à prouver l'existence du dépôt.

Reconnaissance d'un Dépôt d'argent (1).

Je soussigné reconnais que M*** m'a déposé entre les mains , dans les espèces ci-après détaillées, la somme de...

Savoir : 1° ... pièces de...

2° ... pièces de...

3° ... menue monnaie en billon.

Total...

Pour la lui garder à titre de dépôt, m'obligeant à lui remettre cette somme à sa première demande et réquisition dans les mêmes espèces qu'il m'a confiées.

A...., le...

(*Signature.*)

---

(1) On exige que ces reconnaissances soient faites sur papier au timbre proportionnel de 70 centimes par 1,000 fr., sous peine d'amende.

Reconnaissance de Dépôt de marchandises.

Je soussigné reconnais que M*** m'a déposé entre les mains (*désigner les marchandises*).

Je m'engage à lui rendre et restituer ces objets à sa première demande et réquisition, ou à les remettre à la personne chargée de ses pouvoirs spéciaux dans le même état que je les ai reçus, et je m'oblige à apporter à la conservation des objets déposés les soins d'un bon père de famille.

A..., le...   (*Signature.*)

Reconnaissance de Dépôt faite dans un acte par intervention.

A ce fut présent et est intervenu M....., lequel reconnaît qu'en exécution de la convention qui précède, ledit sieur..... a déposé entre ses mains la somme de... dans les espèces ci-après désignées (*désigner les espèces*), pour y demeurer jusqu'à l'événement de (*telle condition*).

En conséquence les sieurs... l'autorisent par ces présentes, et il s'engage à remettre ladite somme de .. audit sieur. .... dès qu'il lui aura été valablement justifié que la convention est accomplie; et ce hors la présence et même sans être tenu de requérir le consentement dudit sieur***, qui renouvelle ici cette autorisation.

Fait triple, à..., le...   (*Signature.*)

Décharge de Dépôt.

Je soussigné reconnais que M.*** m'a remis aujourd'hui, dans les mêmes espèces que je lui avais confiées, la somme de... que j'avais déposée entre ses mains aux termes de la reconnaissance qu'il m'en avait donnée sous seing-privé, en date du..., laquelle reconnaissance je remets en ses mains.

Au moyen de quoi je le quitte et décharge de toute chose relative audit dépôt.

A..., le...   (*Signature.*)

Décharge à mettre au bas de la reconnaissance.

Je soussigné reconnais avoir reçu la somme de..., montant de la reconnaissance ci-dessus dans les mêmes espèces que celles qui y sont détaillées; au moyen de quoi je quitte et décharge M *** de toutes choses relatives audit dépôt.

A..., le...   (*Signature.*)

Décharge de Dépôt de marchandises avec indemnité.

Les soussignés,

M. A... (*nom, prénoms, qualité ou profession, demeure*).

Et M. B... (*idem*),

Ont arrêté ce qui suit :

M. A... reconnaît que M. B... lui a à l'instant remis toutes les marchandises qu'il lui avait déposées, aux termes de la reconnaissance sous seing privé, en date du..., dans laquelle lesdites marchandises se trouvent détaillées.

Au moyen de quoi, il le quitte et décharge de toute chose relative audit dépôt.

M. B..., de son côté, reconnaît que M. A... lui a remis l'original de ladite reconnaissance privée, plus la somme de..., à laquelle les parties ont fixé entre elles l'indemnité, à laquelle a droit M. B..., pour les dépenses qu'il a été obligé de faire pour la conservation des objets confiés à ses soins.

Dont décharge respective.

Fait double à..., le...   (*Signature.*)

FORMULE *d'obligation solidaire par deux individus. Cautionnement solidaire. Dépôt de fonds entre les mains d'un tiers.*

Entre les soussignés,

M. A... (*nom, prénoms, qualités ou profession, demeure*),

M. B... (*idem*),

Et M. C... (*idem*), tous d'une part,

Et M. D... (*idem*), d'autre part ;

A été convenu ce qui suit :

MM. A..., B..., C..., reconnaissent devoir bien et légitimement à M. D..., acceptant,

La somme de..., pour prêt de pareille somme à eux fait par M. D... à l'instant en espèces et monnaie ayant cours, pour employer à leurs besoins et affaires.

Laquelle somme ils promettent et s'obligent conjointement et solidairement, un d'eux seul pour le tout, de rendre et rembourser à M. D..., en sa demeure à Paris, en un seul paiement, ou pour lui au porteur de ses pouvoirs spéciaux, dans deux ans à partir de ce jour, et, jusqu'à l'époque du remboursement d'en servir l'intérêt sur le pied de cinq pour cent par an, sans retenue, payable de six mois en six mois, aussi à partir de ce jour.

Ces remboursemens de principal et paiemens d'intérêts ne pourront être effectués qu'en espèces pareilles à celles prêtées de convention entre les parties.

A ce fut présent et est intervenu M.***,

Lequel déclare se rendre et constituer caution et répondant solidaire des sieurs A..., B...,C..., envers le sieur D....pour le paiement de ladite somme de... en principal, intérêts et autres accessoires, s'obligeant à payer, à défaut de paiement de la part des sieurs A..., B..., C..., et, après un simple acte de mise en demeure, resté sans effet.

De plus, pour assurer davantage le paiement de ladite somme de..., MM. A..., B..., C..., promettent et s'obligent de fournir, dans le délai de..., le cautionnement solidaire de M.***, et, jusqu'à ce que ce cautionnement soit réalisé, les parties choisissent, d'un commun accord, comme dépositaire, M***. qui, pour ce intervenant, consent à recevoir et conserver le dépôt jusqu'à ce qu'il soit justifié dudit cautionnement de M.***; mais cette justification, opérée par la remise d'un des doubles de l'acte qui le constatera, M.*** est autorisé à remettre ledit dépôt ès mains de MM. A..., B.., C..., hors la présence et sans qu'il soit besoin de requérir le consentement de M. D..., qui donne par ces présentes toute autorisation nécessaire.

Fait sextuple, à..., le...

(*Signatures.*)

Transport de créance due par obligation notariée.

Les soussignés,

M. A... (*nom, prénoms, qualité ou profession et demeure*), d'une part;

Et M. B... (*idem*), d'autre part;

Ont dit et arrêté ce qui suit :

M. A... cède par ces présentes, sous la garantie de ses faits et promesses seulemement à M. B..., qui l'accepte,

La somme de... qui lui est due par M. et madame***, demeurant à..., en vertu d'une obligation notariée, passée devant M^e.. notaire à..., le..., enregistrée; laquelle obligation contient affectation hypothécaire, pour sûreté de ladite somme sur la maison et dépendances, située susdite..., dans laquelle les sieur et dame*** habitent.

Pour jouir de ladite somme présentement transportée comme de chose à lui appartenant, la toucher et recevoir en principal, intérêts et autres accesssoires de qui il appartiendra, au moyen de quoi M. A... subroge ledit sieur B*** dans tous ses droits, actions et priviléges, et notamment dans l'effet de l'inscription qui a été prise à son profit au bureau des hypothèques... de... vol..., n°...

Ce transport est fait moyennant... pareille somme de... que M. A... reconnaît avoir à l'instant reçue de M B... en bonnes espèces et valeurs ayant cours, dont quittance.

Reconnaît M. B... que ledit sieur A... lui a à l'instant remis la grosse de ladite obligation et le bordereau de l'inscription qui a été ci-dessus mentionné, dont décharge.

Ces présentes seront réalisées devant notaire à la première demande et requisitition de l'une des parties et aux frais de M. A...

Fait double, à... le...

(*Signatures.*)

Transport d'obligation sous seing privé.

Les soussignés,

M. A... (*nom , prénoms , qualité ou profession , demeure*), d'une part ;

Et M. B... (*idem*),　　　　d'autre part,

Sont convenus de ce qui suit :

M. A... cède et transporte par ces présentes, sur la simple garantie de ses faits et promesses ,

A M. B..., qui l'accepte,

La somme de..., qui lui est due par M*** suivant une reconnaissance sous signatures privées, en date du... remboursable le..., prochain ;

Sous le cautionnement de M***, qui est intervenu au sous seing-privé et a promis payer à défaut de paiement de la part de M*** son gendre, après une simple sommation.

Pour jouir par M. B... de ladite somme : et la toucher et recevoir de qui il appartiendra sur ses simples quittances, à l'effet de quoi M. A... le met et subroge dans tous ses droits et actions.

Le présent transport est fait moyennant pareille somme de... que M. A... reconnaît avoir à l'instant reçue de M. B... en bonnes espèces.

Reconnaît M. B... que M. A... lui a remis à l'instant un des triples de l'acte sous signatures privées, dont vient d'être parlé.

Fait double, à..., le

DU SÉQUESTRE.

Le séquestre est le dépôt fait par une ou plusieurs personnes d'une chose contentieuse entre les mains d'un tiers, qui s'oblige à la rendre après les contestations terminées, à la personne qui sera jugée devoir l'obtenir. (Code civil, art. 1956.)

Le séquestre peut n'être pas gratuit. (C. civil. art. 1957.

Le séquestre peut avoir pour objet non-seulement des objets mobiliers, mais même des immeubles. (Code civil, art. 1959.)

Le dépositaire chargé du séquestre ne peut être déchargé avant la contestation terminée, que du consentement de toutes les parties intéréssées et pour une cause jugée légitime. (Cod. civ., art. 1960.)

FORMULES — *Séquestre volontaire de marchandises.*

Les soussignés,
M. A... (*nom, prénoms, qualités ou profession, demeure*) d'une part;
Et M. B... (*idem*), d'autre part;
Sont convenus de ce qui suit :
Les marchandises qui sont actuellement dans le magasin de M***, et qui consistent,
1° (*Désigner les marchandises.*)
Formant l'objet d'une contestation entre les soussignés, laquelle contestation ils se proposent de faire décider par des arbitres, resteront, du consentement réciproque des soussignés, séquestrées entre les mains du sieur***, jusqu'à ce que la contestation soit définitivement jugée, et ne pourront être remises qu'à celui qui, par l'événement du jugement arbitral qui interviendra, en sera reconnu définitivement propriétaire.

L'indemnité à accorder au séquestre pour les frais d'emmagasinage et autres, nécessaires à la conservation desdites marchandises, est fixé à... par mois, du consentement réciproque des parties.

Ces frais, et tous autres qui pourront être réclamés pour le séquestre, seront supportés par celles des parties contre laquelle le jugement arbitral sera prononcé.

A l'effet des conventions ci-dessus est comparu M.*** (*nom, prénoms, qualités on profession, demeure*), lequel, après avoir pris communication de l'acte qui précède, a déclaré se charger volontairement du séquestre desdites marchandises dans les termes fixés par la présente convention.
Fait triple... à.. , le...

Séquestre volontaire d'un immeuble.

Les soussignés,
M. A... (*nom, prénoms, qualités ou profession, demeure*), d'ue part;
Et M. B... (*idem*), d'autre part,
Ont dit et arrêté ce qui suit :
Les soussignés élèvent des prétentions réciproques à la propriété d'une maison sise... (*désigner la maison*). Les contestations relatives à cet objet sont actuellement pendantes au tribunal de...
Les soussignés, voulant de concert éviter les dégradations que le défaut de surveillance pourrait entraîner et éviter les frais, conviennent d'un commun accord de nommer et nomment par ées

présentes M*** séquestre de ladite maison, circonstances et dépendances.

En conséquence, ils lui confient l'administration de ladite maison, le pouvoir de toucher les loyers et de les conserver entre ses mains jusqu'à l'événement dudit procès, pour en rendre compte à qui il appartiendra, de payer les contributions, faire faire les réparations nécessaires, à la charge de rendre compte du présent mandat à celui qu'un jugement définitif, passé en force de chose jugée, aura reconnu propriétaire.

Les soussignés conviennent d'accorder à M***, à titre d'indemnité de séquestre (tant) par mois.

Les frais de séquestre seront supportés par celle des parties qui succombera.

Est à l'instant intervenu M***, lequel a déclaré accepter le séquestre qui lui est confié aux conditions ci-devant déterminées, se charger de l'administration de ladite maison, pour rendre compte à celle des parties qu'un jugement définitif reconnaîtra propriétaire incontestable.

Fait triple, à..., le...

DU NANTISSEMENT, DU GAGE ET DE L'ANTICHRÈSE.

Du Nantissement.

Le nantissement est un contrat par lequel un débiteur remet une chose à son créancier pour sûreté de la dette. (Code civil, art. 2071.)

Les choses immobilières comme les choses mobilières peuvent être la matière du contrat de nantissement. Le nantissement d'une chose mobilière s'appelle gage, celui d'une chose immobilière s'appelle antichrèse. (Code civil, art. 2072.)

Du gage.

Le gage est un contrat par lequel un débiteur, ou quelqu'un pour lui, remet au créancier une chose mobilière pour sûreté de la dette.

Le gage ne confère au créancier que le droit de se faire payer sur la chose qui en est l'objet, par privilége et préférence aux autres créanciers. (Code civil, art. 2073.)

Ce privilége n'a lieu qu'autant qu'il y a un acte public ou sous seing privé, dûment enregistré, contenant la déclaration de la somme due ainsi que l'espèce et la nature des choses remises en gage, ou un état annexé de leurs qualités, poids et mesures, à moins que l'objet soit d'une valeur moindre de cent cinquante francs. (Code civil, art. 2074.)

Ce privilége ne subsiste pour les immeubles incorporels, tels que des créances mobilières, que par la signification au débiteur de la créance donnée en gage. On peut suppléer à la signification par l'intervention du débiteur dans le contrat de gage. et par sa déclaration qu'il se le tient pour signifié.

Ce privilége ne subsiste sur le gage qu'autant que ce gage a été mis et est resté en la possession du créancier ou d'un tiers convenu entre les parties. (Code civil, art. 2076.)

Le créancier ne peut, à défaut de paiement, disposer du gage, sauf à lui à faire ordonner en justice que ce gage lui demeurera en paiement et jusqu'à due concurrence, d'après une estimation faite par experts, ou qu'il sera vendu aux enchères.

Toute clause qui autoriserait le créancier à s'approprier le gage ou à en disposer sans les formalités ci-dessus est nulle. (Code civil, art. 2078.)

Jusqu'à l'expropriation du débiteur, s'il y a lieu, il reste propriétaire du gage, qui n'est dans la main du créancier qu'un dépôt assurant le privilége de celui-ci. (Code civil, art. 2079.)

Le créancier est tenu d'apporter une diligence exacte pour la conservation de la chose qui lui est donnée en gage, ainsi il est tenu de la détérioration du gage qui serait survenue par sa négligence.

De son côté, le débiteur doit tenir compte au créancier des dépenses utiles et nécessaires que celui-ci a faites pour la conservation du gage. (Code civil, art. 2080.)

Si la chose donnée en gage est une créance qui porte intérêt, le créancier doit imputer ces intérêts sur ceux qui lui sont dus.

Si la dette pour sûreté de laquelle la créance a été donnée en gage, ne porte pas elle-même intérêt, l'imputation se fait sur le capital de la dette (C. civ., art. 2081.) à moins toutefois que le créancier ne préfère les remettre au débiteur pour conserver l'intégrité de son capital, qu'il ne peut être forcé de recevoir partiellement. (Code civil, art. 1244.)

Le débiteur ne peut, à moins que le détenteur du gage n'en abuse, en réclamer la restitution qu'après avoir entièrement payé, tant en principal qu'intérêts et frais, la dette pour sûreté de laquelle le gage a été donné.

S'il existait de la part du même débiteur envers le même créancier une autre dette contractée postérieurement à la mise en gage, et devenue exigible avant le paiement de la première dette, le créancier ne pourrait être tenu de se dessaisir du gage avant d'être entièrement payé de l'une et de l'autre dette, lors même qu'il n'y aurait eu aucune stipulation pour affecter le gage au paiement de la seconde. (Code civil, art. 2082.)

Le gage est indivisible, nonobstant la divisibilité de la dette entre les héritiers du débiteur, ou ceux du créancier.

L'héritier du débiteur qui a payé sa portion de la dette ne peut demander la restitution de sa portion dans le gage, tant que la dette n'est pas entièrement acquittée.

Réciproquement, l'héritier du créancier qui a reçu sa portion de la dette ne peut remettre le gage de ceux de ses co-héritiers qui ne sont pas payés.

FORMULE. — *Convention de Gage.*

Les soussignés,

M. A... (*nom, prénoms, qualité ou profession, demeure*), d'une part;

Et M. B... (*idem*), d'autre part,

Sont convenus de ce qui suit :

M. A... voulant garantir et assurer davantage le paiement tant en principal qu'intérêts échus et à échoir d'une obligation de la somme de... par lui contractée au profit de M. B..., suivant acte sous seing-privé, en date à... du..., enregistré à... le..., a présentement remis en gage et par forme de nantissement à M. B..., qui l'accepte, les objets ci-après (*désigner les objets*) appartenant à M. A..., ainsi qu'il le déclare.

Ces objets remis en nantissement sont affectés par privilég

spécial au paiement de l'obligation susdatée ; M. B... s'oblige de rendre à M. A...ou à ses représentans les objets qui viennent de lui être donnés en nantissement, aussitôt après l'acquittement de la dette dont vient d'être parlé, en principal, intérêts et accessoires.

A défaut de paiement, M. B... conserve le droit de se faire payer sur ledit nantissement par privilège et préférence à tous autres, en suivant les formes déterminées par loi (1).

Fait double, à..., le...   (*Signatures.*)

Convention de Gage relative à des marchandises qui exigent des soins, à mettre en suite d'une obligation.

Voulant garantir autant que possible l'acquittement de l'obligation ci-dessus en principal, intérêts et frais à son échéance, M. A...a à l'instant remis à M. B..., qui le reconnaît à titre de nantissement, les objets et marchandises ci-après désignés (*désigner les marchandises*), sous la condition que M. B... prendra des objets donnés en nantissement tous les soins d'un bon père de famille; qu'il répondra des détériorations ou pertes, excepté de celles qui proviendraient de force majeure ou cas fortuits; qu'il avancera toutes les dépenses nécessaires à leur conservation, sauf à s'en rembourser par privilège sur ledit objet; qu'après le remboursement de ladite somme en principal, intérêts et frais, lesdites marchandises seront remises à M. A...en l'état qu'il les a livrées; que, dans le cas où le remboursement ne s'effectuerait pas à l'échéance, M. B... est autorisé à faire vendre aux enchères, au plus offrant et dernier enchérisseur, les objets engagés, après les formalités exigées par la loi, et sans qu'il soit besoin de jugement ou autorisation judiciaire, si mieux n'aime M. A... prendre des arrangemens avec M. B..., afin que ce dernier conserve lesdits objets en déduction de sa créance.

M. B... accepte ce nantissement, promet d'apporter à la conservation desdits objets les soins d'un bon père de famille, de les restituer en même et semblable état qu'il les a reçus, après l'acquittement de la dette, et de se conformer en tout aux conditions ci-dessus.

Ces présentes seront enregistrées dans le délai de..., aux frais de M. A..

Fait double, à..., le...

(Signatures.)

Obligation de payer une somme déterminée à des époques fixées. Nantissement pour assurer le paiement aux époques convenues.

Les soussignés,
M. A... nom, prénoms, profession, demeure), d'une part ;
Et M. B... (*idem*), d'autre part,

____

(1) Ces actes doivent indispensablement être enregistrés.

Sont convenus de ce qui suit :

M. A... reconnaît devoir à M. B... la somme de... pour prêt qu'il lui a fait à l'instant ; il s'oblige de lui rendre ladite somme en trois paiemens égaux, de chacun..., sans intérêts...; le premier le...; le deuxième, l.../.; le troisième, le...

Pour assurer le paiement de ladite somme, M. A... a remis à l'instant à M. B..., à titre de nantissement (*désigner les objets*), à la charge par ce dernier d'apporter à leur conservation les soins d'un bon père de famille, et de les lui restituer, savoir : un tiers après le premier paiement, un tiers après le deuxième, et le dernier tiers après le paiement final.

M. B... accepte l'obligation et ledit nantissement, et s'oblige à l'exécution des charges ci-dessus.

Il est expressément convenu qu'à défaut de paiement du premier tiers de ladite somme... à son échéance, la totalité de ladite obligation deviendra exigible, et que M. B... pourra poursuivre la vente aux enchères en vertu des présentes, et sans qu'il soit besoin de jugement ou autorisation judiciaire de la totalité des objets engagés, pour être payés par privilége à tous autres sur le prix de ladite vente. Le surplus du prix, si surplus il y a, sera remis à M. A... Ces présentes seront enregistrées dans le délai de... aux frais de M. A...

Fait double, à..., le...

(*Signatures.*)

Convention de Gage de meubles, avec faculté d'en faire usage, ensuite d'une obligation.

M. A..., voulant offrir à M. B... toutes les sûretés qui sont à sa disposition, pour garantir l'acquittement de l'obligation ci-dessus à son échéance, lui a à l'instant remis à titre de nantissement les meubles meublans, dont le détail suit (*désigner ces meubles*), avec faculté d'en jouir et user jusqu'à la restitution du gage qui n'aura lieu qu'après l'acquittement intégral de la dette en principal, intérêts et autres accessoires, sans aucune réduction sur la somme due pour les détériorations provenant de l'usage ; à charge par M. B... d'en user modérément et en bon père de famille.

M. B... accepte le nantissement, et promet d'exécuter les conditions ci-dessus.

Dans le cas où ladite somme de... ne serait pas acquittée à son échéance, M. B... conserve la faculté de poursuivre la vente aux enchères desdits meubles, en vertu des présentes, sans qu'il soit besoin d'autorisation judiciaire.

Ces présentes seront enregistrées dans le délai de... aux frais de M. A...

Fait double, à..., le...   (*Signatures.*)

Convention de Gage d'un titre portant intérêt, ensuite d'une obligation.

M. A... a à l'instant remis à M. B..., à titre de gage et pour sûreté et garantie de l'obligation ci-dessus, la grosse d'un contrat de rente perpétuelle de la somme de... au principal de... constituée par M.. au profit du sieur A... par contrat passé devant M^e...qui en a gardé la minute, et son collègue, notaires à Paris, le...portant hypothèque sur une maison sise à..., conservée par inscription formée au bureau des hypothèques de... le... vol..., n°...

M. A... confère par ces présentes à M. B... le droit de percevoir les arrérages de ladite rente, qui viendront en déduction de ceux resultant de l'obligation ci-dessus et d'en donner quittance. Le surplus desdits arrérages viendra en déduction du capital.

M. B...accepte ce nantissement et s'oblige à la restitution du contrat, après l'acquittement de la dette en principal et intérêts.

A défaut de remboursement à l'échéance, M. B .pourra faire vendre ladite rente aux enchères, après les affiches et formalités d'usage.

Pour faire signifier ces présentes, pouvoir est donné au porteur de ces présentes, qui seront enregistrées dans le délai de... aux frais de M. A...

Fait double, à..., le

(Signatures.)

DE L'ANTICHRÈSE.

L'antichrèse est un contrat par lequel un débiteur, ou quelqu'autre pour lui, remet au créancier, en nantissement de la dette, un immeuble avec le droit d'en percevoir et retenir les fruits et revenus, jusqu'à ce qu'il soit entièrement rempli ou payé de sa créance.

L'antichrèse ne s'établit que par écrit. (C. civil, art. 2085.)

Le créancier est tenu, s'il n'en a été autrement convenu, de payer les contributions et les charges annuelles de l'immeuble qu'il tient en antichrèse.

Il doit également, sous peine de dommages intérêts, pourvoir à l'entretien et aux réparations utiles et nécessaires de l'immeuble, sauf à prélever sur les fruits les dépenses relatives à ces divers objets. (C. civil, art. 2086.)

Le débiteur ne peut avant l'entier acquittement de la dette réclamer la jouissance de l'immeuble qu'il a remis en antichrèse.

Mais le créancier qui veut se décharger des obligations exprimées en l'article précédent peut toujours, à moins qu'il n'ait renoncé à ce droit, contraindre le débiteur à reprendre la jouissance de son immeuble. (Code civil, art. 2087.)

Le créancier ne devient pas propriétaire de l'immeuble par le seul défaut de paiement au terme convenu ; toute clause contraire est nulle ; en ce cas il peut poursuivre l'expropriation de son débiteur par les voies légales. (Code civil, art. 2088.)

Lorsque les parties ont stipulé que les fruits se compenseraient avec les intérêts, soit totalement, ou jusqu'à une certaine concurrence, cette convention s'exécute comme toute autre qui n'est pas prohibée par les lois. (Code civil, art. 2089.)

Formule d'Antichrèse.

Nota. La convention d'antichrèse n'est que la suite ou l'accessoire d'une obligation. Nous avons vu les modèles d'obligations ; il suffirait d'y ajouter la formule suivante :

M. A... voulant assurer le paiement en principal et intérêts échus et à échoir du montant de l'obligation ci-dessus,

A, par ces présentes, remis et abandonne, à titre d'antichrèse, à M. B... qui l'accepte, la terre de..., pour en toucher les revenus sur ses simples quittances du fermier ou de tous autres qu'il appartiendra, à partir du...

Ces fermages seront compensés avec les intérêts de ladite somme de..., et le surplus sera imputé sur le capital, jusqu'à l'entier acquittement de la somme de... M. B... demeure chargé d'acquitter, pendant la durée de l'antichrèse, les contributions foncières, d'entretenir la ferme en bon état de grosses réparations (celles locatives étant à la charge du fermier), et de jouir en bon père de famille, sauf à lui à prélever ces dépenses sur lesdits fermages par privilège.

M. B... accepte l'antichrèse, et promet d'exécuter fidèlement les conditions ci-dessus, et de remettre l'immeuble engagé aussitôt après l'acquittement intégral de la dette.

Ces présentes seront soumises à la formalité de l'enregistrement avant l'expiration de trois jours aux frais de M. A...

Fait double à..., le...

                 (*Signatures.*)

Quelquefois l'antichrèse est la suite d'une prorogation que l'on accorde après l'échéance de l'obligation ; alors on commence la formule par ces mots :

M. A..., en considération du nouveau délai qui va lui être accordé, voulant assurer, etc., comme dans la formule précédante.

On la termine ainsi :

En considération de la présente convention d'antichrèse, M. B... accorde à M. A... un nouveau délai de... années, à compter de..., pour le remboursement du principal de ladite obligation.

Sous la condition qu'elle continuera de produire, jusqu'au payement final, intérêt à cinq pour cent par année, sans retenue, payable de six mois en six mois, le tout sans aucune novation ni dérogation aux conventions primitives.

Ces présentes seront enregistrées sous deux jours aux frais de M. A...

Fait double, à..., le...   (*Signature.*)

CHAPITRE IV

DU PRÊT A USAGE, ET DU PRÊT DE CONSOMMATION.

§ Ier. *Du Prêt à usage.*

Le prêt à usage, que l'on appelle aussi commodat, est un contrat par lequel l'une des parties livre une chose à l'autre pour s'en servir, à la charge par le preneur de la rendre après s'en être servi. (C. civ., art. 1875.)

Ce prêt est essentiellement gratuit. (Code civil , art. 1876.)

Tout ce qui, dans le commerce , ne se consomme pas par l'usage peut être l'objet de cette convention. (Code civil, art. 1878.)

Les engagemens qui résultent de ce contrat passent aux héritiers de celui qui prête et aux héritiers de celui qui emprunte.

Mais si l'on ne prête qu'en considération de l'emprunteur et à lui personnellement, alors ses héritiers ne peuvent continuer à jouir de la chose prêtée.

L'emprunteur contracte trois obligations principales :

1° De veiller en bon père de famille à la garde et conservation de la chose prêtée; (C. civ , art. 1830.)

2° De ne pouvoir s'en servir qu'à l'usage déterminé par la convention ou par la nature de la chose ;

3° De rendre la chose au temps convenu, et à défaut de temps convenu, après s'en être servi conformément à l'intention du prêteur.

L'inexécution de l'une de ces conditions entraîne après elle divers inconvéniens signalés par la loi. (Code civil, art. 1881 et 1882.)

Si plusieurs ont emprunté conjointement les mêmes choses, ils en sont responsables solidairement envers le prêteur.

Le prêteur ne contracte d'autre obligation envers l'emprunteur que celle de n'apporter aucun trouble à la jouissance de l'objet qu'il a concédé.

Ainsi le prêteur ne peut retirer la chose prêtée qu'après le terme convenu, ou, à défaut de convention, qu'après qu'elle a servi à l'usage pour lequel elle a été empruntée. (Code civil, art. 1888.)

Néanmoins si, pendant ce délai ou avant que le besoin de l'emprunteur ait cessé, il survient au prêteur un besoin urgent et imprévu de sa chose, le juge peut, suivant les circonstances, obliger l'emprunteur à la lui rendre. (Code civil, art. 1889.

Si, pendant la durée du prêt, l'emprunteur a été obligé, pour la conservation de la chose, à quelque dépense extraordinaire, nécessaire et tellement urgente qu'il n'ait pu en prévenir le prêteur, celui-ci sera tenu de la lui rembourser. (C. civ., art 1891.)

Lorsque la chose prêtée a des défauts tels qu'elle puisse causer du préjudice à celui qui s'en sert, le prêteur est responsable, s'il connaissait les défauts et n'en a pas averti l'emprunteur. (C. civ., art. 1891.)

Il existe aussi une autre espèce de prêt, qui participe du prêt à usage et que l'on nomme précaire.

Lorsqu'à votre prière je vous accorde l'usage ou possession d'une chose, à la charge de me la rendre à ma première demande.

Il ne diffère du prêt à usage que parce que le temps du prêt et l'usage sont indéterminés.

Autre formule.

Les soussignés ,

M. A... (*nom , prénoms, profession, demeure*), d'une part ;

Et M. B... (*idem*), d'autre part ,

Ont fait les conventions suivantes :

M. B... reconnaît que M. A.. lui a à l'instant prêté un cheval (*dire de quel poil, de quel âge, etc.,*) pour faire le voyage de... à....et retour.

Il promet de le lui restituer, dans un mois de ce jour, sain et en bon état, tel qu'il l'a reçu.

A défaut de restitution dans ledit délai, M. B... paiera à M. A... la somme de...par chaque jour de retard, à titre de dommages-intérèts.

Si le cheval venait à périr en route , par quelque cause que ce soit, même sans la faute de l'emprunteur, ou s'il était diminué de prix par quelque accident ou vice qui lui serait survenu pendant qu'il serait entre les mains de l'emprunteur, M. B... s'oblige à payer audit sieur A... la somme de..., également à titre de dommages-intérêts, le prêt dudit cheval n'ayant été fait que sous cette condition.

Fait double, à..., le...   (*Signatures.*)

Autre formule.

Les soussignés ,

M. A... (*nom , prénoms, profession, demeure*), d'une part :

Et M. B... (*idem*), d'autre part ,

Ont fait les conventions suivantes :

M. B...reconnaît que M. A...lui a prêté sa voiture à quatre roues, dite Berline (*désigner la voiture d'une manière précise*), pour en faire usage pendant quatre mois, à partir de ce jour, et faire le voyage de...à...et retour.

M. B..s'oblige de rendre ladite voiture à M. A..dans le délai de quatre mois de ce jour, ou plus tôt , si son retour se trouvait accéléré.

Il promet de prendre de cette voiture tous les soins que nécessitera son entretien, et de la maintenir en bon état de propreté; de la garantir de tous les accidens qu'il sera en son pouvoir d'éviter,

De son côté M. A..., prêteur, s'oblige de rembourser à M. B... toutes les dépenses extraordinaires qu'il pourrait faire pour la conservation de ladite voiture , autres toutefois que celles qui proviendront de réparations nécessitées par l'usage qu'il doit faire de ladite voiture.

Cependant, si les réparations extraordinaires n'étaient pas urgentes, et qu'il y eût possibilité de les differer sans danger, l'emprunteur sera tenu d'en avertir préalablement le prêteur , et de ne les faire qu'après en avoir obtenu l'autorisation.

Fait double, à..., le...   (*Signatures.*)

Formule *de précaire.*

Je soussigné reconnais qu'à ma prière M*** m'a prêté (*désigner clairement l'objet prêté*), que je m'oblige de lui rendre à sa première demande et réquisition.

Paris le...

(*Signature.*)

§ II.

Du prêt de consommation.

Le prêt de consommation est un contrat par lequel l'une des parties livre à l'autre une certaine quantité de choses qui se consomment par l'usage, à la charge par cette dernière de lui en rendre autant de même qualité et espèce. (Code civil, art. 1892.)

Nous avons déjà vu les règles relatives au prêt à intérêt, qui est aussi un prêt de consommation qui a ses règles particulières, nous renvoyons à ce titre, en ajoutant seulement les observations suivantes.

On ne peut donner à titre de prêt de consommation les choses qui, quoique de la même espèce, diffèrent dans l'individu, comme les animaux, alors c'est un prêt à usage. (Code civil, art. 1894)

L'emprunteur est tenu de rendre les choses prêtées en même quantité et qualité et au terme convenu.

S'il est dans l'impossibilité d'y satisfaire, il est tenu d'en payer la valeur, eu égard au temps et au lieu où la chose devait être rendue d'après la convention.

Si ce temps et ce lieu n'ont pas été réglés, le paiement se fait au prix du temps et du lieu où l'emprunt a été fait. (Code civil, art. 1903.)

Si l'emprunteur ne rend pas les choses prêtées ou leur valeur au terme convenu, il en doit l'intérêt du jour de la demande en justice. (C. civil, article 1904.

Prêt de lingots (1).

Les soussignés,

M. A... (*nom, prénoms, profession, demeure*), d'une part,

Et M. B... (*idem*), d'autre part:

Sont convenus de ce qui suit :

M. A... reconnaît que M. B... lui a à l'instant prêté quatre lingots d'or (*désigner le titre*), pesant ensemble...kilogrammes... grammes...centigrammes...

Il promet en conséquence de rendre à M. B..., qui accepte cette promesse, dans...an, à partir de ce jour, pareille quantité d'or en un ou plusieurs lingots, titre égal, sans avoir aucun égard à l'augmentation ou diminution qui pourrait survenir dans le prix et la valeur de ce métal.

En cas de retard, ou faute de restitution à l'époque convenue, M. A...paiera l'intérêt à raison de cinq pour cent par an de la valeur desdits lingots, mais il ne pourra, dans aucun cas, rembourser à M. B...le prix des lingots dans les valeurs qui pourraient avoir cours au moment du paiement; il est au contraire expressément convenu que la restitution devra avoir lieu en lingots d'or et non autrement.

Fait double, à..., le...   (*Signatures.*)

Prêt de marchandises.

Les soussignés,

M. A... (*nom, prénoms, profession, demeure*), d'une part;

Et M. B... (*idem*), d'autre part ;

Sont convenus de ce qui suit :

M. A...reconnaît que M. B...lui a à l'instant prêté les objets et marchandises dont le détail suit (*désigner les objets et marchandises*), pour être employés à l'usage de l'emprunteur ou de toute autre manière qu'il avisera. M. A...promet en conséquence de rendre le...prochain à M. B...qui l'accepte, pareille quantité de marchandises, de semblable valeur et qualité.

Et, dans le cas où M. A...serait en retard ou dans l'impossibilité d'effectuer la restitution desdites marchandises à l'époque fixée, il promet d'en payer à M. B...la valeur, que les parties fixent dès à présent à la somme de...

Ou bien :

Il promet de payer lesdites marchandises eu égard au temps et au lieu où la restitution doit être effectuée, et, à compter de cette dernière époque, d'en payer l'intérêt sur le pied de cinq pour cent par an, sans retenue, payable en même temps que

---

(1) Pour éviter le remboursement en papier, en cas d'émission de papier-monnaie, on peut, en faisant un prêt d'argent, employer cette formule-

le principal, et sans que M. B... soit obligé d'en faire la demande en justice.

Fait double, à..., le...

(Signatures.)

DU CONTRAT DE CONSTITUTION DE RENTE PERPÉTUELLE OU VIAGÈRE.

La constitution de rente est un contrat par lequel l'un des contractans constitue au profit de l'autre une rente ou prestation annuelle moyennant une somme d'argent, ou autre chose que lui donne ce dernier.

Quoique ce contrat participe de la vente, il n'est pas essentiellement synallagmatique; en effet toutes les fois que le prix de la constitution ne consiste que dans une somme d'argent ou dans une chose mobilière dont la seule possession vaut titre, ce contrat ne produit d'engagement que du côté du débiteur, et peut en conséquence être fait par un simple écrit sans duplicata; mais si la rente est constituée pour prix d'un immeuble, ou d'une créance transportée, ou de quelqu'autre chose dont la seule possession ne vaille pas titre, le contrat sera synallagmatique, intéressé de part et d'autre, il ne pourra être fait que par duplicata.

SECTION PREMIÈRE.

DE LA RENTE PERPÉTUELLE.

La rente constituée en perpétuel est essentiellement rachetable.

Les parties peuvent seulement convenir que le rachat ne sera pas fait avant un délai qui ne pourra excéder dix années, ou sans avoir averti le créancier au terme d'avance qu'elles auront déterminé. (Code civil, art. 1911.)

Le débiteur d'une rente constituée en perpétuel peut être contraint au rachat,

1° S'il cesse de remplir ses obligations pendant deux ans;

2° S'il manque à fournir au prêteur les sûretés promises par le contrat. (Code civil, art. 1912.)

Le capital de la rente constituée en perpétuel devient aussi exigible en cas de faillite ou de déconfiture du débiteur. (Code civil, art. 1913.)

La loi du 3 décembre 1807 ayant fixé l'intérêt conventionnel à cinq pour cent, il ne serait pas permis de constituer une rente perpétuelle à un taux d'intérêts plus élevé.

Formule *de constitution simple moyennant une somme payée.*

Je soussigné (*nom, prénoms, profession et demeure du constituant*) déclare par ces présentes créer et constituer au profit de M. A... (*nom, prénoms, profession, demeure du créancier*) et sur sa tête,

Cinq cents francs de rente annuelle et perpétuelle, que je promets et m'oblige de payer à M. A... en sa demeure à..., ou pour lui au porteur de ses pouvoirs en quatre termes et paiemens égaux, de trois mois en trois mois; aux quatre termes ordinaires de l'année, le premier desquels paiemens aura lieu et sera fait le...; le deuxième, le..., pour ainsi continuer tant que cette rente aura cours et sera due.

Pour en jouir, faire et disposer par M. A..., ses héritiers ou ayans-cause comme bon lui semblera, et comme de chose à lui appartenant en toute propriété à partir de ce jour.

Cette rente sera exempte de toutes contributions, et sera essentiellement rachetable en payant par le rachetant le prix ci-après exprimé.

Cette constitution est faite sur le pied du denier vingt, moyennant la somme de dix mille fr., que je reconnais avoir reçue de M. A. en bonnes espèces antérieurement à ce jour. Dont quittance.

Fait à..., le... (1).   (*Signature.*)

Constitution solidaire pour un mari et une femme pour prix d'un transport de créance avec clause d'avertissement avant de rembourser.

Les soussignés,

M. A... (*nom, prénoms, profession*) et dame***, son épouse,

---

(1) Les constitutions faites sans hypothèque, même lorsque l'on a la plus grande confiance dans le constituant, offrent toujours un grave inconvénient; c'est que la dette se divise de plein droit entre les héritiers du débiteur, qui ne sont tenus de la payer que pour les parts dont ils sont saisis, et dont ils sont tenus comme représentant le débiteur. (Code civil, art. 1220.)

qu'il autorise à l'effet des présentes, demeurant ensemble à... d'une part;

Et M. B... (*nom, prénoms, profession, demeure*), d'autre part;

Ont fait les conventions suivantes:

M. et madame A... ont par ces présentes, sur la demande de M. B..., converti en une rente perpétuelle de mille francs les vingt mille francs qu'ils doivent à ce dernier à cause du transport de pareille somme à lui fait par M.***, envers lequel ils en étaient débiteurs aux termes d'un acte sous signatures privées, en date à..., du..., enregistré à..., le... par (*le nom de l'enregistreur*) qui a perçu (*la quotité du droit*).

En conséquence, en remplacement dudit prix, ils créent et constituent au profit de M. B.... qui l'accepte,

Une rente perpétuelle de mille fr., exempte de retenue de toutes contributions, qu'ils s'obligent conjointement et solidairement entre eux de payer audit sieur B... en sa demeure, ou, pour lui au porteur de ses pouvoirs spéciaux, de trois mois en trois mois, à partir du... prochain, en sorte que le premier paiement de la somme de deux cent cinquante francs aura lieu et se fera le...; le second, de pareille somme, le..., pour ainsi continuer à être fait jusqu'au remboursement de ladite rente.

Pour jouir, faire et disposer par M.***, ses héritiers et ayans-cause de ladite rente perpétuelle de mille fr. en toute propriété et jouissance, au moyen des présentes à compter de ce jour.

Cette constitution est faite, comme on l'a vu ci-dessus, en remplacement et convertion de ladite somme de vingt mille fr., sur le pied du denier vingt.

Ladite rente sera rachetable à toujours, en rendant, par les rachetans à M. B..., ses héritiers ou ayans-cause, en un seul paiement et après avoir averti deux mois d'avance, pareille somme de vingt mille fr., avec les arrérages qui seraient lors dus et échus.

Fait double, à..., le   (*Signatures.*)

Constitution de rente sous condition de ne pouvoir rembourser avant l'expiration d'un délai déterminé avec délégation.

Les soussignés,

M. A... (*nom, prénoms, profession, demeure*), d'une part;

Et M. B... (*idem*), d'autre part;

Sont convenus de ce qui suit :

M. A... crée et constitue par ces présentes au profit de M. B... qui l'accepte et sur sa tête,

Quinze cents francs de rente annuelle et perpétuelle, exempte de retenue, qu'il promet et s'oblige de servir et payer à M. B... en sa demeure, ou pour lui au porteur de ses pouvoirs, en quatre termes et paiemens égaux, aux quatres termes ordinaires de l'année, le premier desquels, de la somme de. . ., aura lieu et sera fait le...; le second, de semblable somme, sera fait le. ., pour ainsi continuer à être servie de trois mois en trois mois, tant qu'elle aura cours et sera due.

Pour en jouir, faire et disposer par M. B. . comme de chose lui appartenant en toute propriété et jouissance, au moyen des présentes, à compter de ce jour.

Cette constitution est faite sur le pied du denier vingt, moyennant le prix et somme de vingt mille fr. que M. A... reconnaît avoir à l'instant reçue en espèces et valeurs à sa satisfaction.

Cette rente ne pourra être remboursée, de convention expresse entre les parties, avant l'expiration du délai de dix années: ce délai expiré elle sera essentiellement rachetable, en payant par le rachetant le prix de la constitution ci-devant exprimée, et à charge d'avertir six mois d'avance.

Pour sûreté du service et paiement de ladite rente, M. A... cède, délègue et transporte à M. B..., qui l'accepte, pareille rente de quinze cents fr., à prendre par privilége et préférence au cédant, dans trois mille fr. de rente perpétuelle, constituée au profit du cédant par M.*** et dame *** son épouse, suivant contrat passé devant Mᵉ·· et son confrère, notaires à..., le

Laquelle rente est hypothéquée sur une maison sise à..., sur laquelle il a été pris inscription le..., vol..., nᵒ...à la conservation des hypothèques de...

M. B...touchera en conséquence ladite rente de quinze cents fr., qui lui est déléguée sur ses simples quittances, à la décharge de M. A...constituant

Reconnaît M. B...que M. A...lui a à l'instant remis extrait du contrat de constitution dudit jour.

Ces présentes seront réalisées devant notaires, ou enregistrées à la première demande ou réquisition de l'une des parties, et aux frais de M. A..., constituant.

Pour faire signifier ces présentes, partout où besoin sera, pouvoir est donné au porteur.

Fait double à..., le   (*Signatures.*

Constitution avec stipulation qu'à défaut de paiement d'un terme d'arrérages, le principal deviendra exigible. — Caution.

Les soussignés,

M. A... (*nom, prénoms, profession, demeure*), d'une part;

Et M. B... (*idem*), d'autre part;

Sont convenus de ce qui suit :

M. A...crée et constitue par ces présentes à M. B..., qui l'accepte,

Mille francs de rente perpétuelle, qu'il promet et s'oblige de payer, servir et faire valoir audit sieur B..., en sa demeure, ou pour lui au porteur de ses pouvoirs.

Cette rente sera exempte de retenue et payable en quatre termes égaux, dont le premier, de la somme de deux cent cinquante fr, aura lieu, et sera fait le...; le deuxième, de pareille somme, le..., pour ainsi continuer de trois mois en trois mois, jusqu'au remboursement.

Pour jouir, faire et disposer par M. B..., ses héritiers et ayans-cause de ladite rente de mille francs, au moyen des présentes, à compter de ce jour.

La présente constitution est faite sur le pied du denier vingt, moyennant le prix et somme de vingt mille francs, que M. A... reconnaît avoir à l'instant reçue de M. B....en espèces et monnaie ayant cours.

Cette rente sera rachetable à toujours, en rendant par le rachetant pareille somme de vingt-mille francs, ensemble les frais et arrérages lors dus.

Il est expressément convenu entre les parties qu'à défaut de paiement d'un seul terme des arrérages après son échéance, le principal deviendra exigible quinze jours après l'acte de mise en demeure non suivi d'exécution.

A ces présentes est intervenu M. C... (*nom, prénoms, profession, demeure*), lequel après avoir pris communication du contrat de constitution qui précède, a déclaré se rendre et constituer volontairement caution de M. A...envers M. B..., pour raison du paiement exact des arrérages de ladite rente et remboursement du capital.

S'engageant à l'exécution de l'acte qui précède au service de ladite rente, et même au remboursement, s'il devient exigible, dans les termes et de la manière ci-devant expliqués mais seulement pour le cas où M. A...ne paierait pas lui-même; et discussion préalablement faite desdits biens.

Ces présentes seront réalisées devant notaires à la première réquisition de l'une des parties et aux frais de M. A...

Fait triple, à..., le...

(Signatures.)

Transport de rente constituée.

Les soussignés,

M. A... (*nom, prénoms, profession et demeure*), d'une part;

Et M. B... (*idem*), d'autre part;

Sont convenus de ce qui suit :

M. A...cède, délègue et transporte, sous la simple garantie de ses faits et promesses, à M. B...qui l'accepte,

Trois cents francs de rente perpétuelle exemptes de retenues, au capital de six mille francs constitués par M*** et madame***, son épouse, de lui autorisée, et solidairement entre eux, aux termes d'un acte passé devant M^e***, qui en a la minute, et son collègue, notaires à..., le...

Laquelle rente est hypothéquée sur sa maison, sise à..., et

conservée par une inscription faite au bureau des hypothèques de..., vol..., nᵒ..., le...

Pour jouir, faire et disposer par M. B... de ladite rente à lui transportée comme de chose à lui appartenant en toute propriété et jouissance, au moyen des présentes, à compter de ce jour, et en toucher les arrérages sur ses simples quittances, et même le capital, s'il était offert ou devenait exigible; à l'effet de quoi M. A... subroge M. B... dans tous ses droits et actions, pour les exercer et faire valoir comme il avisera.

Le présent transport est fait moyennant pareille somme de six mille francs que M. A... reconnaît avoir reçue de M. B... antérieurement à ces présentes.

Reconnaît M. B... que M. A... lui a à l'instant remis la grosse du contrat de constitution ci-devant énoncée, et le bordereau de ladite inscription, dont décharge.

Ces présentes seront réalisées devant notaires à la première réquisition de l'une ou de l'autre des parties aux frais de M. A...

Fait double, à..., le...

(Signatures.)

SECTION II.

CONSTITUTION DE RENTE VIAGÈRE.

La rente viagère est une redevance annuelle dont la durée est bornée au temps de la vie d'une ou plusieurs personnes.

Elle peut être constituée à titre onéreux moyennant une somme d'argent, ou pour une chose mobilière appréciable, ou pour un immeuble. (Code civil, art. 1968.)

Elle peut être aussi constituée à titre purement gratuit, par donation entre-vifs, ou par testament; elle doit être alors revêtue des formes requises par la loi. (Code civil, art. 1969.)

Dans le cas de l'article précédent la rente viagère est réductible, si elle excède ce dont il est permis de disposer : elle est nulle, si elle est faite au profit d'une personne incapable de recevoir. (Code civil, art. 1790.)

La rente viagère peut être constituée sur la tête de celui qui en fournit le prix, soit sur la tête d'un tiers qui n'a aucun droit d'en jouir. (Code civil, art. 1971.

Elle peut être constituée sur une ou plusieurs têtes. (Code civil, art. 1972.)

Elle peut être constituée sur la tête d'un tiers, quoique le prix en soit fourni par une autre personne.

Dans ce dernier cas, quoiqu'elle ait le caractère d'une libéralité, elle n'est pas assujettie aux formes requises pour les donations, sauf les cas de nullités et réductions. (Code civil, **art. 1973.**)

Tout contrat de rente viagère créé sur la tête d'une personne qui était morte au jour du contrat ne produit aucun effet. (Code civil, art. 1974.)

Il en est de même du contrat par lequel la rente a été créée sur la tête d'une personne atteinte de la maladie dont elle est décédée dans les vingt jours de la date du contrat. (Code civil, art. 1975.)

La rente viagère peut être constituée au taux qu'il plaît aux parties de fixer. (Code civil, art. 1976.)

Celui au profit duquel la rente viagère a été constituée moyennant un prix peut demander la résiliation du contrat, si le constituant ne lui donne pas les sûretés stipulées pour son exécution. (Code civil, art. 1977.)

Le seul défaut de paiement des arrérages de la rente n'autorise pas celui en faveur de qui elle est constituée à demander le remboursement du capital, ou à rentrer dans le fonds par lui aliéné, il n'a que le droit de saisir et faire vendre les biens de son débiteur, et de faire ordonner ou consentir, sur le produit de la vente, l'emploi d'une somme suffisante pour le service des arrérages. (Code civil, art. 1978)

Le constituant ne peut se libérer du paiement de la rente, en offrant de rembourser le capital, et en renonçant à la répétition des arrérages payés ; il est tenu de servir la rente pendant toute la vie de la personne ou des personnes sur la tête desquelles la rente a été constituée, quelle que soit la durée de la vie de ces personnes, et quelque onéreux qu'ait pu devenir le service de la rente. (C. civil, article 1979.)

La rente viagère n'est acquise au propriétaire que dans la proportion du nombre de jours qu'il a vécu.

Néanmoins s'il a été convenu qu'elle serait payée d'avance, le terme qui a dû être payé est acquis du jour où le paiement a dû être fait. (C. civ., art. 1980.)

La rente viagère ne peut être stipulée insaisissable que lorsqu'elle a été constituée à titre gratuit. (C. civil, art. 1981.)

La rente viagère ne s'éteint pas par la mort civile du propriétaire ; le paiement doit en être continué pendant sa vie naturelle. (Code civil, art. 1982.)

Le propriétaire d'une rente viagère n'en peut demander les arrérages qu'en justifiant de son existence, ou de celle de la personne sur la tête de laquelle elle a été constituée. (C. civil, art. 1983.)

La caution d'une rente viagère ne peut exiger la décharge de son cautionnement, même après dix années du jour de la constitution, parce que la rente viagère n'est pas de nature à pouvoir être éteinte avant le décès de celui sur la tête de qui elle est constituée, et que la caution a dû s'attendre à demeurer engagée jusqu'au décès du rentier.

Les constitutions viagères qui résultent d'une donation ne peuvent être faites que devant notaires.

Lorsque le prix de la rente viagère a été soldé précédemment, ou qu'il est payé comptant, il suffit que la constitution soit signée par le constituant. La rente viagère s'éteint :

1° Par la mort naturelle de la personne sur la tête de laquelle elle est constituée ;

2° Par le rachat, lorsqu'il a été stipulé ou qu'il est volontairement consenti ;

3° Par la prescription de 30 ans ;

4° Enfin, par les causes qui éteignent les obligations en général.

**FORMULE. — *Constitution simple pour somme anté-
rieurement reçue.***

Je soussigné (*nom, prénoms, profession et demeure*) déclare par
ces présentes créer et constituer au profit de M.***, et sur sa
tête.

Deux cents francs de rente viagère, que je promets et m'oblige
de lui payer chaque année en son domicile, ou pour lui au
porteur de ses pouvoirs, de six mois en six mois, à partir
du...

Le premier desquels paiemens, de la somme de cent francs,
aura lieu et sera fait le...; le deuxième, de pareille somme, le....
pour ainsi continuer de six en six mois, jusqu'au décès de M.***
ou jusqu'à l'amortissement de ladite rente (1).

Pour jouir, faire et disposer par M.*** de ladite rente viagère
de deux cents francs, comme de chose lui appartenant au moyen
des présentes, à partir de ce jour.

La présente constitution est faite moyennant le prix et somme
de..., que je reconnais avoir reçue de M.***, antérieurement à
ces présentes, dont quittance.

Fait à..., le...

(Signatures.)

*Constitution viagère sur plusieurs têtes avec reversion
et réduction, faculté de rembourser à volonté et
d'exiger le remboursement à défaut de paiement des
arrérages.*

Les soussignés,
M. A.. (*nom, prénoms, profession, demeure*), d'une part ;

---

(1) La pension viagère est un acte de libéralité, qui ne peut
avoir lieu que par actes devant notaires; cependant bien des gens
font des donations rémunératoires à de vieux serviteurs par acte
sous seing-privé. Ces dons n'obtiennent de valeur que parce qu'ils
ne sont pas contestés. Voilà la forme de ces libéralités :

Je soussigné déclare constituer par ces présentes à..., mon domestique, pour récompenser ses bons services auprès de ma personne pendant...ans, 300 fr. de rente viagère, que je promets et
oblige mes héritiers à lui payer pendant sa vie et jusqu'à son
décès.

La présente constitution étant faite par moi comme une marque
de gratitude, et pour récompenser le zèle qu'il a toujours mis
dans son service auprès de moi.

Fait à..., le...

(Signature.)

Et M. B... (*idem*), et dame***, son épouse, qu'il autorise à l'effet des présentes, demeurant à..., d'autre part;

Ont fait les conventions suivantes :

M. A...crée et constitue au profit de M. et madame B...qui l'acceptent et sur leurs têtes,

Mille francs de rente annuelle et viagère, qu'il s'oblige de leur payer sous les conditions ci-après, et sauf le cas de réduction qui va être prévu en cas de décès de l'un d'eux, pendant leur vie, en quatre paiemens égaux, aux quatre termes ordinaires de l'année le premier desquels, de la somme de deux cent cinquante fr. aura lieu et sera fait le...; le deuxième, de pareille somme, le..., pour ainsi continuer de trois mois en trois mois à être payé jusqu'au décès de M. et madame B...Le décès de l'un deux arrivant, ladite rente viagère sera réduite à huit cents fr., elle continuera à être payée aux mêmes époques jusqu'au décès du survivant ou jusqu'à l'amortissement.

Pour jouir, faire et disposer par M. et madame B... de ladite rente, présentement constituée, comme de chose leur appartenant à compter de ce jour.

Cette constitution est faite moyennant le prix et somme de dix mille fr., que M. A...reconnaît avoir à l'instant reçue des sieur et dame B...en espèces et monnaie ayant cours.

M. A.. se réserve expressément le droit de pouvoir amortir à sa volonté ladite rente, en payant auxdits sieur et dame B... pareille somme de dix mille fr.; ensemble les arrérages qui seront lors dus.

De plus, il est également convenu qu'à défaut de paiement exact des arrérages aux époques ci-devant déterminées, et quinze jours après un commandement de payer non suivi d'exécution, M. et madame B...pourront exiger le remboursement de ladite somme de dix mille fr., ensemble les arrérages lors dus, sans être tenus à aucune restitution pour ceux antérieurement reçus si mieux ils n'aiment exiger la continuation de ladite rente viagère.

Ces présentes seront réalisées devant notaires à la première réquisition de l'une des parties et aux frais de M. A..., qui promet, dans le cas où M. et madame B...l'exigeraient, de leur fournir hypothèque sur un immeuble présentant au moins vingt-cinq mille francs de valeur libre.

Fait double à... le...

(Signatures.)

DU TITRE NOUVEL.

L'on entend par titre nouvel l'acte par lequel celui qui doit une rente, soit personnellement, soit comme ayant succédé à l'obligation de celui qui la devait, soit hypothécairement comme détenteur de l'immeuble sur lequel elle est hypothéquée, soit comme ayant succédé aux charges de celui qui la doit, reconnaît être tenu de ladite rente à l'un des titres ci-dessus.

Le titre nouvel a pour objet ou d'empêcher la prescription, ou de donner au créancier un titre exécutoire contre le reconnaissant.

Après 28 ans de la date du dernier titre, le débiteur d'une rente peut être contraint à fournir à ses frais un titre nouvel à son créancier ou à ses ayans-cause.

Le paiement des arrérages interrompt, il est vrai, la prescription ; mais les quittances qui constatent ces paiemens restent entre les mains du débiteur. Il faudrait, pour que la prescription se trouvât interrompue valablement, que le créancier exigeât de temps à autre une quittance notariée ou une quittance en double original, signée des deux parties, en ayant soin de conserver son double.

De plus, les tiers détenteurs prescrivent contre les créanciers hypothécaires par 10 ans entre présens et 20 ans entre absens. (Code civil, art. 2080 et 2263.)

C'est pour obvier à l'inconvénient de ces prescriptions courtes qu'il a été admis en jurisprudence que le créancier de la rente a le droit d'exiger un titre nouvel du tiers détenteur, toutes les fois qu'il y a mutation dans la propriété de l'immeuble.

Les titres nouvels ne dispensent pas de la représentation du titre primordial, à moins que sa teneur n'y soit spécialement relatée. (Code civil, art. 1337.)

Dans le cas même où le titre primordial serait relaté, le titre nouvel n'a d'effet vis-à-vis des tiers que du jour de sa date ; si le titre primordial n'était pas rapporté, le titre nouvel ne pourrait être opposé qu'au reconnaissant.

Ce qu'il contient de plus que le titre primordial, ou ce qui s'y trouve de différent, n'a aucun effet. (Code civil, art. 1337.)

S'il y avait plusieurs titres nouvels conformes, soutenus par la possession, et dont l'un eût 30 ans de date au moins, le créancier pourrait être dispensé de rapporter le titre primordial. (Code civil, même article.)

FORMULES. — *Titre nouvel simple d'une rente perpétuelle.*

Les soussignés,
M. A... (*nom, prénoms, profession, demeure*), d'une part;
Et M. B... (*idem*), d'autre part,
Sont convenus de ce qui suit :
M. A... reconnaît par ces présentes devoir bien et légitimement à M. B... qui l'accepte;
Mille francs de rente perpétuelle au capital de vingt mille fr., constituée originairement par M. A..., son père, au profit de M. B... par acte sous signatures privées, en date du..., ou par acte passé devant Me***, qui en a la minute, et son collègue, notaires à..., le...
Il s'engage en conséquence à continuer le paiement de ladite rente, de six mois en six mois, à partir du..., sans novation ni dérogation au titre primitif, le présent n'ayant pour objet que d'interrompre la prescription.
De son côté, M. B... reconnaît que les arrérages de ladite rente lui ont été exactement payés jusqu'à ce jour, dont quittance.
Fait double, à..., le...

(*Signatures.*)

Autre titre nouvel plus étendu par plusieurs héritiers.

Les soussignés,
M. A .. (*nom, prénoms, profession, demeure*),
Et M. A...*bis* (*idem*), d'une part;
Et M. B... (*idem*, d'autre part;
Ont dit ce qui suit et fait les conventions suivantes :
Par contrat passé devant Me..., qui en a gardé minute, et son collègue, notaires à..., le..., M. et madame A..., père et mère de MM. A.., ont constitué au profit de M. R... mille fr. de rente perpétuelle au principal de vingt mille francs, payable en deux termes égaux, de cinq cents francs chaque, les premiers janvier et juillet de chaque année, avec hypothèque sur une maison sise à..., rue..., n°..., conservée par une inscription formée au bureau des hypothèques de..., vol..., n°..., M. ...... est décédé, laissant pour ses seuls et uniques héritiers, chacun pour moitié, M. ...et M. ..., ses fils, comme le constate l'intitulé de l'inventaire fait après son décès par le ministère de Me..., notaire à..., le...
Que par acte passé devant Me..., qui en a gardé minute, et

son collègue, notaires à ..., le ..., contenant liquidation et partage de la succession de M....entre ses deux enfans susnommés, la rente dont vient d'être question a été abandonnée à M...., son fils aîné;

Que ce dernier est lui-même décédé le...sans ascendans ni descendans; que par son testament olographe, en date à..., du (*tel jour*), présenté au président du tribunal civil de première instance (*telle ville*), qui en a fait l'ouverture, constaté l'état et ordonné le dépôt ès-mains de M°..., notaire à..., suivant procès verbal par lui dressé le... Le tout dûment enregistré; il a nommé et institué son légataire universel M. B..., ici présent, duquel legs universel il a été envoyé en possession par ordonnance de M. le président du même tribunal, mise au bas d'une requête à lui présentée le même jour, aussi dûment enregistrée;

Que M. et madame A...sont eux-mêmes décédés, laissant pour leurs seuls héritiers, chacun pour moitié, M. A..., stipulans, leurs deux fils, nés de leur mariage, comme le constate une notoriété faite, à défaut d'inventaire, devant M°..., notaire à..., le..., en présence de témoins.

En conséquence, MM. A..., comme représentant leurs père et mère débiteurs originaires de ladite rente, pour satisfaire à la réquisition de M. B..., aujourd'hui propriétaire de ladite rente en sadite qualité de légataire universel, afin d'interrompre la prescription trentenaire qui était sur le point de s'établir;

Se reconnaissent personnellement débiteurs envers M. B..., ce qu'il accepte, de ladite rente de mille fr. au principal de vingt mille fr., exempte de retenue, payable les premiers janvier et juillet de chaque année, le tout conformément au titre primitif ci-devant énoncé, auquel il n'est pas dérogé par ces présentes.

A la garantie de laquelle rente l'immeuble hypothéqué continue de demeurer affecté, sans novation ni dérogation.

Ces présentes seront réalisées devant notaires à la première réquisition de l'une des parties et aux frais de M. A. Cette réalisation devra être opérée avant le..., époque à laquelle le dernier renouvellement de l'inscription primitivement prise au bureau des hypothèques doit expirer.

Fait double, à..., le...

(Signatures.)

Titre nouvel simple par un tiers détenteur au profit d'un créancier de rente perpétuelle.

Je soussigné,

Comme détenteur de la terre de...au moyen de l'acquisition que j'en ai faite de M.***, par contrat passé devant M°***, qui en a la minute, en présence de témoins, le..., dûment enregistré, reconnais qu'en cette qualité je suis tenu hypothécairement sur ladite terre envers le sieur... (*nom, prénoms, profession du créancier*) d'une rente annuelle et perpétuelle de cinq cents francs au principal de dix mille francs, exempte de retenue, payables en deux termes et paiemens égaux, les premiers janvier et juillet de chaque année à M.***, en sa demeure, à...., et constituée à son profit par M.***, précédent propriétaire de ladite terre avec hypothèque spéciale sur l'immeuble dont s'agit suivant contrat passé devant M^e***, notaire à..., le..., dûment enregistré

Ces présentes seront réalisées devant notaire à la première réquisition de l'une des parties, à mes frais.

Fait à..., le ..

(Signature.)

Autre titre nouvel par un tiers détenteur.

Les soussignés,

M. A... (nom, prénoms, profession, demeure), d'une part;

Et M. B... (idem), d'autre part;

Sont convenus de ce qui suit:

Par contrat passé devant M^e*** qui en a gardé minute, et son collègue, notaires à...., le... M. (nom du constituant) a créé et constitué, au profit de M.*** et sur sa tête, une rente viagère de mille francs, exempte de toute retenue et payable de six mois en six mois, les premiers janvier et juillet de chaque année, à partir du..., à la garantie de laquelle rente ont été affectés et hypothéqués, par hypothèque générale, tous les biens présens et à venir dudit sieur***, et en outre, spécialement la terre de...

M.***, débiteur originaire de ladite rente, est décédé sans héritiers à réserve, laissant pour son légataire universel en toute propriété M.***, son neveu, ainsi qu'il résulte tant du testament dudit sieur***, reçu par M^e***, qui en a gardé minute, et son collègue, notaires à..., que de la notoriété faite à défaut d'inventaire après le décès dudit sieur*** et reçue par M^e***, notaire à..., le...

M.***, en sadite qualité de légataire universel, tenu du service de ladite rente, à lui-même vendu ladite terre de.., en chargeant spécialement M.***, soussigné du service de ladite rente. Cette vente fut opérée par contrat passé devant M^e***, notaire à...., le..., dûment enregistré.

Ce contrat autorise M.***, soussigné, à conserver entre ses mains la somme de vingt mille francs pour servir ladite rente jusqu'à son extinction et amortissement.

Dans cet état de choses, M.***, voulant satisfaire au vœu de M. B..., créancier de ladite rente viagère, qui désire obtenir titre nouvel et reconnaissance de la dette de la part de l'acquéreur, pour se mettre à l'abri de la prescription qui a lieu en faveur des tiers détenteurs par 10 ans entre présens et 20 ans entre absens,

Se reconnaît débiteur comme détenant ladite terre et conservant en ses mains somme suffisante pour servir cette rente, envers M. B..., qui l'accepte; de ladite rente viagère de...exempte de retenue et payable par moitié de six mois en six mois à partir du...

A quoi ladite terre, consistant en maison d'habitation, bâti-

II.

mens d'exploitation, parc, jardin, terres labourables, prés et bois, circonstances et dépendances, situés dans l'arrondissement de..., département de..., continuera de demeurer affectée, obligée et hypothéquée sans aucune novation ni dérogation au titre primitif ci-devant énoncé.

Ces présentes seront réalisées devant notaires à la première réquisition de M. B..., et aux frais de M. A...

Fait double, à. ., le...

(*Signatures.*)

DU CONTRAT DE LOUAGE.

Il y a deux sortes de louage, celui des choses et celui d'ouvrages. (Code civil, art. 1708.)

Le louage des choses est un contrat par lequel l'une des parties s'oblige à faire jouir l'autre d'une chose pendant un certain temps, et moyennant un certain prix que celle-ci s'oblige à lui payer. (Code civil, 1719.)

Le louage d'ouvrage est un contrat par lequel l'une des parties s'engage à faire quelque chose pour l'autre moyennant un prix convenu entre elles. (Code civil, 1710.)

Ces deux sortes de louage se subdivisent encore en plusieurs espèces particulières.

On appelle bail à loyer, le louage des maisons et celui des meubles.

Bail à ferme, celui des héritages ruraux.

Loyer, le louage du travail ou du service.

Bail à cheptel, celui des animaux dont le profit se partage entre le propriétaire et celui à qui il les confie.

Les devis, marchés et prix faits pour l'entreprise d'un ouvrage moyennant un prix déterminé, sont aussi un louage lorsque la matière est fournie par celui pour qui l'ouvrage se fait; ces trois dernières espèces ont des règles particulières. (Code civil, art. 1711.)

Du louage des choses.

On peut louer toutes sortes de biens meubles et immeubles. (C. civil, art. 1713.)

De la forme du bail.

On peut louer par écrit ou verbalement. (Code civil, 1714.)

Si le bail fait sans écrit, n'a encore reçu aucune exécution et que l'une des parties le nie, la preuve ne peut être reçue par témoins, quelque modique que soit le prix, et quoiqu'on allegue qu'il y a eu des arrhes données.

Le serment peut seulement être déféré à celui qui nie le bail. (Code civil, 1715.)

Lorsqu'il y aura contestations sur le prix du bail verbal, dont l'exécution a commencé et qu'il n'exis-tera pas de quittance, le propriétaire en sera cru sur son serment si mieux n'aime le locataire deman-der l'estimation par expert, auquel cas les frais d'expertise restent à sa charge, si l'estimation ex-cède le prix qu'il a déclaré. (Code civil, 1716.)

Le preneur a le droit de sous-louer et même de céder son bail à un autre, si cette faculté ne lui est pas interdite.

Elle peut être interdite pour le tout ou en partie.

Cette clause est toujours de rigueur (Code civ., art. 1717.)

De la durée du bail.

Il faut distinguer entre le bail verbal et le bail écrit.

Du bail verbal.

Le bail des meubles fournis pour garnir une maison, un corps de logis entier, une boutique, ou tous autres appartemens, est censé fait pour la durée ordinaire des baux de maison, corps de logis, bouti-ques ou autres appartemens, selon l'usage des lieux. (Code civil, 1757.)

Le bail d'un appartement meublé est censé fait à l'année quand il a été fait à tant par an.

Au mois, quand il a été fait à tant par mois.

Au jour s'il a été fait à tant par jour.

Si rien ne constate que le bail soit fait à tant par an, par mois et par jour, la location est censée faite suivant l'usage des lieux. (Code civil, 1758.)

Si la maison, boutique ou logement sont loués sans être meublés, il faut distinguer :

Si la durée du bail a été fixée, alors il expire à l'époque déterminée;

S'il n'y a pas de durée fixe, le bail dure jusqu'à ce que l'une des parties donne congé à l'autre.

Du bail écrit.

La durée du bail écrit est fixée par l'acte même, elle doit être limitée.

La durée du bail est certaine ou incertaine.

Elle est certaine lorsque le bail est fait pour un nombre d'années fixe.

Trois, six, neuf ans, cinquante ans, quatre-vingt-dix-neuf ans, plus ou moins en général : on peut louer pour le temps que l'on veut, toutes les fois que l'on n'est pas dans l'un des cas d'incapacité déterminé par la loi. (Minorité, interdiction, puissance maritale, etc.)

Elle est incertaine si elle dépend d'un événement futur, tel que la mort du preneur ou tout autre événement qui doit arriver nécessairement mais dont l'époque est incertaine.

Au surplus, le bail finit de plein droit au terme fixé, sans qu'il soit besoin de congé.

Cependant si le locataire d'une maison ou d'un appartement continue sa jouissance après l'expiration du bail écrit, sans opposition de la part du bailleur, il sera censé les occuper aux mêmes conditions, pour le terme fixé par l'usage des lieux, et ne pourra plus en sortir ni en être expulsé qu'après un congé donné suivant l'usage des lieux. (Code civil, art. 1759.)

S'il y avait eu congé signifié, le preneur, quoiqu'il eût continué sa jouissance, ne pourrait invoquer la tacite réconduction.

Des obligations du bailleur lors et pendant le bail.

Le bailleur est obligé, par la nature du contrat et sans qu'il soit besoin d'aucune stipulation particulière :

1° De délivrer au preneur la chose louée ;

2° D'entretenir cette chose en état de servir à l'usage pour lequel elle a été louée ; ·

3° D'en faire jouir paisiblement le preneur pendant la durée du bail.

Le bailleur est tenu de délivrer la chose en bon état de réparations de toute espèce.

Il doit y faire pendant la durée du bail toutes les réparations qui peuvent devenir nécessaires, autres que les locatives.

Il est tenu de garantir au preneur tous les vices ou défauts de la chose louée qui en empêchent l'usage, quand même le bailleur ne les aurait pas connus lors du bail.

S'il résulte de ces vices ou défauts quelque perte pour le preneur, le bailleur est tenu de l'indemniser. (Code civil, 1721.)

Si pendant la durée du bail la chose louée est détruite en totalité par cas fortuit, le bail est résilié de plein droit ; si elle n'est détruite qu'en partie, le preneur peut, suivant les circonstances, demander une diminution du prix ou la résiliation même du bail ; dans l'un et l'autre cas il n'y a lieu à aucun dédommagement. (Code civil, 1722.)

Le bailleur ne peut, pendant la durée du bail, changer la forme de la chose louée. (Code civil, art. 1723.)

Le bailleur n'est pas tenu de garantir le preneur des troubles que des tiers apportent par voies de fait à sa jouissance, sans prétendre d'ailleurs aucun droit sur la chose louée, sauf au preneur à les poursuivre en son nom personnel. (Code civil, 1725.)

Si, au contraire, le locataire ou fermier a été troublé dans sa jouissance par suite d'une action concernant la propriété du fonds, il a droit à une diminution proportionnelle sur le prix du bail à loyer ou à ferme, pourvu que le trouble ou l'empêchement ait été dénoncé au propriétaire. (Code civil, 1726.)

Des obligations du preneur.

Le preneur est tenu :

1° D'user de la chose louée en bon père de famille ou suivant la destination qui lui a été donnée par le bail, ou suivant celle présumée d'après les circonstances à défaut de convention.

2° D'employer la chose louée à l'usage auquel elle est destinée, car s'il l'employait à un autre usage que celui auquel elle est destinée, où dont il pût en résulter du dommage pour le bailleur, celui-ci pourrait, suivant les circonstances, faire résilier le bail. (Code civil, art. 1729.)

3° De payer le prix au terme convenu. (Code civil, art. 1728.)

4° De garnir la maison louée de meubles ou autres objets suffisans ; sinon il peut être expulsé, à moins qu'il ne donne des sûretés capables de répondre des loyers. (Code civil, art. 1752)

5° De réparer les dégradations ou pertes qui arrivent pendant la jouissance, à moins qu'il ne prouve qu'elles ont été faites sans sa faute. (Code civil, art. 1732.)

Ainsi s'il a été fait un état des lieux entre le bailleur et le preneur, celui-ci doit rendre la chose telle qu'il l'a reçue suivant cet état, excepté ce qui a péri ou a été dégradé par vétusté ou force majeure. (Code civil, 1730.)

S'il n'a pas été fait d'état de lieux, le preneur est censé les avoir reçus en bon état de réparation locative et doit les rendre tels, sauf la preuve contraire. (Code civil, 1731.)

6° Le preneur est encore tenu des dégradations qui arrivent par le fait des personnes de sa maison ou de ses sous-locataires. (Code civil, art. 1735.)

7° Il répond de l'incendie, à moins qu'il ne prouve que l'incendie est arrivé par cas fortuit ou force majeure, ou par vice de construction, ou que le feu a été communiqué par une maison voisine.

8° S'il y a plusieurs locataires, ils sont tous solidairement responsables de l'incendie.

A moins qu'ils ne prouvent que l'incendie a commencé dans l'habitation de l'un d'eux, auquel cas celui-là seul est tenu.

Ou que quelques-uns ne prouvent que l'incendie n'a pu commencer chez eux, auquel cas ceux là n'en sont pas tenus. (Code civil, art. 1734.)

Si durant le bail la chose louée a besoin de réparations urgentes et qui ne puissent être différées jusqu'à sa fin, le preneur doit les souffrir quelqu'incommodité quelles lui causent, et quoiqu'il soit privé pendant qu'elles se font d'une partie de la chose louée. (Code civil, art. 1724.)

Mais si ces réparations durent plus de quarante jours, le prix du bail sera diminué à proportion du temps et de la partie de la chose louée dont il aura été privé.

Si les réparations sont de telle nature qu'elles rendent inhabitable ce qui est nécessaire au logement du preneur et de sa famille, celui-ci peut faire résilier le bail. (*Ibid.*)

Si le preneur est inquiété par des personnes qui prétendent avoir quelque droit sur la chose louée, ou si le preneur est lui-même cité en justice pour se voir condamner au délaissement de la totalité ou de partie de cette chose, ou à souffrir l'exercice de quelque servitude, il doit appeler le bailleur en garantie, et doit être mis hors de l'instance en nommant le bailleur pour lequel il possède. (Code civil, art. 1726 et 1727.)

COMMENT FINIT LE BAIL.

Manières générales dont finit le bail.

Le bail et le contrat de louage finissent :
1° Par la perte de la chose louée ;
2° Par la perte totale de la chose;
3° Par le défaut respectif du bailleur et du preneur de remplir leurs engagemens. (Code civil, art. 1741.)

Le contrat n'est pas résolu par la mort du bailleur ni par celle du preneur.

Pour connaître les autres causes de résiliation il faut distinguer si le bail est verbal ou s'il est écrit.

1° *Si le bail est verbal :*

Il finit, indépendamment des causes générales, par le congé que les parties se donnent amiablement ou par la voie judiciaire en se conformant à l'usage des lieux.

Lorsque l'époque de la sortie n'est pas fixée amiablement entre les parties par le congé donné ou accepté, celle des parties qui donne congé à l'autre doit se conformer à l'usage des lieux. (Code civil, art. 1736.)

L'usage à Paris, constaté par la jurisprudence, fixe ces délais de la manière suivante (1) :

Six mois pour les maisons entières, corps de logis entiers, les boutiques.

Trois mois pour les logemens au-dessus de 400, sans limitation.

Six semaines pour les logemens de 400 fr. et au-dessous.

---

(1) La jurisprudence paraît avoir définitivement fixé de cette manière le temps nécessaire entre le congé et la sortie. Voyez un jugement du tribunal de la Seine, du 19 juin 1813, et un arrêt confirmatif de la cour royale, du 28 juillet suivant. Cette jurisprudence n'est pas conforme à l'ancien usage constaté par une notoriété du Châtelet de Paris, du 28 mars 1713.

L'usage détermine également les quatre termes de l'année, qui sont : 1er janvier, 1er avril, 1er juillet et 1er octobre. L'intervalle entre le congé et la sortie ne commence à courir que de ces diverses époques, encore bien que le congé ait été donné auparavant.

Ainsi un congé à trois mois qui aurait été donné la veille du premier janvier, serait valable pour le premier avril suivant, mais s'il n'était donné que le 1er ou 2 janvier, l'intervalle de rigueur ne commencerait à courir que du premier avril, et le congé ne serait valable que pour le premier juillet suivant.

Formule de congé amiable.

Les soussignés ,
M. A . . . (nom , prénoms , profession , demeure), d'une part ;
Et M. B . . . (idem), d'autre part ;
Sont convenus de ce qui suit
M. A . . . propriétaire d'une maison, sise à . . ., dont le premier étage est habité par M. B . . ., donne, par ces présentes, à M. B . . congé pour le . . . prochain de l'appartement qu'il occupe dans sa maison.
M. B . . . accepte le congé pour ledit jour . . . prochain et s'oblige de remettre les clefs la veille et de rendre les lieux en bon état de réparations locatives.
Fait double à . . ., le . . .

(Signatures.)

2° Si le bail est écrit :

Il finit : 1° par l'expiration du terme fixé sans qu'il soit nécessaire de se donner congé. (Code civil, art. 1737.)

Si à l'expiration des baux écrits le preneur reste ou est laissé en possession, il s'opère un nouveau bail dont l'effet est réglé par l'article relatif aux locations faites sans écrits. (Code civil, art. 1738.)

Lorsqu'il y a eu un congé signifié, le preneur, quoiqu'il ait continué sa jouissance, ne peut invoquer la tacite réconduction. (Code civil , art. 1739.)

12

Dans les cas des deux articles précédens la caution donnée pour le bail ne s'étend pas aux obligations résultant de la prolongation. (Code civil, 1740.)

2° Par la vente de la chose louée, lorsque le bailleur s'est réservé, par le bail, le droit d'expulser le locataire en cas de vente, et qu'il veut user de cette faculté.

Mais il doit avertir le locataire au temps d'avance usité dans le lieu pour les congés (Code civil, art. 1748), et sauf les dommages-intérêts du preneur. S'il n'a rien été stipulé pour les dommages-intérêts, le bailleur est tenu d'indemniser le locataire de la manière suivante :

S'il s'agit d'une maison, appartement ou boutique, il doit payer à titre de dommages-intérêts au locataire expulsé une somme égale au prix du loyer pendant le temps qui, suivant l'usage des lieux, est accordé entre le congé et la sortie. (Code civil, art. 1745.)

S'il s'agit de manufactures, usines ou autres établissemens qui exigent de grandes avances, l'indemnité est réglée par expert. (Code civil, art. 1747.)

Le locataire ne peut être expulsé qu'il ne soit payé par le bailleur, ou, à son défaut, par le nouvel acquéreur, des dommages-intérêts ci-dessus expliqués. (Code civil, art. 1749.)

Si le bail n'est pas fait par acte authentique, ou n'a point de date certaine, l'acquéreur n'est tenu d'aucuns dommages-intérêts ; il peut expulser le preneur, sauf le recours de ce dernier contre son bailleur.

L'acquéreur à pacte de rachat (ou réméré) ne peut user de la faculté d'expulser le preneur jusqu'à ce que, par l'expiration du délai fixé pour le réméré, il devienne propriétaire incommutable.

Des devoirs et obligations du preneur après l'expiration ou résiliation du bail.

S'il a été fait un état des lieux entre le bailleur et le preneur, celui-ci doit rendre la chose telle qu'il l'a reçue suivant cet état, excepté ce qui a péri ou a été dégradé par vétusté ou par force majeure. (Code civil, art. 1730.)

S'il n'a pas été fait d'état des lieux, le preneur est présumé les avoir reçus en bon état de réparation locative et doit les rendre tels, sauf la preuve contraire. (Code civil, art. 1731.)

Il répond des dégradations ou pertes qui sont arrivées pendant sa jouissance, à moins qu'il ne prouve qu'elles ont eu lieu sans sa faute. (Code civil, art. 1732.)

Il est tenu de toutes les réparations locatives.

Les réparations locatives ou de menu entretien dont le locataire est tenu, s'il n'y a clause contraire, sont celles désignées comme telles par l'usage des lieux ; entre autres les réparations à faire :

Aux âtres, contre-cœurs, chambranles des cheminées.

Au recrépiment du bas des murailles, des appartemens et autres lieux d'habitation, à la hauteur d'un mètre.

Aux pavés et carreaux des chambres, lorsqu'il y en a seulement quelques-uns de cassés.

Aux vitres, à moins qu'elles ne soient cassées par la grêle ou autres accidens extraordinaires et de force majeure dont le locataire ne peut être tenu.

Aux portes, croisées, planches de cloison ou de fermeture de boutiques, gonds, targettes et serrures. (Code civil, art. 1754.)

Aucune des réparations réputées locatives n'est à la charge des locataires quand elles ne sont occasionées que par vétusté ou force majeure. (Code civil, art. 1755.)

Le curement des puits et celui des fosses d'aisance sont à la charge du bailleur, s'il n'y a clause contraire. (Code civil, art. 1756.)

En cas de résiliation par la faute du locataire, celui ci est tenu de payer le prix du bail pendant le temps nécessaire à la relocation, sans préjudice des dommages-intérêts qui ont pu résulter de l'abus. (Code civil, art. 1760.)

Du sous-locataire, de ses devoirs et obligations, soit pendant la durée du bail, soit après son expiration.

Le preneur peut sous-louer, si cette faculté ne lui est pas interdite.

Elle peut être interdite pour tout ou partie. (Code civil, art. 1717.)

Le sous-locataire est tenu des mêmes obligations que le locataire.

Cependant il n'est tenu envers le propriétaire que jusqu'à concurrence de la sous-location dont il peut être débiteur au moment de la saisie, et sans qu'il puisse opposer les paiemens faits par anticipation.

Les paiemens faits par un sous-locataire, soit en vertu d'une stipulation portée en son bail, soit en conséquence de l'usage des lieux, ne sont pas réputés faits par anticipation. (C. civil, art. 1753.)

FORMULES. — *Bail à louer.*

Les soussignés,

M. A... (*nom, prénoms, profession, demeure*), propriétaire d'une maison, sise à..., rue..., n°..., d'une part;

Et M. B... (*idem*), d'autre part;

Ont fait les conventions suivantes :

M. A...fait bail et donne à loyer pour 3, 6 ou 9 années consécutives, au choix des parties, et en s'avertissant réciproquement et par écrit six mois (*plus ou moins*) d'avance avant l'expiration des 5 ou 6 premières années, qui commenceront à courir le...

A M. B..., qui l'accepte,

Une maison sise à..., consistant...

Ainsi qu'elle se compose avec toutes ses dépendances, sans en rien excepter ni réserver.

Pour en jouir, par M. B..., audit titre du bail..., pendant ledit temps.

Ce bail est fait aux conditions suivantes, que M. B..., preneur, s'oblige d'exécuter et accomplir, savoir :

1° De garnir et tenir ladite maison garnie de meubles meublans, marchandises ou autres effets en quantité et qualité suffisante pour répondre en tout temps desdits loyers;

2° De l'entretenir et de la rendre à la fin dudit bail en bon état de réparations locatives·

3° De payer l'impôt des portes et fenêtres et de satisfaire à toutes les charges de ville et de police dont les locataires sont ordinairement tenus;

4° De ne pouvoir céder son droit au présent bail en tout ou en partie (1), ni même sous-louer (2) sans le consentement exprès, et par écrit, du bailleur;

5° En outre, ce bail est fait moyennant le prix et somme de... que M. B...promet et s'oblige de payer, par chaque année, à M. A.., en sa demeure ci-devant indiquée, ou, pour lui, au porteur de ses pouvoirs, en quatre termes et paiemens égaux aux quatre termes ordinaires de l'année, le 1ᵉʳ desquels, de la somme de..., aura lieu et sera fait le...; le 2ᵉ, de semblable somme le...; pour ainsi continuer à être fait de trois mois en trois mois jusqu'à l'expiration du présent bail.

Ces paiemens devront être faits en espèces métalliques pareilles à celles ayant actuellement cours de monnaie et non autrement.

M. B...a présentement payé à M. A..., qui le reconnaît, la somme de...pour six mois d'avance desdits loyers, imputables sur les six derniers mois de jouissance du présent bail pour ne pas intervertir l'ordre des paiemens établis.

De son côté, M. A... s'oblige de tenir M. B...clos et couvert suivant l'usage,

Fait double, à..., le...

(Signatures.)

CLAUSES TRANSITOIRES.

Clause de résiliation à volonté en s'avertissant réciproquement un temps d'avance déterminé.

Lesdits sieurs *** conviennent qu'ils pourront réciproquement se désister du présent bail en s'avertissant respectivement et à volonté un an d'avance et par écrit.

Et le présent bail demeurera résilié de plein droit pour tout le temps qui en resterait à courir sans aucuns dommages ni intérêts de part ni d'autre.

Clause relative aux grosses réparations.

Après ces mots : ce bail est fait aux charges et conditions suivantes, et après les clauses ordinaires, on ajoute :

De souffrir les grosses réparations qu'il deviendrait nécessaire

---

(1) Cette clause est très importante dans l'intérêt du propriétaire ; elle ne doit pas être oubliée.

(2) On a prétendu que l'interdiction du droit de céder en tout ou en partie n'entraînait pas l'interdiction de sous-louer, il est donc important d'ajouter ces mots : ni même sous-louer.

de faire pendant la durée dudit bail sans pouvoir prétendre à aucune indemnité, pourvu néanmoins qu'elles ne durent pas plus de (*fixer le temps de leur durée*).

Clause relative aux changemens que le preneur voudrait faire.

De ne pouvoir faire dans la maison présentement louée aucun changement, démolition, construction, distribution ni percement sans le consentement exprès, et par écrit, du bailleur, et dans le cas où il en serait fait aucun, le preneur sera tenu de remettre et rétablir les lieux, à la fin de son bail, dans l'état où ils sont actuellement.

Clause relative à l'engagement solidaire de la femme du preneur s'il venait à se marier pendant la durée da bail.

Il est convenu que si pendant la durée du présent bail le preneur venait à contracter mariage, il sera tenu de faire obliger son épouse, qui devra ratifier ces présentes, solidairement avec lui, à l'exécution de toutes les clauses dudit bail, et aux paiemens des loyers aux époques déterminées.

Clause relative à la vidange des fosses d'aisance.

Le preneur fera faire à ses frais la vidange des fausses d'aisance, si elle devenait nécessaire pendant la durée du présent bail, sans aucune diminution de loyer ni répétition contre le bailleur.

Clause relative au curement des puisards.

Le preneur fera curer à ses frais le puisard étant dans la cour de la maison toutes les fois qu'il deviendra nécessaire de faire ce curement.

Clause relative aux cordes des puits.

Le preneur, dans le cours de sa jouissance, fera remettre, toutes les fois qu'il en sera besoin, des cordes neuves au puits étant dans la cour de ladite maison.

Clause relative aux gages du portier.

De payer sans aucune diminution de loyer, ci-après fixé, au portier de ladite maison, cinq centimes pour franc dudit loyer, et ce, de trois mois en trois mois et aux mêmes époques que les paiemens des loyers ci-après fixés.

Clause de ratification de la part du preneur.

M. B..., preneur, promet et s'oblige de faire ratifier le présent bail par sa femme dont il déclare se porter fort, et de la faire obliger solidairement avec lui à l'exécution dudit bail, et ce dans le délai de...

Clause de résiliation à défaut de paiement de plusieurs termes.

A défaut de paiement de deux termes dudit loyer, le présent bail sera résilié de plein droit, si bon semble au bailleur, sans qu'il soit besoin de faire prononcer la résiliation, ni de faire autre acte de procédure qu'un simple commandement de payer non suivi d'exécution dans les vingt-quatre heures.

Clause par laquelle le propriétaire se réserve le droit de résilier pour occuper lui-même.

Le bailleur se réserve le droit de résilier, quand bon lui semblera, le présent bail pour occuper lui-même les lieux ci-dessus loués, en déclarant par écrit au preneur, et trois mois d'avance, son intention d'occuper lesdits lieux, et ce sans aucune espèce d'indemnité, ni diminution de loyer.

Clause par laquelle le bailleur se réserve le droit de résilier le bail en vendant.

Le bailleur pourra, en vendant, résilier le présent bail et transmettre à l'acquéreur le droit de le résilier, en avertissant, dans ces deux cas, et par écrit, six mois d'avance le preneur : et, au moyen de cet avertissement, qui sera donné par le bailleur ou par l'acquéreur, le bail sera résolu de plein droit à l'expiration du terme qui aura suivi l'avertissement ; mais, en exerçant cette faculté, le bailleur s'oblige de payer ou de faire payer par l'acquéreur au preneur, qui l'accepte, la somme de... à titre d'indemnité.

Clause relative à l'état des lieux.

Avant l'entrée en jouissance du preneur il sera fait entre les parties un état... double des lieux, aux frais du preneur (*ou à frais communs*); conformément auquel état ils seront rendus à la fin du présent bail.

Clause pour l'entretien d'un jardin.

Le preneur entretiendra ledit jardin en bon état ainsi que les allées, pallissades, bois, espaliers ; il ne pourra changer le plan ni labourer les allées. Il rendra les arbres fruitiers et arbrisseaux en nombre égal à celui qu'il aura reçu, et s'il venait à en manquer quelques uns, il sera tenu de les remplacer, le tout à ses frais. A l'effet de constater le nombre desdits arbres, il en sera fait un état double par M.***, jardinier, que les parties choisiront à cet effet.

Ledit preneur fera tailler et entretenir les charmilles, espaliers et contre-espaliers ; il fera tondre en temps et saison convenables, les arbres des allées.

Intervention de caution.

A ces présentes est intervenu M.*** (*nom, prénoms, profession, demeure*), lequel après avoir pris communication du bail ci-dessus a déclaré se porter caution de M. B... (*preneur*) envers M. A..., (*bailleur*) qui accepte, tant pour le paiement des loyers que pour l'exécution des autres charges, clauses et conditions dudit bail, faisant du tout sa propre affaire.

Désistement de bail du consentement des parties.

Les soussignés,
M. A... (*nom, prénoms, profession, demeure*), d'une part ;
Et M. B... (*idem*), d'autre part ;
Se sont par ces présentes volontairement désistés de l'exécution du bail à loyer fait par M. A... à M. B... pour... années qui ont commencé à courir le..., à raison de...pour chaque année, d'une maison sise à..., suivant acte sous signatures privées, en date à...du...et consentent que ledit bail soit et demeure définitivement annulé et résolu entre eux sans aucune indemnité de part ni d'autre pour tout le temps qui en reste à courir, à partir du...prochain; auquel jour ledit sieur B..., preneur, promet et s'oblige de rendre lesdits lieux en bon état de réparations locatives, sans préjudice des loyers qui pourraient être lors dus; pour le recouvrement desquels ledit bail conservera sa force et vertu——C'est ainsi que le tout a été convenu entre les soussignés.
Fait double, à..., le...

(Signatures.)

Clause d'indemnité à mettre en suite de la formule qui précède.

Cette résiliation est consentie de la part du preneur moyennant une indemnité, à son profit, de la somme de... que M. A..., bailleur, promet de payer à M. B..., qui l'accepte, le jour même qu'il rendra les lieux.

Continuation de bail.

Les soussignés,

M. A.. (*nom, prénoms, profession, demeure*), d'une part ;

Et M. B... (*idem*), d'autre part ;

Sont convenus de ce qui suit :

Le bail fait par M. A...à M. B...pour...années consécutives, qui ont commencé le... pour finir le..., à raison de... francs par chacune desdites années.

D'une maison sise à ..., suivant acte sous seing-privé en date à..., du...

Sera continué pour...années qui commenceront à courir du... pour finir à pareil jour de l'année...

Cette continuation de bail est consentie moyennant pareille somme de... que le preneur s'oblige de payer au bailleur pour chacune desdites années continuées, aux lieux, époques et de la manière convenus au bail susdaté et aux charges et conditions qui y sont portées.

Fait double, à..., le...

(*Signatures,*)

Transport de bail.

Les soussignés,

M. A... (*nom, prénoms, profession, demeure*), d'une part ;

Et M. B... (*idem*), d'autre part ;

Sont convenus de ce qui suit :

M. A...cède et transporte, sous la garantie de ses faits et promesses à M. B..., qui l'accepte,

Son droit pour tout le temps qui en reste à courir, au bail qui lui a été fait par M.*** (*nom du bailleur*), pour... années consécutives qui ont commencé le .. pour finir le..., d'une maison sise à..., moyennant le prix et somme de... de loyer pour chaque année, payables en quatre termes et paiemens égaux aux quatre termes ordinaires de l'année, et, en outre, aux charges clauses et conditions portées audit bail, fait entre le sieur*** (*bailleur*) et M A....cédant, suivant acte sous signatures privées, en date à..., l'un des doubles duquel acte privé a été à l'instant remis par M. A...à M. B...qui le reconnaît

Ce transport de bail est fait à la charge par M. B..., cessionnaire, qui s'y oblige,

1º D'exécuter toutes les clauses et conditions portées audit bail :

2º De payer en l'acquit de M. A..., cédant, à M.***, bailleur : originaire, à compter du...jusqu'à la fin dudit bail, aux époques et de la même manière que le cédant en est lui-même tenu, aux termes du bail susdaté, les.. de loyer annuel convenus pour le prix du loyer de ladite maison, en sorte que le premier paiement, à la charge du cessionnaire, aura lieu et sera fait le. .;

le second, le..., pour ainsi continuer de trois mois en trois mois jusqu'à l'expiration du bail, de telle sorte que M. A... ne puisse nullement être inquiété ni recherché à ce sujet.

Reconnaît M. A..., que M. B... lui a à l'instant remis la somme de... pour le remboursement de pareille somme qu'il avait lui-même payée à M.*** lors de la passation dudit bail, imputable sur les six derniers mois de jouissance.

Fait double, à..., le...

(Signatures.)

Sous-bail.

Les soussignés,

M. A... (nom, prénoms, profession, demeure), principal locataire pour neuf années consécutives qui ont commencé à courir le..., suivant bail sous signatures privées, en date, à..., du..., fait entre lui et M.***, propriétaire de la maison ci-après désignée, d'une part;

Et M. B... (nom, prénoms, profession et demeure) d'autre part;

Sont convenus de ce qui suit:

M. A... donne à titre de sous-bail et sous-loue à M. B..., qui l'accepte, pour trois ou six années consécutives au choix respectif des parties, et s'avertissant réciproquement six mois avant l'expiration des trois premières années, le tout à partir du... prochain.

Un appartement au 1er étage, composé de... et dépendant d'une maison sise à..., rue..., n°...

Tel et dans l'état où il se trouve actuellement, pour en jouir par M. B.... à titre de sous-locataire, et pendant ledit temps.

Ce sous-bail est fait aux conditions suivantes que M. B... s'oblige à accomplir, savoir :

1° De garnir et tenir ledit appartement garni de meubles, en quantité et de valeur suffisante pour répondre des loyers ;

2° D'entretenir les lieux en bon état de réparations locatives ;

3° De souffrir les grosses réparations qu'il conviendrait de faire pendant la durée de la jouissance ;

4° De payer l'impôt des portes et fenêtres et autres charges de ville et de police dont les locataires sont ordinairement tenus ;

5° De ne pouvoir faire aucun percement, distribution nouvelle, constructions, augmentations ou diminution, ou autres changemens dans les lieux, sans le consentement de M.***, propriétaire ;

6° De ne pouvoir céder son droit au présent bail sans le consentement exprès, et par écrit, de M. A...

En outre, ce sous-bail est fait moyennant le prix et somme de..., que M. B... promet et s'oblige payer à M. A..., en sa demeure indiquée, ou, pour lui, au porteur de ses pouvoirs, en quatre termes et paiemens égaux aux quatre termes ordinaires de l'année, le premier desquels aura lieu et sera fait le...; le second, le..., pour ainsi continuer de trois en trois mois jusqu'à la fin dudit sous-bail.

De son côté, M. A..., promet et s'oblige de tenir M. B... clos et couvert suivant l'usage.

M. B... a présentement payé à M. A..., qui le reconnaît, la somme de... pour six mois de jouissance dudit sous-bail, imputable sur les six derniers mois, pour ne pas intervertir l'ordre des paiemens ci-devant fixé.

Fait double, à..., le...

(Signatures.)

Acceptation de transport de bail par le bailleur avec décharge en faveur du bailleur primitif.

Je soussigné, propriétaire d'une maison sise à..... après avoir pris connaissance d'un acte sous seing-privé, fait double entre M.....et M....., contenant transport pour le temps qui en reste à courir par M.....à M..... du bail fait par moi audit sieur..., suivant acte sous signatures privées, en date, à..., du..., pour... années consécutives, qui ont commencé le..., de la maison dont s'agit, circonstances et dépendances, moyennant la somme de... de loyer annuel et aux charges et conditions, portées audit bail, déclare :

Avoir ledit transport de bail pour agréable, accepter M..... pour mon locataire à partir du... prochain... au lieu et place de M...., moyennant le prix et aux charges, clauses et conditions exprimées audit bail auquel il n'est pas autrement dérogé.

En conséquence, je décharge M.... des obligations attachées audit bail, à partir du..., me réservant tous mes droits pour les loyers échus et à écheoir jusqu'audit jour et pour l'exécution des autres obligations mentionnées audit bail.

Fait à..., le...

(Signatures.)

Autre formule à mettre en suite du transport.

A ces présentes est intervenu M...., propriétaire de ladite maison, lequel après avoir pris communication du bail qui précède, a déclaré l'avoir pour agréable.

Le reste comme dans la formule qui précède.

BAIL A FERME.

On appelle bail à ferme celui des héritages ruraux. (Code civil, art. 1711.)

La plupart des règles que nous avons indiquées pour les baux à loyer s'appliquent aux baux à ferme.

Ce bail, comme le bail à loyer, peut être fait verbalement ou par écrit.

Si le bail à ferme est verbal, il est censé fait pour tout le temps qui est nécessaire, afin que le preneur recueille tous les fruits de l'héritage affermé.

Ainsi le bail à ferme d'un pré, d'une vigne et de tout autre fonds dont les fruits se recueillent tout entiers dans le cours de l'année, est censé fait pour un an.

Le bail des terres labourables, lorsqu'elles se divisent par saisons ou soles, est censé fait pour autant d'années qu'il y a de soles. (Code civil, art. 1774.)

Le bail des héritages ruraux, quoique fait sans écrit, cesse de plein droit à l'expiration du temps pour lequel il est censé fait, selon l'art. précédent. (Code civil, art. 1775.)

Si le bail est écrit, sa durée est fixée par l'acte qui le constitue; il cesse au temps fixé sans qu'il soit besoin de donner congé. (Code civil, art. 1737.)

Mais si à l'expiration du bail écrit le preneur est laissé en possession, il s'opère un nouveau bail verbal auquel les règles ci-dessus sont applicables. (Code civil, art. 1776.)

Le preneur a droit de sous-louer, si cette faculté ne lui a pas été interdite.

Cependant celui qui cultive sous la condition d'un partage de fruits avec le bailleur ne peut ni sous-louer, ni céder, si la faculté ne lui en a été accordée par le bail. (Code civil, art. 1763.)

En cas de contravention, le propriétaire a le droit de rentrer en jouissance, et le preneur est condamné aux dommages-intérêts résultant de l'inexécution du bail. (Code civil, art. 1764.)

Des obligations du bailleur ou du sous-bailleur lors et pendant le bail.

Les preneur et bailleur sont tenus des obligations énoncées page 129 et en outre de celles qui suivent:

Si le fermier perd la récolte ou une portion, le bailleur doit lui faire une remise suivant les distinctions suivantes :

Si le bail est fait pour plusieurs années et que, pendant la durée du bail, la totalité ou la moitié d'une récolte au moins soit enlevée par cas fortuit, le fermier peut demander une remise du prix de sa location, à moins qu'il ne soit indemnisé par les récoltes précédentes.

S'il n'est pas indemnisé, l'estimation de la remise ne peut avoir lieu qu'à la fin du bail, auquel temps il se fait une compensation de toutes les années de jouissance.

Et cependant le juge peut provisoirement dispenser le preneur de payer une partie du prix à raison de la perte soufferte. (Code civil, art. 1769.)

Si le bail n'est que d'une année et que la perte soit de la totalité des fruits ou au moins de la moitié, le preneur sera déchargé d'une partie proportionnelle du prix de sa location.

Il ne pourra prétendre à aucune remise si la perte est moindre de moitié. (Code civil, art. 1770.)

Le fermier ne peut obtenir de remise lorsque la perte des fruits arrive après qu'ils sont séparés de la terre, à moins que le bail ne donne au propriétaire une quotité de la récolte en nature ; auquel cas le propriétaire doit supporter sa part dans la perte, pourvu que le preneur ne fût pas en demeure de lui délivrer sa part de récolte.

Le fermier ne peut également demander une remise lorsque la cause du dommage était existante et connue à l'époque où le bail a été passé. (C. civ., art. 1771.)

Le preneur peut être chargé des cas fortuits par une stipulation expresse. (Code civil, art. 1772.)

Cette stipulation ne s'entend que dans des cas fortuits ordinaires, tels que grêle, feu du ciel, gelée ou coulure.

Elle ne s'entend pas des cas fortuits extraordinaires, tels que les ravages de la guerre ou une inondation, auxquels le pays n'est pas ordinairement sujet, à moins que le preneur n'ait été chargé des cas fortuits prévus ou imprévus. (C. civ., art. 1773.)

Des obligations du preneur pendant la durée du bail.

Le preneur des héritages ruraux est tenu des mêmes obligations que le preneur des maisons de ville ; elles ont été détaillées page 130.

Et en outre il doit observer les régles suivantes :

Si le preneur d'un héritage rural ne le garnit pas des bestiaux et des ustensiles nécessaires à son exploitation, s'il abandonne la culture, s'il ne cultive pas en bon père de famille, s'il emploie la chose louée à un autre usage que celui auquel elle est destinée, ou en général s'il n'exécute pas les clauses du bail, et qu'il en résulte un dommage pour le bailleur, celui-ci peut, suivant les circonstances, faire résilier le bail.

En cas de résiliation provenant des faits du preneur, celui-ci est tenu des dommages-intérêts. (Code civil, art. 1766.)

Tout preneur de bien rural est tenu d'engranger dans le lieu à ce destiné d'après le bail. (Code civil, art. 1767.)

Le preneur d'un bien rural est tenu, sous peine de tous dépens, dommages-intérêts, d'avertir le propriétaire des usurpations qui peuvent être commises sur le fond. (Code civil, art. 1768.)

Comment finit le bail à ferme.

Le bail à ferme, verbal ou écrit, finit de la même manière que le bail à loyer. (Voyez page 143.)

Cependant s'il s'agit d'expulser le fermier en vertu d'une réserve portée dans son bail, l'indemnité que le bailleur doit au fermier est du tiers du prix du bail pour tout le temps qui en reste à courir.

Ce bail ne finit ni par la mort du bailleur, ni par celle du preneur, mais il se continue avec leurs héritiers ou ayans-cause.

Le bail fini, le preneur à titre de bail à ferme

est tenu des mêmes obligations que le preneur à titre de bail à loyer. (Voyez page 143.)

Il est en outre tenu des deux obligations suivantes :

1° Le preneur sortant doit laisser au fermier qui lui succède dans la culture les logemens convenables et autres facilités pour les travaux de l'année suivante ; et réciproquement le fermier entrant doit procurer à celui qui sort, les logemens convenables et autres facilités pour la consommation des fourrages et pour les récoltes restant à faire.

Dans l'un et l'autre cas on doit se conformer à l'usage des lieux. (Code civil, art. 1777.)

Le fermier sortant doit aussi laisser les pailles et engrais de l'année, s'il les a reçus lors de son entrée en jouissance, et quand même il ne les aurait pas reçus, le propriétaire pourra les retenir suivant l'estimation. (Code civil, art. 1778.)

FORMULE.

Les soussignés,

M. A... (nom, prénoms et demeure), propriétaire de la ferme de.... située à..., d'une part ;

Et M. B... (nom et prénoms), cultivateur, et dame..., son épouse, qu'il autorise à l'effet des présentes, demeurant à.... d'autre part ;

Sont convenus de ce qui suit ;

M. A... donne à titre de bail à ferme pour neuf années consécutives pour la récolte entière et dépouille de tous les fruits et produits qui pourront être perçus et recueillis pendant lesdites neuf années qui commenceront au...., aux sieur et dame B... les acceptant, preneurs audit titre de bail pendant ledit temps.

Les biens ci-après désignés, savoir :

1° Un corps de ferme situé à..., consistant en un bâtiment principal servant de logement au fermier, avec cour et puits dans cette cour, grande porte pour y entrer, deux bâtimens en aile servant d'écurie, étables à vaches, plusieurs greniers, grange derrière le principal corps de logis, et autres bâtimens servant à l'exploitation ; jardins potagers et à fruits, entouré de murs (ou haies vives), et autres circonstances et dépendances, le tout tenant du levant à..., du couchant à...,du nord à..., du midi à..., et contenant en superficie... hectares... ares... centiares ;

2° Dans les divers ustensiles servant à la culture et à l'exploitation de cette ferme, desquels il a été fait un état entre les parties, qui est, à leur réquisition, demeuré ci-joint ;

3° ... hectares... ares... centiares de terres labourables en (*tant*) de pièces, savoir :

La première pièce contenant... hectares... ares... centiares, située...,terroir de...., tenant d'un bout et du levant à..., d'autre bout et du couchant, à..., d'un autre côté et du midi à..., d'autre côté et du nord à...

La seconde pièce, même terroir, contenant, etc

La troisième....(*désigner ainsi et successivement toutes les pièces*);

Ainsi que tous ses biens s'étendent, poursuivent et comportent, sans en rien excepter, retenir ni réserver, sans aucune garantie de mesure.

Ce bail est fait aux charges, clauses et conditions suivantes : que les preneurs s'obligent solidairement entr'eux d'exécuter et accomplir sans pouvoir prétendre aucune diminution du prix ci-après fixé :

1° De garnir ladite ferme et de la tenir garnie de meubles, grains et fourrages, chevaux, bestiaux et autres effets exploitables et suffisans pour répondre des fermages ;

2° D'entretenir les bâtimens de toutes réparations locatives et de les rendre à l'expiration du bail en bon état de réparation, conformément à l'état qui en sera dressé entre les soussignés avant l'entrée en jouissance desdits preneurs ;

3° De souffrir les grosses réparations qu'il conviendra de faire et de fournir les voitures et charrois pour transporter les matériaux qui seront nécessaires pour faire ces grosses réparations ;

4° De labourer, fumer et ensemencer les terres par sols et saisons convenables, sans pouvoir les dessoler ni dessaisonner ;

5° De convertir toutes les pailles en fumier pour l'engrais desdites terres sans pouvoir en distraire ni vendre aucune partie, et de laisser, à la fin de leur bail, toutes celles qui s'y trouveront ;

6° D'entretenir les clôtures qui se trouvent sur ladite ferme, de replanter les nouvelles haies partout où il en pourrait manquer et de faire vider et curer les fossés quand il en sera besoin ;

7° De bien façonner et cultiver les vignes suivant les usages des lieux, les pravigner, en replanter d'autres à la place de celles qui périraient où qu'il faudrait arracher.

8° D'écheniller les arbres toutes les fois qu'il en sera besoin, et de replanter d'autres arbres à la place de ceux qui mourraient ;

9° D'avertir le bailleur des usurpations, empiétemens et dégâts qui pourraient être faits sur les biens présentement loués ;

10° De payer, sans aucune imputation sur les fermages, l'impôt foncier pendant la durée dudit bail.

11° De rendre, à la fin de son bail, les ustensiles de culture et de labour qui y sont compris, et ce, en bon état, tels qu'ils les auront reçus, et tous lesdits biens en bon état de culture et labourage ;

12° De ne pouvoir céder ni transporter son droit au présent bail sans le consentement exprès et par écrit du bailleur.

En outre, ce bail est fait moyennant le prix et somme de... de fermage annuel que les preneurs s'obligent, sous ladite solidarité, de payer par chaque année du présent bail audit bailleur, en sa demeure à..., ou, pour lui, au porteur de ses pouvoirs, en trois paiemens égaux, aux époques ordinaires, —Noël— Pâques et St.-Jean-Baptiste ;—le premier desquels, de la somme de..., aura lieu et sera fait à Noël prochain ; le 2e, de pareille somme, à Pâques suivant ; le 3e, à St.-Jean-Baptiste, pour ainsi continuer à être payé d'année en année aux mêmes époques.

De son côté, M. A..., bailleur, s'oblige de tenir les preneurs clos et couverts suivant l'usage.

Fait double, à..., le...

(Signatures.)

CLAUSES TRANSITOIRES.

Renonciation à indemnité en cas de perte de tout ou partie d'une récolte.

De ne pouvoir demander ni prétendre aucune diminution du prix, ni des charges du présent bail, pour cause de grêle, gelée, coulure, inondation, stérilité ou autres cas prévus et imprévus, à laquelle diminution le preneur déclare renoncer dès à présent.

Clause par laquelle le preneur s'oblige, en cas de mariage, à faire obliger sa femme avec lui.

Il est convenu que dans le cas où M. B..., preneur, viendrait à se marier pendant la durée du présent bail, il sera tenu, ainsi qu'il s'y oblige, de faire engager sa femme, aussitôt après le mariage, et solidairement avec lui, tant au paiement des fermages qu'à l'exécution des autres charges, clauses et conditions du présent bail.

A défaut par lui de rapporter ledit consentement, le présent bail demeurerait résilié, si le bailleur le jugeait convenable, de plein droit trois jours après un simple acte de mise en demeure et non suivi d'exécution.

Clause pour entretenir les pressoirs et pigeonniers.

D'entretenir en bon état de réparation les deux pressoirs et leurs ustensiles, et de les rendre en fin dudit bail en bon état comme ils ont été livrés.

D'entretenir le colombier bien garni et peuplé de pigeons, et de le rendre en cet état en fin dudit bail.

Clause pour entretenir en bon état le jardin.

Les preneurs entretiendront en bon état le jardin, les allées, les palissades, treillages et autres objets de même nature ; ils fe-

13.

ront en sorte qu'ils ne puissent en aucune manière être endommagés ; ils rendront ledit jardin dans l'état où il se trouve sans pouvoir ni changer le plan ni labourer les allées. Les arbres fruitiers seront rendus en pareil état et nombre qu'ils ont été livrés, et s'il venait à en manquer quelques-uns ils seront tenus de les remplacer à leurs frais; il sera dressé incessamment un état qui contiendra la valeur estimative de ces arbres.

Clause de résiliation à défaut de paiement.

Il est expressément convenu que faute de paiement d'un seul terme par le preneur, et un mois après, pour tout délai, le présent bail sera résilié de plein droit, si bon semble au bailleur, pour tout le temps qui en resterait à courir, par un simple acte de mise en demeure pour constater le défaut de paiement.

Cautionnement solidaire par acte ensuite.

A ces présentes est intervenu M. . . . (*nom, prénoms, profession, demeure*), lequel après avoir pris communication du bail qui précède, a, par ces présentes, déclaré se porter caution et répondant solidaire de M. et madame B. . . envers M. A. . . à raison du paiement du prix dudit bail et de toutes les charges, clauses et conditions imposées ; en conséquence il s'oblige à l'exécution dudit bail solidairement avec M. et madame B. . ., faisant du tout sa propre affaire comme s'il était seul et principal obligé.

Ratification pour une femme.

Je soussigné (*prénoms, nom*), épouse de M. . . . (*prénoms, nom*), cultivateur, demeurant à. . ., et de lui pour ce présent autorisée, après avoir pris communication d'un bail fait par M. A. . . pour . . . années consécutives, qui ont commencé le. . ., de la ferme de. . ., moyennant, outre les charges, la somme de. . . et suivant acte sous seing-privé, fait double, à. . ., le. . ., et particulièrement de la clause par laquelle ledit sieur B. . ., aujourd'hui mon mari, s'est obligé en cas de mariage à rapporter la ratification et obligation solidaire de sa femme ;—déclare ratifier ledit bail et m'oblige conjointement et solidairement avec lui à son exécution et au paiement des fermages aux époques déterminées.

Fait à. . ., le. . .

(Signatures du mari et de la femme.)

Formule *de bail pour un moulin à eau.*

Les soussignés,

M. A. . . (*nom, prénoms, profession, demeure*), d'une part ;

Et M. B. . . (*idem*), d'autre part,

Sont convenus de ce qui suit :

M. A...donne à loyer pour...années entières et consécutives, à compter de Pâques prochain, à M. B..., ce acceptant,

Un moulin à eau faisant du blé farine, sis sur la rivière de... garni de ses meubles, ustensiles, tournans et travaillans, duquel moulin et de ses dépendances M. A... s'oblige de faire jouir M. B..., preneur, pendant ledit temps.

Ce bail est fait à la charge par le preneur :

1° D'entretenir ledit moulin, et de le rendre à la fin du bail en bon état de reparations locatives; de rendre pareillement alors les tournans et travaillans en bon état;

2° D'entretenir aussi en bon état les vannes et les chaussés et de faire en sorte que l'eau ne se perde ni ne dépérisse;

3° De ne pouvoir céder son droit au présent bail sans le consentement exprès et par écrit du bailleur.

Ce bail est fait, en outre, moyennant la somme de... francs de loyer annuel, que le preneur s'oblige de payer par chaque année du bail au bailleur, en sa demeure, à..., etc., ou au porteur de ses pouvoirs, en un seul terme, le jour de Pâques de chaque année.

Fait double, à..., le...

(Signatures.)

Clause particulière pour un moulin à vent.

Le preneur sera tenu d'entretenir les volans et leurs toiles, l'arbre du moulin, les tournans et travaillans.

Avant l'entrée en jouissance du preneur il sera dressé un état estimatif des ustensiles qui dépendent dudit moulin, par experts dont les parties conviendront; le preneur sera tenu de les rendre en pareil état et valeur à la fin du bail : à cet effet il sera procédé à une nouvelle estimation desdits ustensiles, et les parties se feront respectivement raison du plus ou du moins de valeur desdits objets.

DU BAIL A CHEPTEL.

Le bail à cheptel est un contrat par lequel l'une des parties donne à l'autre un fonds de bétail pour le garder, nourrir et soigner, sous les conditions convenues entre elles. (Code civil, art. 1800.)

Il y a plusieurs sortes de cheptel :

Le cheptel simple ou ordinaire;

Le cheptel à moitié;

Le cheptel donné au fermier et colon partiaire.

Il y a aussi une quatrième espèce de contrat appelé improprement cheptel. (Code civil, art. 1801.)

On peut donner à cheptel toute espèce d'animaux susceptibles de croît ou de profit pour l'agriculture ou le commerce. (Code civil, art. 1802.)

A défaut de convention particulière, ces contrats se règlent par les principes qui suivent. (Code civil, art. 1803.)

Du cheptel simple.

Le bail à cheptel simple est un contrat par lequel on donne à un autre des bestiaux à garder, nourrir et soigner, à condition que le preneur profitera de la moitié du croît et qu'il supportera aussi la moitié de la perte. (Code civil, art. 1804.)

L'estimation donnée au cheptel par le bail n'en transporte pas la propriété au preneur, elle n'a d'autre objet que de fixer la perte ou le profit qui pourra se trouver à l'expiration du bail. (Code civil, art. 1805.)

Le preneur doit les soins d'un bon père de famille à la conservation du cheptel. (Code civil, art. 1806.)

Il n'est tenu du cas fortuit que lorsqu'il a été précédé de quelque faute de sa part, sans laquelle la perte ne serait pas arrivée. (Code civil, art. 1807.)

En cas de contestation, le preneur est tenu de prouver le cas fortuit et le bailleur est tenu de prouver la faute qu'il impute au preneur. (Code civil, art. 1808.)

Le preneur qui est déchargé par le cas fortuit est toujours tenu de rendre compte des peaux des bêtes. (Code civil, art. 1809.)

Si le cheptel périt en entier sans la faute du preneur, la perte est pour le bailleur.

S'il ne périt qu'en partie, la perte est supportée en commun, d'après le prix de l'estimation originaire et celui de l'estimation à l'expiration du cheptel. (Code civil, art. 1810.)

On ne peut stipuler :

Que le preneur supportera la perte totale du cheptel quoique arrivée par cas fortuit et sans sa faute ;

Ou qu'il supportera dans la perte une part plus grande que dans le profit;

Ou que le bailleur prélèvera à la fin du bail quelque chose de plus que le cheptel qu'il a fourni.

Toute convention semblable est nulle.

Le preneur profite seul des laitages, du fumier et du travail des animaux donnés à cheptel.

La laine et le croît se partagent. (Code civil, art. 1811.)

Le preneur ne peut disposer d'aucune bête du troupeau, soit du fonds, soit du croît, sans le consentement du bailleur, qui ne peut lui-même en disposer sans le consentement du preneur. (Code civil, art. 1812.)

Lorsque le cheptel est donné au fermier d'autrui il doit être notifié au propriétaire de qui ce fermier tient; sans quoi il peut le saisir et faire vendre pour ce que son fermier lui doit. (Code civil, art. 1813.)

Le preneur ne pourra tondre sans en prévenir le bailleur. (Code civil, art. 1814.)

S'il n'y a pas de temps fixé par la convention, pour la durée du cheptel, il est censé fait pour trois ans. (Code civil, art. 1815.)

Le bailleur peut en demander plus tôt la résiliation si le preneur ne remplit pas ses obligations. (Code civil, art. 1816.)

A la fin du bail ou lors de sa résolution il se fait une nouvelle estimation du cheptel.

Le bailleur peut prélever des bêtes de chaque espèce jusqu'à concurrence de la première estimation : l'excédant se partage.

S'il n'existe pas assez de bêtes pour remplir la première estimation, le bailleur prend ce qui reste, et les parties se font raison de la perte. (Code civil, art. 1817.)

Du cheptel à moitié.

Le cheptel à moitié est une société dans laquelle chacun des contractans fournit la moitié des bestiaux, qui demeurent communs pour le profit ou pour la perte. (Code civil, art. 1818.)

Le preneur profite seul, comme dans le cheptel simple, des laitages, du fumier et des travaux des bêtes.

Le bailleur n'a droit qu'à la moitié des laines et du croît, toute convention contraire est nulle, à moins que le bailleur ne soit propriétaire de la métairie dont le preneur est fermier ou colon partiaire. (Code civil, art. 1819)

Toutes les autres regles du cheptel simple s'appliquent au cheptel à moitié. (Code civil, art. 1820.)

Du cheptel donné au fermier.

Ce cheptel (aussi appelé *cheptel de fer*) est celui par lequel le propriétaire d'une métairie la donne a ferme à la charge qu'à l'expiration du bail, le fermier laissera des bestiaux d'une valeur égale au prix de l'estimation de ceux qu'il a reçus. (Code civil, art. 1821.)

L'estimation du cheptel donné au fermier ne lui en transfère pas la propriété, mais néanmoins le met à ses risques. (Code civil, art. 1822.)

Tous les profits appartiennent au fermier pendant la durée du bail, s'il n'y a clause contraire. (Code civil, art. 1823.)

Dans les cheptels donnés au fermier, le fumier n'est pas dans les profits personnels des preneurs mais appartient à la métairie, à l'exploitation de laquelle il doit être uniquement employé. (Code civil, art. 1824.)

La perte même totale et par cas fortuit est en entier pour le fermier, s'il n'y a convention contraire. (Code civil, art. 1825.)

A la fin du bail le fermier ne peut retenir le cheptel en en payant l'estimation originaire, il doit en laisser un de pareille valeur à celui qu'il a reçu. S'il y a déficit il doit le payer ; et c'est seulement l'excédant qui lui appartient. (Code civil, art. 1829.)

Du cheptel donné au colon partiaire.

Si le cheptel périt en entier sans la faute du colon, la perte est pour le bailleur. (Code civil, art. 1827.)

On peut stipuler que le colon délaissera au bailleur sa part de la toison, à un prix inférieur à la valeur ordinaire ;

Que le bailleur aura une plus grande part du profit ;

Qu'il aura la moitié des laitages.

Mais on ne peut stipuler que le colon sera tenu de toute la perte. (Code civil, art. 1828.)

Ce cheptel finit avec le bail à métairie. (Code civil, art. 1829.)

Il est d'ailleurs soumis à toutes les règles du cheptel simple. (Code civil, art 1830.)

Du contrat improprement appelé cheptel.

Lorsqu'une ou plusieurs vaches sont données pour les loger et les nourrir, le bailleur en conserve la propriété ; il a seulement le profit des veaux qui en naissent. (Code civil, art. 1831.)

FORMULE. — *Bail à cheptel simple.*

Les soussignés ,

M. A... (*nom, prénoms, qualité ou profession , demeure*), d'une part ;

Et M. B... (*idem*), d'autre part ,

Sont convenus de ce qui suit :

M. A...donne par ces présentes à M. B...qui l'accepte à titre de cheptel simple, pour trois années consécutives, à partir du... le fonds de bétail ci-après désigné :

1° ...brebis et...beliers qui sont distingués par (*telle marque*);

2° ...vaches laitières, dont.. sous poil rouge, âgées de... ans et les...autres sous poil noir et blanc, âgées de...ans;

3° ... bœufs de labour (*sous tel poil, de tel âge*); tous lesquels bestiaux appartiennent au bailleur et seront livrés au preneur dès aujourd'hui.

Pour en jouir par ledit sieur B..., à titre de preneur à cheptel pendant ledit temps, profiter seul des laitages , du fumier et du travail des animaux, et partager par moitié, avec le bailleur, le croît qui en proviendra pendant le même temps.

Ce bail est fait sous les conditions suivantes que le preneur s'oblige d'exécuter et accomplir, savoir :

1° De nourir à ses frais tous lesdits bestiaux, de les garder, gouverner et héberger comme il convient, et de prendre pour leur conservation tous les soins d'un bon cultivateur ;

3° De ne pouvoir faire aucune tonte sans en prévenir le bailleur ;

3° De ne pouvoir disposer d'aucune bête du cheptel, soit du fonds, soit du croit, sans le consentement du bailleur, qui lui-même n'en pourra disposer sans le consentement du preneur.

Le fonds du cheptel est estimé par les parties la somme de..., cette évaluation servira de base pour régler, à la fin du bail, le profit à partager ou la perte à supporter, par moitié, entre le bailleur et le preneur. Cette estimation ne transportera pas la propriété du fonds de bétail au preneur.

Pour constater le profit ou la perte du fonds de bétail, il sera fait à l'expiration du bail une nouvelle estimation par deux experts dont les parties conviendront, et qui pourront s'adjoindre un troisième arbitre en cas de partage.

S'il se trouve alors du profit, le bailleur poura prélever des bêtes de chaque espèce jusqu'à concurrence de la première estimation, l'excédant sera ensuite partagé par moitié.

Si, au contraire, il y a perte, le bailleur prendra ce qui restera du fonds du bétail, et le preneur lui paiera la moitié de la perte.

Le bailleur et le preneur auront réciproquement la faculté d'exiger à la fin de chaque année, ou quand bon leur semblera, le partage du croît et de la tonte des laines ; le partage des croîts n'aura lieu néanmoins qu'après qu'il aura été constaté par une prisée que le fonds du cheptel n'est pas diminué de valeur ; dans tous les cas, le profit seul sera mis en partage, en sorte qu'il sera toujours pris sur les croîts, avant partage, de quoi remplacer la diminution de valeur du fonds de bétail.

Si le cheptel périt en entier sans la faute du preneur, la perte en sera pour le bailleur ; s'il n'en périt qu'une partie, la perte sera supportée en commun d'après le prix de l'estimation originaire et celui de l'évaluation à l'expiration du bail.

Le preneur ne sera tenu des cas fortuits que lorsqu'ils auront été précédés de quelque faute de sa part, sans laquelle la perte ne serait pas arrivée.

Dans tous les cas, le preneur sera tenu de rendre compte des peaux des bêtes.

Si quelques unes des bêtes du cheptel venait à périr sans qu'il y eût faute du preneur, elles seront d'abord remplacées par les croîts ; le surplus seul sera partagé entre les parties.

Mais si quelques unes périssent ou se perdent par la faute ou négligence du preneur, il sera payé sur-le-champ par le preneur au bailleur (*telle somme*) pour chaque brebis ou bélier (*telle somme*) pour chaque vache (*telle somme*) pour chaque bœuf (*telle somme*) pour chaque taureau et enfin (*telle somme*) si c'est la totalité du bétail, et ce, tant pour la valeur réelle des bêtes que pour dommages-intérêts.

Le présent bail sera résilié de plein droit, à défaut par le preneur de satisfaire à la totalité ou partie des obligations par lui ci-dessus contractées.

Fait double, à... le...

(Signatures.)

Cheptel à moitié.

Les soussignés,

M. A... (*nom, prénoms, profession, demeure*), d'une part;

Et M. B... (*idem*), d'autre part,

Ont par ces présentes mis en société et à titre de cheptel à moitié pour trois années consécutives, à compter du...

Le fonds de bétail ci-après désigné, savoir :

Le sieur A... à titre de bailleur (*tels bestiaux. Désigner le nombre et la nature des bestiaux mis en société par le bailleur.*)

Et le sieur B..., à titre de preneur (*tels autres bestiaux, désigner ceux qui sont mis par le preneur*).

Pour jouir par ledit sieur B..., à titre de preneur, pendant lesdites trois années, de tous les animaux ci-dessus désignés et mis dans la présente société, les faire servir à la culture des terres qu'il tient à bail de M.***, suivant acte, etc., et de toutes autres terres qu'il pourra prendre à bail par la suite, et profiter seul des laitages, fumiers et labour des bestiaux.

Ce bail est fait, en outre, aux charges, clauses et conditions suivantes :

1° Le preneur sera seul chargé de nourrir, loger, garder, gouverner, héberger à ses frais, comme il convient, tous lesdits bestiaux pendant la durée du présent bail et d'en prendre tous les soins d'un bon cultivateur, à peine de résiliation du bail, si bon semble au bailleur;

2° Les laines et croît seront partagés par moitié à la fin de chaque année du bail;

3° Les bêtes qui auront péri sans la faute ni négligence du preneur, pendant le cours du bail, seront remplacées par les croîts avant leur partage : les peaux des bêtes seront également partagées;

4° Le preneur ne pourra tondre sans avoir prévenu le bailleur qui, de son côté, pourra exiger que le tout soit fait en temps et saison convenables.

Fait double, à..., le...

(Signatures.)

Cheptel donné au fermier.

Ce cheptel n'est qu'une condition du bail : nous envoyons aux formules de baux à ferme et à la formule du cheptel simple.

14

Bail de vaches (1).

Les soussignés,

M. A... (*nom, prénoms, profession, demeure du bailleur*), d'une part;

Et M. B... (*idem*), d'autre part;

Sont convenus de ce qui suit :

M. A... donne à loyer à M. B..., qui l'accepte, pour trois années consécutives qui commenceront le...

Deux vaches laitières, âgées l'une de... et sous poil rouge, l'autre de... et sous poil noir, toutes deux en la possession du preneur, qui le reconnaît.

Ce bail est fait moyennant... francs de loyer annuel, que M. B... promet et s'oblige de payer à M. A..., en deux termes égaux, chacun de..., le premier desquels aura lieu et sera fait le..., le deuxième, le..., pour ainsi continuer de six mois en six mois jusqu'à l'expiration du présent bail.

Lequel est fait, en outre, à la charge par le preneur, qui s'y oblige, de nourir, loger, héberger lesdites vaches, d'en avoir tous les soins nécessaires.

En cas de mort desdites vaches, ou de l'une d'elles, par la faute ou négligence du preneur, il en paiera la valeur à M. A..., a raison de... pour chacune, et ce, immédiatement après l'événement; si toutes deux ou l'une d'elles viennent à périr de mort naturelle, il sera déchargé en rapportant un certificat en forme, et ne sera tenu alors que de représenter les peaux des vaches ou de la vache morte.

Dans tous les cas, M. A... se réserve les veaux qui naîtront des vaches.

Fait double, à..., le　　　　　　　　(*Signatures.*)

Du louage d'ouvrage et d'industrie.

Il y a trois espèces principales de louage ou industrie :

1° Le louage des gens de travail qui s'engagent au service de quelqu'un, tels que les domestiques et ouvriers;

2° Celui des voituriers par terre et par eau qui

---

(1) La contrainte par corps peut être exercée contre les fermiers pour le paiement des fermages des biens ruraux, mais seulement lorsqu'elle a été formellement stipulée dans le bail; néanmoins les fermiers et les colons partiaires peuvent être contraints par corps, faute par eux de représenter à la fin du bail le cheptel du bétail, les semences et instrumens aratoires qui leur ont été confiés, à moins qu'ils ne justifient que le déficit de ces objets ne procède pas de leur fait. (C. civil. art. 2062.)

se chargent du transport des personnes et des marchandises;

3° Celui des entrepreneurs d'ouvrages, par suite
de devis et marchés.

Du louage des domestiques et ouvriers.

On ne peut engager ses ouvriers que pour un
temps limité, ou pour une entreprise déterminée.
(Code civil, art. 1780.)

Le maître est cru sur son affirmation :

1° Pour la quantité des gages ;

2° Pour le paiement du salaire de l'année échue ;

3° Et pour les à-compte donnés sur l'année courante. (Code civil, art. 1781.)

En cas de maladie de la part du domestique, il
doit subir sur ses gages une diminution proportionnée au temps pendant lequel sa maladie a duré.

Brevet d'apprentissage.

L'apprentissage est une espèce de louage qui est
soumis aux règles ci-dessus, les conditions en sont
généralement réglées par les conventions des parties.

FORMULE. — *Brevet d'apprentissage par les père et
mère de l'apprenti.*

Les soussignés,

M. A... (*nom, prénoms, profession, demeure*), d'une part ;

Et M. B...(*idem*), et dame***, son épouse, qu'il autorise,
demeurant ensemble à..., d'autre part;

Sont convenus de ce qui suit :

Les sieur et dame B.... voulant faire apprendre un métier
à.............,leur fils, âgé de..........,ici présent, l'ont
mis, de son consentement, en apprentissage pour cinq années
entières et consécutives, à compter de ce jour, auprès de M. A...,
lequel retient en conséquence près de lui ledit sieur B..., fils,
pour son apprenti et promet de lui enseigner, durant ce temps,
son métier de...et tout ce qui y a rapport, et en outre, de le
nourrir, loger, coucher et traiter humainement; mais lesdits sieur
et dame B... entretiendront leur fils d'habits, chaussures et autres
vêtemens suivant son état et le blanchiront.

De sa part ledit apprenti a promis d'apprendre de son mieux tout ce qui lui sera enseigné par son maître, de lui obéir en tout ce qu'il lui commandera de licite et honnête, de travailler à son profit, d'éviter son dommage et de l'en avertir toutes les fois qu'il en aura connaissance.

Il ne pourra s'absenter, ni aller servir ni demeurer ailleurs pendant lesdites cinq années ; s'il vient à s'absenter, ses père et mère promettent de le chercher et faire chercher dans la ville de...et ses environs, et après l'avoir trouvé, si faire se peut, de le ramener au sieur A...pour achever le temps qui pourrait alors rester à expirer du présent traité; lequel est fait moyennant la somme... que M. A... reconnaît avoir reçue desdits sieur et dame B... Dont quittance.

Fait double entre les soussignés, à.. , le...

(Signatures.)

Brevet d'apprentissage d'un garçon qui stipule directement.

Les soussignés,

M. A... (nom, prénoms, profession, demeure), d'une part ;

Et M. B... (prénoms, nom), âgé de..., natif de..., demeurant à..., d'autre part ;

Sont convenus de ce qui suit :

M. B...,voulant apprendre le métier de..., se met par ces présentes en apprentissage pour...années, à compter de (tel jour), chez ledit sieur A...qui le prend et retient pour son apprenti, et promet de lui enseigner, pendant ledit temps, ledit état de... et tout ce qu'il y pratique, comme aussi de lui fournir le logement, le coucher, la nourriture et de le traiter doucement et avec humanité.

De son côté M. B...promet d'apprendre de son mieux tout ce qui lui sera enseigné par son maître, et lui obéir en tout ce qu'il lui commandera de licite et honnête, de le servir fidèlement, d'éviter son dommage et de l'en avertir s'il en a connaissance.

De plus, il s'interdit de s'absenter et d'aller travailler ailleurs pendant le temps de son apprentissage à peine de mille francs de dommages-intérêts envers M. A...

Ce traité est fait moyennant la somme de trois cents francs que M. A... reconnaît avoir reçue dudit sieur B... Dont quittance.

Fait double, à..., le...

(Signatures.)

Quittance de brevet d'apprentissage.

Je soussigné (prénoms, nom, profession et demeure du maître) reconnais par ces présentes que M.*** (prénom, nom de l'apprenti)

mon apprenti, demeurant ci-devant chez moi et actuellement...
m'a bien et fidèlement servi pendant les cinq années qu'il s'était
obligé de passer chez moi comme apprenti, aux termes de l'acte
fait sous seing-privé entre nous, en date à .., du:.., et qu'il
m'a payé la somme de..., prix stipulé pour son apprentissage ;
je consens en conséquence, à ce qu'il travaille en qualité de com-
pagnon partout où il lui plaira.

Fait à..., le...

(Signature.)

Marché fait entre un négociant et un commis.

Les soussignés,

M. A... (*prénoms*, *nom*), négociant, demeurant à... d'une
part ;

Et M. B... (*idem*), d'autre part,

Sont convenus de ce qui suit :

M. B... s'engage à travailler chez M. A..., en qualité de
commis, y tenir les écritures et à s'employer à tel autre usage
relatif au commerce qu'exerce M. A... et emploi qu'il voudra
bien lui confier, et ce, pendant... années, à partir du..., M. A...
accepte cet engagement, et s'oblige, de son côté, à conserver
M. B...en qualité de commis pendant ledit temps.

Comme indemnité de son travail, M. A...nourrira, logera,
éclairera et chauffera M. B .. et le mettra au fait de son état.

Mais, attendu que M. B... n'a pas encore d'expérience, et que
ses travaux ne pourront être que faiblement utiles à M. A...
dans les premières années, il est convenu que M. B...paiera à
M. A..., à titre de pension, savoir : la première année, la somme
de...; la deuxième, celle de...; la troisième...; seulement la
quatrième année sera gratuite, et de plus M. A...se réserve d'ap-
pointer dans le cours de cette même quatrième année M. B...,
s'il est satisfait de ses travaux. Ces paiemens se feront à la fin
de chaque année.

M. B... s'oblige à remplir et exécuter les travaux qui lui seront
confiés avec zèle, exactitude, et de faire tout ce qui dépendra
de lui pour mériter de plus la confiance de M. A...

Fait double, à ..., le...

DES VOITURIERS PAR TERRE ET PAR EAU.

Les voituriers par terre ou par eau répondent
non-seulement de ce qu'ils ont reçu dans leurs bâtimens et voitures, mais encore de ce qui leur a été
remis sur le port ou dans l'entrepôt pour être placé
dans leurs bâtimens et voitures. (C. civ., art. 1783.)

14.

Ils sont responsables de la perte et des avaries des choses qui leur sont confiées, à moins qu'ils ne prouvent qu'elles ont été perdues ou avariées par cas fortuit ou force majeure. (C. civ., art. 1784.)

En matière civile, le traité peut être fait sous les conditions qu'il convient aux contractans de stipuler.

En matière de commerce, ce traité prend le nom de lettre de voiture.

La lettre de voiture doit contenir :

1° La nature, le poids ou la contenance des objets à transporter ;

2° Le délai dans lequel le transport doit être effectué.

Elle indique :

Le nom et le domicile du commissionnaire par l'entreprise duquel le transport s'opère, s'il y en a un ;

Le nom de celui à qui la marchandise est adressée;

Le nom et le domicile du voiturier.

Elle énonce :

Le prix de la voiture,

L'indemnité due pour cause de retard.

Elle est signée par l'expéditeur ou le commissionnaire.

La lettre de voiture est copiée par le commissionnaire, sur un registre coté et paraphé, sans intervalle et de suite.

Elle présente en marge les marques et numéros des objets à transporter. (Art. 102, Code de commerce.)

Si, par l'effet de la force majeure, le transport n'est pas effectué dans le délai convenu, il n'y a pas lieu à indemnité contre le voiturier pour cause de retard. (Art. 104 du Code de commerce.)

Si la chose périt par un vice propre de la chose, il est déchargé. (Code de commerce, art. 103.)

La réception des objets transportés, et le paiement du prix de la facture éteignent toute action contre le voiturier. (Art. 105 du Code de commerce.)

En cas de refus ou contestation pour la réception des objets transportés, leur état est vérifié et constaté par des experts nommés par le président du tribunal de commerce, ou, à son défaut, par le juge de paix et par ordonnance mise au bas d'une requête.

Le dépôt ou séquestre, et ensuite le transport dans un dépôt public peuvent être ordonnés.

La vente peut être ordonnée en faveur du voiturier jusqu'à concurrence du prix de la voiture. (Code de commerce, art. 106.)

Les entrepreneurs de voitures publiques par terre et par eau et ceux des roulages publics doivent tenir registre de l'argent, des effets et des paquets dont ils se chargent. (Code civil, art. 1785.)

Ils sont d'ailleurs assujettis à des réglemens particuliers.

Toutes actions contre le commissionnaire et le voiturier, à raison de la perte ou de l'avarie des marchandises, sont prescrites après six mois pour les expéditions faites dans l'intérieur de la France, et après un an pour celles faites à l'étranger, le tout à compter, pour le cas de perte, du jour où le transport des marchandises aurait dû être effectué, et, pour les cas d'avarie, du jour où la remise des marchandises aura été faite, sans préjudice des cas de fraude ou d'infidélité. (Code de comm., art. 108.)

FORMULE *de marché fait pour le transport de marchandises.*

Les soussignés,

M. A... (*nom, prénoms, profession et demeure*), d'une part;

Et M. B... (*idem*), d'autre part;

Sont convenus de ce qui suit :

M. A... s'oblige envers M. B..., ce acceptant, à voiturer, conduire, transporter avec sa charrette, ses chevaux et harnais, de (*tel lieu*) à (*tel autre lieu*).

(*Désigner la nature et le poids des objets à transporter.*)

Le tout étant actuellement à (*désigner le lieu qui les contient*).

M. A... commencera, ainsi qu'il s'y oblige, le transport desdites marchandises, le... et le continuera ainsi sans interruption, jusqu'à ce que lesdits objets soient arrivés à leur destination, de telle sorte que lesdites marchandises soient transportées au plus tard le..., à peine de ..,d'indemnité pour chaque jour de retard.

Ce marché est fait moyennant la somme de..., que M. B. ., s'oblige de faire payer audit sieur A .. par M.***, son correspondant, en recevant lesdits objets.

Fait double, à..., le...

(Signatures.)

Lettre de voiture.

fr. c.

Voiture	Paris ce, ...an...
Remboursement .	

M.***, à la garde de Dieu, et conduite de..., voiturier à..., je vous envoie... (*désigner la nature et quantité des marchandises*), marquées comme en marge, pesant.., pour vous être rendues en. jours, à peine de perdre le tiers de la voiture, les ayant reçues bien conditionnées. Vous lui paierez la somme de. .par quintal et lui rembourserez celle de..., suivant le détail ci-après (*ou en marge*).

D. B.
N° 1er.

A M.***, négociant à...,
département de...

(Signatures.)

En matière commerciale, lorsque le voiturier présente des marchandises qui paraissent avariées, il est d'usage, à Paris, de faire dresser préalablement par deux marchands, soit en présence du voiturier, soit en son absence, s'il s'y refuse, un procès verbal qui constate que les marchandises paraissent avariées; ce procès-verbal dressé, on doit, comme on l'a vu ci-devant, présenter requête au président du tribunal de commerce, ou à défaut au juge de paix, pour nommer des experts chargés de constater l'avarie.

Procès-verbal provisoire.

L'an...mil huit cent..., le..., heure de...

Nous soussignés, (*prénoms,noms, professions des deux experts,leur demeure*) à la réquisition de M...(*prénoms, nom*), marchand de... demeurant à...

Nous sommes transportés à son domicile où étant arrivés, M...
nous a déclaré qu'il lui avait été présenté, il y a moins d'un
quart d'heure (*tant*), de ballots de marchandises, le premier
marqué...n°...; le deuxième marqué...n°...; que ces ballots,
qui lui étaient adressés par M...., négociant à..., lui étaient
arrivés par l'entremise (*de tel roulage ou de tel commissionnaire*), et
avaient été transportés à son domicile par le camion dudit roulage; mais que ces ballots présentant les caractères d'une avarie
complète, il avait refusé de les recevoir, et, sur le refus du con-
ducteur de les remporter, il s'était opposé à ce qu'ils fussent em-
magasinés chez lui, et qu'ils avaient été déposés sous le couvert
de la porte cochère; qu'il nous requérait en conséquence de constater l'avarie, sauf à lui à se pourvoir devant les tribunaux, pour
faire valoir ses droits comme il aviserait.

Obtempérant à sa réquisition, et sans aucunement entamer les
ballots, nous avons procédé à leur examen extérieurement, et
avons reconnu qu'ils présentaient les caractères d'une avarie par-
tielle.

En foi de quoi nous avons délivré le présent certificat, pour
valoir ce que de droit à M...., requérant, qui a signé avec
nous.

Fait à..., lesdits jour, mois et an...

(Signatures.)

Modèle de requête à présenter à M. le président du tribunal de commerce.

Monsieur le président,

M.... (*prénoms et nom*), marchand de..., demeurant à... a
l'honneur de vous exposer qu'il a reçu par la voie de (*tel*) roulage ou (*tel*) commissionnaire trois ballots de (*désigner la marchandise*) marqués... et numérotés; le premier...; le deuxième,
...; et le troisième...; mais que, ces marchandises paraissant
avariées, il a refusé de les admettre dans ses magasins, et fait
constater leur avarie apparente par le procès-verbal ci-joint.

Il vous prie, M. le président, de vouloir bien nommer deux
experts pour, conformément à la loi, constater l'avarie, le voiturier, s'il se fait connaître, présent ou dûment appelé, sinon
hors sa présence.

Et vous ferez justice.

La requête est répondue par une ordonnance au
bas; elle doit être enregistrée.

Procès-verbal des experts.

L'an mil huit cent...le..., heure de...
Nous soussignés (*prénoms, noms, professions, demeures des
experts*), experts nommés par le président du tribunal de com-

merce, en vertu de son ordonnance en date à...(*la ville*), du...
(*la date*), enregistrée, étant au bas de la requête à lui présentée
le même jour, nous sommes transportés au domicile de M...
(*prénoms, nom*), marchand de..., demeurant à..., lequel nous a
représenté lesdits trois ballots dont, en vertu de l'ordonnance
susdatée, nous sommes appelés à constater l'état.

Nous avons procédé à l'examen desdits trois ballots hors la
présence du voiturier, le sieur..., qui a transporté lesdites
marchandises, et qui n'a pas comparu au désir de la sommation
qui lui a été faite d'être présent à ladite expertise, et ce au domicile de M...., commissionnaire de roulage, rue... n°..., où
il est descendu, suivant exploit de... (*le nom*), huissier à...
(*l'endroit*, en date du..., et avons reconnu que lesdites marchandises contenues auxdits ballots sont complètement avariées,
comme ayant été plusieurs fois atteintes par la pluie, qu'elles
ne sont pas susceptibles d'être vendues dans l'état où elles sont,
et que l'avarie paraît être le résultat de la négligence du voiturier pendant le transport.

En foi de quoi nous avons dressé le présent procès-verbal,
pour servir et valoir ce que de raison.

Et avons signé avec ledit sieur... (*le nom du marchand*) après
lecture.

(Signatures.)

DES DEVIS ET MARCHÉS.

Le devis est le détail raisonné des ouvrages qu'un
architecte, maçon, charpentier, ou tout autre entrepreneur s'oblige à faire, le prix de ces ouvrages,
les quantités, le prix des matériaux qui doivent y
entrer lorsqu'il s'oblige de les fournir.

On appelle marché la convention faite entre un
entrepreneur et un ouvrier en conformité du devis.

Lorsque l'on charge quelqu'un de faire un ouvrage, on peut convenir qu'il fournira seulement son
travail et son industrie, ou bien qu'il fournira aussi
la matière. (C. civil, art. 1787)

Si, dans le cas où l'ouvrier fournit la matière, la
chose vient à périr de quelque manière que ce soit
avant d'être livrée, la perte en est pour l'ouvrier, à
moins que le maître ne fût en demeure de recevoir
la chose. (Code civil, art. 1788.)

Dans le cas où l'ouvrier fournit seulement son travail ou son industrie, si la chose vient à périr, l'ouvrier n'est tenu que de sa faute. (C. civil, art. 1789.)

Si , dans le cas de l'article précédent, la chose vient à périr quoique, sans aucune faute de la part de l'ouvrier, avant que l'ouvrage ait été reçu et sans que le maître fût en demeure de le vérifier, l'ouvrier n'a pas de salaire à réclamer à moins que la chose n'ait péri par le vice de la matière. (C. civil, art. 1790.)

S'il s'agit d'un ouvrage à plusieurs pièces ou à la mesure, la vérification peut s'en faire par parties : elle est censée faite pour toutes les parties payées, si le maître paie l'ouvrier en proportion de l'ouvrage fait. (C. civil, art. 1791.)

Si l'édifice construit à prix fait périt en tout ou en partie par le vice de construction, même par le vice du sol, les architectes et entrepreneurs en sont responsables pendant dix ans. (C. civil, art. 1792.)

Lorsqu'un architecte ou un entrepreneur s'est chargé de la construction à forfait d'un bâtiment d'après un plan arrêté et convenu avec le propriétaire du sol, il ne peut demander aucune augmentation du prix, ni sous prétexte d'augmentation de la main-d'œuvre et des matériaux, ni sous celui de changemens ou d'augmentations faits sur ce plan, si ces changemens ou augmentations n'ont pas été autorisés par écrit et le prix convenu avec le propriétaire. (C. civil, art. 1793.)

Ainsi les changemens faits aux devis doivent, pour être valables à l'égard de l'architecte, non-seulement être constatés par écrit, mais en outre il est nécessaire que le prix en soit fixé : faute de la réunion de ces deux conditions , l'architecte réussirait difficilement dans une demande en supplément de prix.

Le maître peut résilier, sur sa seule volonté, le marché à forfait, quoique l'ouvrage soit déjà commencé, en dédommageant l'entrepreneur de toutes ses dépenses, de tous ses travaux et de tout ce qu'il aurait pu gagner dans cette entreprise. (C. civil, art. 1794.)

Le contrat de louage d'ouvrage est dissous par la mort de l'ouvrier, de l'architecte ou entrepreneur. (C. civil, art. 1795.)

Mais le propriétaire est tenu de payer, en proportion du prix porté par la convention, à leur succession la valeur des ouvrages faits et celle des matériaux préparés, lors seulement que ces travaux et ces matériaux peuvent lui être utiles. (Code civil, art. 1796.)

L'entrepreneur répond du fait des personnes qu'il emploie. (C. civil, art. 1797.)

Les maçons, charpentiers et autres ouvriers qui ont été employés à la construction d'un bâtiment ou d'autres ouvrages faits à l'entreprise, n'ont d'action contre celui pour lequel les ouvrages ont été faits que jusqu'à concurrence de ce dont il se trouve débiteur envers l'entrepreneur au moment où leur action est intentée. (C. civil, art. 1798.)

D'où il suit que si le propriétaire paie à l'architecte ou entrepreneur avant l'échéance des termes convenus, il est prudent de faire enregistrer les quittances qui lui sont données par l'architecte, afin qu'elles puissent être valablement opposées aux personnes dont est question dans l'article précédent.

Les maçons, charpentiers, serruriers et autres ouvriers qui font directement des marchés à prix fait, sont astreints aux règles ci dessus ; ils sont entrepreneurs dans la partie qu'ils traitent.

Les architectes entrepreneurs peuvent acquérir privilége sur la partie de construction qu'ils ont faite en remplissant les formalités indiquées par la loi

Modèle de marché pour la maçonnerie d'une maison.

L'ouvrage doit être énoncé en tête du marché, qui lui-même est intitulé de la manière suivante :

Devis des ouvrages de maçonnerie à faire pour la construction d'une maison que se propose de bâtir M....., rue...., n°...

Premièrement (détailler les démolitions qui doivent être faites.— Enlèvement de déblaie, etc.;—puis en divisant les articles, les divers ouvrages à faire.

En suite de ce devis on ajoute :

Les soussignés,

M. A... (*nom, prénoms, profession et demeure*), d'une part ;
Et M. B... (*idem*), d'autre part ;
Sont convenus de ce qui suit, et ont fait entre eux le marché
suivant :

M. B...s'engage envers M. A, qui l'accepte, de faire, parfaire
bien et dûment au dire d'ouvriers, et gens à ce connaissant, tout
les ouvrages de maçonnerie mentionnés au devis ci-dessus.

En conséquence, il s'oblige de fournir à M. A... la pierre de
taille, le moellon, plâtras, chaux, sable, plâtre, pierres, ouvriers, échafaudages et autres choses requises et nécessaires ; de
faire mener aux lieux indiqués par la police les gravois et terres
provenant des déblais et démolitions ; le tout de bonne qualité
et d'après les prix arrêtés au devis ci-dessus.

Ces ouvrages seront faits conformément au plan qui a été tracé
et arrêté en double par les parties. Chacun de ces plans a été
signé (*ne varietur*), par chacun des soussignés, qui en conserve
un par-devers lui.

Les travaux devront être commencés le...et achevés le..., à
peine de... de dommages-intérêts, que M. A... est autorisé à
retenir sur les sommes qui seraient dues à M. B...

Ce marché est fait aux prix déterminés par le devis. Le tout
sera exigible, savoir : moitié aussitôt après la confection des ouvrages, et le solde dans une année à partir de cette dernière
époque.

Fait double, entre les soussignés, à..., le...

(*Signatures.*)

Marché de charpenterie.

Les soussignés,

M. A... (*nom, prénoms, profession, demeure*), d'une part ;
Et M. B... (*idem*), d'autre part ;
Ont fait le marché suivant :
M. B...s'oblige envers M. A..., qui l'accepte, de faire tous
les travaux de charpente nécessaires à la construction de la maison que le sieur A...fait bâtir rue..., n°..., en se conformant, pour la confection de ces ouvrages, aux plans, coupes et
élévation qu'il reconnaît avoir reçus de M..., dont un double
signé et paraphé, *ne varietur*, par chacun des contractans, a été
remis à M. B..., qui le reconnaît. M. B... promet, 1° de commencer dès le...prochain à préparer tous les ouvrages nécessaires et de suivre la maçonnerie, afin que la construction du bâtiment ne soit pas retardée ; 2° de faire les planchers en bois de
sciage et de bonne qualité ; les pans de bois de refend portant

planchers n'auront que cinq pouces au plus réduits d'épaisseur, et seront bien dressés ; l'escalier sera établi demi-anglais, avec li non à crémaillière ; les marches seront pleines, sans flaches ni contremarches. Il sera permis au sieur B... d'employer du vieux bois dans les pans de bois en tournisse et potelets seulement.

Le toisé sera fait contradictoirement, et chaque morceau sera mesuré suivant sa longueur réelle, et calculé sans usage et sans distinction de qualité.

Quant à l'équarrissage des bois, le sieur B.. devra s'arranger de manière que les bois calculés, comme il vient d'être dit, ne produisent pas plus de trois pièces, réduits par toise carrée de plancher mesurés sans distinction de vide de portes ni croisées ; pour le comble, il devra se renfermer dans ses dernières proportions, de manière qu'il ne produise pas plus de deux pièces et demie par toise carrée, mesurée suivant son développement.

Les changemens ordonnés par M. A... seront comptés à la journée ou estimés suivant leur nature ; ils ne seront reconnus qu'en vertu d'un ordre écrit.

Ces travaux seront faits suivant l'art de la charpenterie, à dire d'experts et gens à ce connaissant, et aux prix ci-après :

Bois ordinaires et de sciage, grosseur, qualité, pour poitrail, refeuille, confondus à...

Bois refaits pour lucarnes, et arbalétrier cintrés, à...

Bois neuf pour escalier...

Bois pour cintres...

Bois pour étais....

De son côté M. A...s'oblige de payer les travaux à faire, de la manière suivante, savoir : un tiers pendant le cours des travaux le deuxième tiers après l'achèvement, et le solde après le réglement définitif des mémoires.

En cas de contestation, les sieurs A... et B... conviennent, dès à présent, de s'en rapporter à l'arbitrage de M....qui jugera les contestations qui pourront survenir entre eux, comme amiable compositeur en dernier ressort.

Fait double, à..., le...

(Signatures.)

Marché avec un plâtrier et marchand de moellons.

Les soussignés,

M. A... (*nom*, *prénoms*) entrepreneur de maçonnerie, demeurant à...

Et M. B... (*idem*), marchand plâtrier, demeurant à...

Ont fait le marché suivant :

Le sieur B...s'engage à fournir au sieur A..., qui accepte, tout le moellon et le plâtre dont il aura besoin pour la construction d'un bâtiment qu'il se propose de faire élever à ..., rue..., n°..., promettant de faire charrier à ses frais ledit plâtre et moellon toutes les fois que M. A... l'en requerra, à peine de...

Ce marché est fait à raison de (*telle somme*) pour chaque, etc., de plâtre et de..., pour chaque toise de moellon. Le prix de ces divers objets sera payé par M. A... au sieur B... à chaque fourniture en un ou plusieurs billets à un an de date, sans intérêts.

Ces fournitures seront bonnes, loyales et marchandes, et commenceront le..., pour continuer suivant les demandes du sieur A..., jusqu'à la fin des travaux.

Fait double, à..., le

(*Signatures.*)

Marché de la bâtisse d'une maison la clé à la main.

Devis des ouvrages de maçonnerie, charpenterie, couverture, menuiserie, serrurerie, vitrerie et autres ouvrages, à faire pour la construction d'une maison à...

Premièrement, etc.

Les soussignés,

M. A... (*prénoms, nom, profession, demeure*), d'une part ;
Et M. B... (*idem*), architecte, demeurant à..., d'autre part ;

Ont fait entre eux le marché suivant :

M. B...s'oblige envers M. A..., qui accepte, à faire bien et dûment, au dire d'experts, et gens à ce connaissant,

Tous les ouvrages de maçonnerie, charpenterie, couverture, menuiserie, serrurerie, vitrerie, pavé et autres, qu'il est nécessaire de faire pour la construction entière et parfaite d'une maison que M. A...veut faire construire à..., rue..., n°..., d'après le plan qui en a été dressé, et qui a été signé par les parties en double, *ne varietur.*

M. B...promet de commencer lesdits travaux dès le..., et de les continuer avec nombre d'ouvriers suffisant, sans interruption, et de rendre le tout fait et achevé, et d'en livrer les clefs à M....le..., à peine de...par chaque mois de retard.

Ce marché est fait moyennant la somme de..., pour tous lesdits ouvrages, sans aucune division et l'un dans l'autre.

Sur laquelle somme M. B...reconnaît avoir à l'instant reçu celle de...; le surplus sera payable par tiers ; le premier, le... prochain ; le deuxième, six mois après ; le solde, lorsque tous les ouvrages seront achevés, que les clefs auront été remises à M. A..., et que ladite maison sera en état d'être habitée, tout étant fait et parfait.

Telles sont les conventions des soussignés.

Fait double, à..., le...

(*Signatures.*)

Reconnaissance à faire après la livraison des ouvrages et le solde du prix.

Les soussignés,

M. A... (*prénoms, noms*), propriétaire, demeurant à.... d'une part ;

Et M. B... (*idem*), architecte entrepreneur, demeurant à..., d'autre part,

Ont reconnu ce qui suit :

M. A...déclare que les ouvrages mentionnés au devis fait entre lui et M. B..., par acte privé fait double, en date à..., du ..., ont été faits dans les délais convenus, et qu'après les avoir fait examiner par gens à ce connaissant, il en demeure content et satisfait ;

Qu'après avoir fait toiser et régler le prix des menus ouvrages par le sieur..., expert, choisi par eux d'un commun accord, ils se sont trouvés monter à la somme de..., que M. B... reconnaît avoir à l'instant reçue de M. A... en espèces métalliques, dont quittance.

En conséquence, les soussignés se quittent et déchargent pleinement, définitivement et respectivement.

Fait double, à..., le...

(Signatures.)

DU PARTAGE.

Le partage est un des actes les plus compliqués ; il est presque toujours nécessaire d'en confier la rédaction à un homme exercé dans ces matières ; il ne peut avoir lieu par acte sous seing privé que lorsque les parties sont majeures, présentes et d'accord.

D'abord il est de principe que nul ne peut être contraint de demeurer dans l'indivision, et que le partage peut toujours être provoqué nonobstant prohibition ou convention contraire. (C. civil, art. 815.)

On peut cependant convenir de suspendre le partage pendant un temps limité ; cette convention ne peut être obligatoire au-delà de cinq ans, mais elle peut être renouvelée. (C. civil, art. ibid.)

Chaque héritier fait rapport à la masse des dons qui lui ont été faits et des sommes dont il est débiteur. (C. civil, art. 829.)

Si le rapport n'est pas fait en nature, les co-héritiers à qui il est dû prélèvent une portion égale sur la masse de la succession. (C. civil, art. 830.)

Les prélèvemens se font autant que possible en objets de même nature, qualité et bonté que les objets non rapportés en nature. (C. civil, ibid.)

Après ces prélèvemens il est procédé sur ce qui reste de la masse à la composition d'autant de lots égaux qu'il y a d'héritiers co-partageans ou de souches co-partageantes. (C. civil, art. 831.)

Dans la formation et composition des lots on doit éviter autant que possible de morceler les héritages et de diviser les exploitations, et il convient de faire entrer dans chaque lot, s'il se peut, la même quantité de meubles, d'immeubles, d'objets et de créances de même nature et valeur. (C. civil, art. 832.)

L'inégalité des lots en nature se compense par un retour, soit en rente, soit en argent. (Code civil, art. 833.)

Dans les partages amiables on divise autant que possible les lots suivant les convenances des parties, ils sont choisis par chacune d'elles, si elles peuvent s'entendre sur le choix, sinon, ils sont tirés au sort.

Les règles établies pour la division des masses à partager seront également observées dans les subdivisions à faire entre les souches co partageantes. (C. civil, art. 836.)

Après le partage, remise doit être faite à chacun des co-partageans, des titres particuliers aux objets qui lui sont échus.

Les titres d'une propriété divisée restent à celui qui a la plus grande part, à la charge d'en aider ceux de ses co-partageans qui y auront intérêt, quand il en sera requis.

Les titres communs à toute l'hérédité sont remis à celui que tous les héritiers ont choisi pour en être dépositaire à la charge d'en aider ses co-partageans à toute réquisition. (C. civil, art. 841.)

Partage de succession entre deux frères et deux neveux majeurs.

Les soussignés ,

1° M. Jean Valentin, propriétaire, demeurant à...

2° M. Etienne Valentin, employé, demeurant à...

héritiers, chacun pour un tiers de Jacques Valentin, leur père, décédé à...

3° M. François Mansard , propriétaire , demeurant à...

4° M. Nicolas Mansard, aussi propriétaire , demeurant à...

MM. Mansard , frères germains, nés du mariage de dame Joséphine Valentin, leur mère, avec M. Jacques Mansard , leur père , tous deux décédés, et héritiers conjointement pour un tiers de M. Jacques Valentin, leur aïeul, par représentation de madame Mansard, leur mère.

Voulant procéder au partage amiable et à la liquidation des biens dépendant de la succession de Jacques Valentin, leur père et aïeul, ont fait observer,

1° Qu'après le décès de M. Jacques Valentin, il n'y a eu ni apposition de scellés, ni inventaire, étant tous parfaitement d'accord;

2° Que M. Jean Valentin a seul été doté par son père, lors de son établissement par mariage, d'une somme de cinq mille francs qu'il rapportera ci-après à la masse, avec les intérêts, à partir du jour du décès de son père , lesquels intérêts, calculés jusqu'à ce jour, s'élèvent à la somme de 125 fr.

3° Qu'il n'est pas à leur connaissance que leur père ait fait aucune disposition testamentaire, et que les biens ci-après sont les seuls qui dépendent de sa succession , à l'exception de quelques objets mobiliers qu'ils se sont partagés de la main à la main que l'estimation des meubles et immeubles a été faite entre eux amiablement.

Masse des biens à partager.

ARTICLE PREMIER.

Deniers comptans trouvés dans le secrétaire à l'époque du décès. La somme de douze cents francs............. 1,200 fr.

ART. 2.

Linge de corps , vêtemens et autre à l'usage du défunt, estimés.. 600

ART. 3.

Douze couverts d'argent, une cuiller à soupe , une

———————

1,800 fr.

1,800 fr.

à ragoût, pesant ensemble...., plus diverses pièces d'argenterie, montres et autres menus bijoux estimés la somme de douze cents francs........   1,200

ART. 4.

Une petite maison située à .., qui appartient à M. Jacques Valentin, au moyen de l'acquisition qu'il en avait faite de Claude Picard et dame Thérèse Lebon, son épouse, par contrat passé devant M^e ..., notaire à..., le...

Cette maison a été estimée par les soussignés à la somme de quatre mille francs....   4,000

ART. 5.

Une pièce de terre labourable de la contenance de ..., tenant d'un bout à..., d'autre bout à..., d'un côté à..., d'autre côté à...

Elle appartenait au défunt au moyen de..., etc., et a été estimée la somme de deux mille francs, ci...   2,000

ART. 6.

Une pièce de vigne de la contenance de..., située à ......tenant, etc.

Elle appartenait au défunt au moyen de...

Et a été estimée par les soussignés la somme de cinq mille francs.................................   5,000

ART. 7.

Enfin, l'article 7 et dernier se composera de la somme de cinq mille cent vingt-cinq francs, dont M. Jean Valentin doit le rapport à la succession, à cause de la dot qui lui a été constituée par son père, ci........   5,125

Total de la masse active, dix-neuf mille cent vingt-cinq francs.................................   19,125 fr.

Prélèvement et dettes de la succession.

Il y a à prélever sur le montant de la masse active,

1° la somme de six cents francs dus à M. Étienne Valentin pour argent par lui prêté au défunt, ci..................   600 fr.

2° Deux cents cinquante francs qu'il a également payés pour frais funéraires, ci....   250

3° Cinquante francs qu'il a aussi payés pour gages dus à la domestique, ci..   50

En tout neuf cents francs, ci.........   900

Balance.

La masse active s'élève à la somme de dix-neuf mille
cent vingt cinq francs, ci.......................... 19,125 fr.
Le prélèvement et les dettes à celles de neuf cents
francs.. 900

Le reliquat à partager est donc de.............. 18,225
Dont chaque tiers............................... 1/3
Est de six mille soixante-quinze francs.... 6,075

Abandonnemens.

Il revient à M. Jean Valentin, fils aîné, pour son tiers, la somme de six mille soixante-quinze francs. Pour lui fournir cette somme il aura, et ses cohéritiers lui abandonnent :

1° Les 5,125 francs dont il doit le rapport, à cause de la dot qui lui est constituée, et compris sous l'article 7 de la masse..................................... 5,125 fr.

2° La somme de neuf cent cinquante francs à prendre dans les deniers comptans, compris sous l'art. 1er de la masse, ci.................................. 950 fr.

Total............. 6,075

Il revient à M. Etienne Valentin, 1°
pour son tiers pareille somme de six mille
soixante-quinze francs............... 6,075 fr.
Plus, pour les avances par lui faites et
argent prêté, comme on l'a expliqué aux
prélèvemens......................... 900

Total....... 6,975

Pour lui fournir cette somme, il aura
et il lui appartiendra, ses héritiers lui
cédent et abandonnent,

1° Le linge de corps et habits, compris
sous l'article 2 pour la somme de six
cents francs, ci..................... 600

2° La maison comprise sous l'article 4
pour la somme de quatre mille fr., ci... 4,000

3° La pièce de terre labourable, comprise sous l'article cinq de la masse pour
la somme de deux mille francs........ 2,000

6,600   6,075

	6,600	6,075

4° Le surplus des deniers comptans, compris sous l'article 1er de la masse, s'élevant à 25ofr., au moyen de l'abandon de 65o fr. fait à M. Jean Valentin. ci... **250**

5° Enfin la somme de cent vingt-cinq francs, montant de la soulte que feront ci-après MM. Mansard: ci........... **125**

      Total égal.............. 6,975 fr.   6,975 fr.

Il revient à MM. Mansard la somme de six mille soixante quinze francs, ci.... 6,075 fr.

Pour leur fournir cette somme, on leur abandonne à titre de partage,

1° L'argenterie et bijoux, compris sous l'article 3 de la masse pour la somme de douze cents francs, ci................ 1,200 fr.

2° La pièce de vigne comprise sous l'article 6 de la même masse pour la somme de cinq mille francs................ 5,000

      Total............ 6,200

En sorte qu'ils auront, comme on l'a vu, à faire soulte à M. Etienne Valentin, leur oncle, de..................... 125

Ce qui réduira leurs abandonnemens au montant de leur émolument ou à..... 6,075 fr.   6,075 fr.

    Total des abandonnemens.........   19,125 fr.

égal à la masse active brute, ce qui prouve la justesse arithmétique de l'opération.

Chacun des partageans jouira des objets compris dans son lot, à partir de ce jour; il recoltera les fruits, et paiera les impôts des immeubles, également à partir de ce jour, pour les objets à lui échus, les soussignés reconnaissant qu'aucun des immeubles n'est loué ni affermé.

M. Etienne Valentin reconnait que MM. Mansard lui ont à l'instant payé la somme cent vingt-cinq francs, montant de la soulte ci-dessus fixée.

MM. Etienne Valentin et Mansard reconnaissent que les titres de propriétés relatifs aux immeubles qui sont compris dans leur lot leur ont été à l'instant remis.

Fait quadruple, à...,le..., entre les soussignés...

                    (*Signatures*)

Lorsque les parties, d'accord sur la composition des lots, sont en discussion sur leur choix, il faut les tirer au sort.

Après l'établissement de la masse active, les prélèvemens, la balance et la division en autant de parts qu'il y a d'héritiers, on peut rédiger ainsi le partage :

Les choses étant dans cet état, les soussignés ont fait choix de M. ..., l'un d'eux, pour procéder à la formation des lots et à leur tirage au sort, et M. ... ayant accepté cette mission, il a composé les lots de la manière suivante :

Premier lot...

(*Désigner clairement les objets qui font partie de ce lot.*)

Deuxième lot...

Troisième lot...

Le premier lot étant plus fort que les deux autres, il est convenu que celui à qui échoit ce lot paiera au deuxième la somme de..., et au troisième lot, celle de..., à titre de soulte et retour ;

Que les titres de propriété concernant chaque lot seront remis à celui auquel il échoira, et que ceux communs à tous les copartageans seront remis à M. ...,dont les soussignés font choix d'un commun accord.

Ayant ensuite procédé au tirage au sort desdits lots ;

Le premier lot est échu à M. ...

Le deuxième lot à M. ....

Le troisième lot à M. ....

Les soussignés déclarent accepter les lots tels qu'ils ont été composés et leur sont échus sous les garanties ordinaires entre copartageans, se décharger réciproquement et renoncer à pouvoir en aucune manière s'inquiéter ni rechercher pour raison du plus ou du moins de valeur des objets compris en chaque lot, et sauf le paiement des soultes ci-dessus établies, lesquelles soultes M.... à qui est échu le premier lot, qui en est chargé, promet et s'oblige de payer à M. et M., ses cohéritiers, dans le délai de trois mois à partir de ce jour, avec intérêts à cinq pour cent aussi à partir de ce jour.

Chacun des copartageans jouira des objets compris en son lot à partir de ce jour, et en toucher tous les fruits aussi à partir de ce jour à l'égard des loyers, des maisons et des revenus des terres : ils s'en sont fait raison antérieurement à ces présentes.

Fait triple entre les soussignés, à..., le...

(Signatures)

PARTAGE DE COMMUNAUTÉ.

Nous ne pouvons donner qu'une idée fort impar-
faite du partage de communauté, qui est un acte difficile et qui exige des connaissances fort étendues
en droit, lorsque ce partage est compliqué. Nous
allons cependant essayer d'en tracer sommairement
les règles principales.

La communauté se compose activement de tous
les objets mobiliers qui appartiennent aux époux à
l'époque de la célébration du mariage, de ceux qui
leur échoient par succession, donation, legs, etc.,
des meubles et des immeubles qu'ils acquièrent en
commun.

Cependant dans la plupart des contrats de mariage
à Paris et dans plusieurs villes du royaume, on sti-
pule qu'il n'entrera en communauté qu'une somme
déterminée sur les apports respectifs; que le surplus
du mobilier, et ce qui échoira par succession, donation, etc., sera propre à chacun d'eux ; alors la
communauté se trouve réduite aux objets mis en
communauté et aux meubles et immeubles acquis
en commun.

La communauté se compose passivement de toutes les dettes mobilières des époux, soit avant, soit
pendant le mariage.

Dans les contrats on exclut habituellement les
dettes antérieures au mariage ; si le mobilier provenant de successions ou donations est exclu de la
communauté, les dettes à la charge de ces successions ne sont plus supportées par la communauté.

Les époux rapportent à la communauté tout ce
dont ils sont débiteurs envers elle à titre de récompense ou d'indemnité.

Sur la masse des biens chaque époux prélève ses
biens personnels.

Les prélèvemens de la femme se font avant ceux
du mari. En cas d'insuffisance des biens de la communauté, les prélèvemens de la femme s'exercent
sur les biens personnels du mari.

La communauté doit récompense aux époux de tout ce dont elle peut être débitrice envers eux ; ces récompenses et celles que les époux doivent à la communauté emportent intérêts du jour de la dissolution de la communauté.

Après que les prélèvemens des deux époux ont été exécutés sur la masse, le surplus se partage par moitié entre les époux ou ceux qui les représentent.

Celui des époux qui aurait diverti ou recélé quelques effets de la communauté est privé de sa portion dans lesdits effets.

Le deuil de la femme est aux frais des héritiers du mari ; la valeur de ce deuil est réglée suivant la fortune du mari.

FORMULE *de partage de communauté.*

Les soussignés,

Dame Geneviève Lebon, veuve de Nicolas Mausard, en son vivant propriétaire, demeurant à...

Madame veuve Mausard, agissant en ces présentes comme ayant été commune en biens avec son défunt mari, aux termes de leur contrat de mariage ci-après énoncé ;

Et M. Etienne Mausard, propriétaire, demeurant à..., seul et unique héritier de M. Nicolas Mausard, son frère ; comme le constate une notoriété faite à défaut d'inventaire, par le ministère de Me.., qui en a minute ; et son collègue, notaires à..le..

Voulant procéder au partage amiable des biens dépendant de la communauté qui a existé entre feu M. et madame veuve Mausard, ont fait observer :

1° Que M. Mausard épousa mademoiselle Lebon, le..., que leurs conventions matrimoniales furent réglées par contrat passé devant Me.., qui en a gardé minute, et son collègue, notaires à...., le....: que l'apport de madame Mausard fut de vingt mille fr. celui de M. Mausard de trente mille francs ; que chacun des époux mit en communauté dix mille francs ; que le surplus de leurs biens et ceux qui leur échoiraient par succession, don ou legs, furent stipulés propres ; qu'il fut convenu que le survivant aurait un préciput de quinze cents francs, et que le contrat ne contient pas de donation.

Que durant leur mariage M. et madame Mausard firent l'acquisition d'une maison, sise à..., rue..., n°..., et de la terre de..., située à..., département de..., lesquels immeubles seront ci-après estimés par les parties.

Que madame veuve Mausard recueillit la succession de son père, et que par l'événement du partage qui fut fait après son décès, par le ministère de M^e***, notaire à..., qui en a la minute, en présence de deux témoins, le..., il lui échut: 1° Une maison sise à... qui existe encore en nature, plus la somme de vingt-un mille francs tant en deniers comptans qu'en objets mobiliers.

Qu'après le décès de M. Mausard on ne fit pas d'inventaire, et que les soussignés ont fait entre eux de la manière suivante l'état et l'estimation des objets mobiliers et immobiliers dépendant de ladite communauté.

Masse active.

ARTICLE PREMIER.

Il se composera des deniers comptans trouvés lors du décès, s'élevant à la somme de deux mille cinq cents francs.................................... 2,500

ART. 2.

Sera composé des meubles meublans, linge de corps et de menage et autres objets mobiliers, estimés quatorze mille trois cents francs, ci................ 14,300

ART. 3.

Composé de l'argenterie et des bijoux estimés à la somme de quatre mille deux cents francs, ci...... 4,200

ART. 4.

Sera formé par la maison de ville, que les parties estiment à la somme de quarante mille francs, ci... 40,000

ART. 5.

Se composera de la terre de...., située à...... que les soussignés estiment la somme de cinquante mille francs, ci.................................... 50,000

ART. 6.

Sera formé d'une créance de la somme de quatre mille francs.due par M.***, à M. et madame Mausard pour argent prêté, suivant obligation sous seing-privé, en date à..., du.................................... 4,000

____

TOTAL de la masse active, cent quinze mille fr. 115,000

____

16

Passif et prélèvemens.

Le passif et les prélèvemens seront composés de la manière suivante :

ARTICLE PREMIER.

La somme de dix mille francs , montant de la dot de madame Mausard , déduction faite de sa mise en communauté, ci... 10,000

ART. 2.

La somme de quinze cents francs, préciput stipulé par le contrat de mariage , en faveur du survivant, ci... 1,500

ART. 3.

La somme de vingt-un mille francs, montant de la partie mobilière qui lui est échue par le partage de la succession de son père, ci-devant énoncée, ci. 21,000

ART. 4.

La somme de vingt mille francs, montant de l'apport en dot de M. Mausard , déduction faite de sa mise en communauté, ci.......................... 20,000

ART. 5.

Enfin, de la somme de deux mille cent cinquante fr., montant des dettes de la communauté, d'après le calcul que les soussignés en ont fait amiablement entre eux, ci.. 2,150

TOTAL du passif et des prélèvemens..... 54,650

Balance.

La masse active de la communauté s'élève à la somme de cent quinze mille francs.............. 115,000
Le passif et les prélèvemens à celle de cinquante-quatre mille six cent cinquante francs.......... 54,650

Partant, le reliquat partageable est de soixante mille trois cent cinquante francs................. 60,350
Dont chaque moitié.......................... 1/2
Est de................................... 30,175

Récapitulation.

Il revient à madame Mausard, indépendamment de son immeuble qu'elle reprend en nature :

1° La somme de trente mille cent soixante-quinze f.
pour sa moitié dans le reliquat partageable de la communauté, ci. 30,175

2° Pour son apport en dot, déduction faite de sa mise en communauté. 10,000

3° Pour son préciput. 1,500

4° Pour ses reprises en argent à cause de la succession de son père qui lui est échue pendant le mariage. 21,000

5° Enfin, pour les frais de son deuil qui vont être ci-après prélevés sur la succession de son mari quinze cents francs, somme que les soussignés ont fixée entre eux, ci. . . . . , ... 1,500

Total. 64,175

Succession de M. Mausard.

Il revient à cette succession :

1° Pour sa part dans la communauté pareille somme de trente mille cent soixante-quinze fr. 30,175

2° Celle de vingt mille francs, pour l'apport en dot de M. Mausard, déduction faite de sa mise en communauté. 20,000

3° Celle de deux mille cent cinquante francs, montant des dettes de la communauté à la charge par M. Mausard fils, qui s'y oblige, de les acquitter. . . . 2,150

Total. 52,325

Sur quoi il faut déduire :

1° Le deuil de madame Mausard, de quinze cents francs; ci. 15,000

Plus, les frais funéraires, mais ces frais ayant été acquittés par M. Mausard fils, on n'en parle que pour mémoire. . . . . mémoire.

En sorte qu'il restera à fournir à la succession de feu M. Mausard la somme de. 50,825

Fournissemens et abandonnemens.

Pour les fournissemens (voyez *la formule de partage entre héritiers.*)

Fait double entre les soussignés à. . ., le. . .

(*Signatures.*)

DES COMPTES ET ARRÊTÉS DE COMPTE.

Un compte est l'état des recettes et dépenses faites par un individu qui a administré les biens d'une
autre personne.

L'arrêté de compte est l'acte par lequel les deux
parties, après avoir examiné le compte, l'arrêtent et
fixent la somme dont l'un ou l'autre demeure reliquataire.

On appelle celui qui rend le compte, rendant;
celui à qui il est rendu, oyant.

Compte rendu par une personne qui a administré des biens appartenant indivisément à deux individus.

Je soussigné (*prénoms, nom, profession, demeure du rendant
compte*), voulant rendre à MM........, le compte de la gestion
et administration qu'ils m'on confiées de leurs biens et affaires,
ai préliminairement exposé,

Que les biens dont ils m'ont donné l'administration consis-
taient :

1° Dans une maison sise à .., louée à M.'**, pour... années
consécutives qui ont commencé le....; à raison de... par an,
suivant bail sous seing-privé, en date à...du...

Les loyers de cette maison étaient dus à partir du...

2° Dans un rente perpétuelle de..., exempte de retenue, constituée par M.*** au profit de M.***, père des sus-nommés, suivant acte passé devant Me***, notaire à..., le...

Dont les arrérages étaient dus à partir du...;

3° Dans la somme de...... due par M.*** à M.***, père des
oyant, suivant obligation passée devant Me***, qui en a la minute, et son collègue, notaires à Paris, le..., productible d'intérêts sur le pied de cinq pour cent par an, ou sans retenue, qui
étaient dus à partir du...;

4° Etc.

CHAPITRE PREMIER.

Recette.

Je fais recette,

1° De la somme de... qui m'a été versée par M.***
pour trois mois échus le..., du loyer de la maison
de *... ... . » » » » »
                                                      ____
                                                        » » » » »

2° De la somme de...pour trois mois d'arrérages, échus le..., de la rente perpétuelle de..., due par M.°** ....   »»»»   »»»
3° Etc ....   »»»»   »»»

TOTAL............   »»»»   »»»

CHAPITRE II.

Dépense.

Payé le......, pour les deux premiers douzièmes échus le..., des contributions foncières de la maison de..   »»»»   »»»
2° Etc..   »»»»   »»»

TOTAL,............   »»»»   »(t

CHAPITRE III.

Objets à recouvrer.

Sous ce chapitre on détaille tous les objets qui n'ont pas été récouvrés en temps utile.

Balance du compte.

La recette est de..   »»»»   »»»
La dépense de..   »»»»   »»»

PARTANT la recette excède la dépense de la somme de   »»»»   »»»

Le tout indépendamment des objets à recouvrer.

Arrété de compte.

Nous soussignés (*prénoms, nom, profession, domicile des oyans*), après avoir entendu le compte ci-dessus, l'avoir examiné, débattu et vérifié article par article avec les pièces justicatives remises à l'appui dudit compte, l'avons reconnu exact dans toutes ses parties, en conséquence, nous fixons la recette à la somme de...; la dépense à celle de..., et le reliquat à ..., indépendamment des objets à recouver énoncés audit compte.

Nous reconnaissons de plus que M.°** nous a à l'instant remis la somme de..., formant le reliquat dudit compte, plus toutes

16.

les pièces justificatives à l'appui. Nous le quittons et déchargeons de toute chose relative à ce compte, sans préjudice des comptes à venir à cause de l'administration que nous lui laissons des mêmes biens.

Fait triple, à..., le...   (*Signatures.*)

Arrêté de compte sur mémoire.

MÉMOIRE DE M.***

Doit M.*** à M***, marchand de..., les objets ci-après :
Du (*date de la livraison*). Vendu (*désigner l'objet*)...   »»»   »»»
Du   (*idem*)   Vendu   (*idem*)   ...   »»»   »»»

TOTAL ....   »»»   »»»

Je soussigné reconnais devoir à M.***, marchand de......, la somme de..., montant du présent mémoire pour les fournitures qui y sont   mentionnées, laquelle somme je lui paierai le.... prochain.

Fait à..., le...   (*Signature.*)

Autre arrété de compte.

Les soussignés,
M.*** (*prénoms, noms, profession, domicile*)
M.*** (*idem*);
Sont convenus de ce qui suit :
Après avoir examiné les comptes de fournitures et livraisons de marchandises que nous nous sommes faites réciproquement depuis le...jusqu'à ce jour, il a été reconnu que M.*** se trouvait débiteur envers M.*** de la somme de...qu'il s'oblige de lui payer le...prochain
Cette somme acquittée à son échéance formera le solde de notre compte, au moyen de quoi nous ne serons plus débiteurs d'aucune somme l'un envers l'autre, sauf les comptes à venir.

Fait double, à..., le...   (*Signatures.*)

DU COMPTE DE TUTELLE.

Il est difficile de donner une idée satisfaisante de cet acte qui, lorsqu'il présente quelques complications, exige pour sa rédaction une personne exercée ; nous allons cependant tâcher d'établir les règles principales qui doivent être suivies, et donner un modèle très-simple de cet acte.

Le compte de tutelle est l'acte par lequel un tuteur rend compte de l'administration qu'il a eue des biens du mineur.

Il le rend soit au mineur devenu majeur, soit à ce même mineur émancipé d'âge sous l'assistance de son curateur (1).

Le compte de tutelle doit être rendu aussitôt que la tutelle finit. (C. civil, art. 469.)

Tout traité qui interviendrait entre le tuteur et le mineur devenu majeur est nul s'il n'a été précédé de la reddition d'un compte de tutelle détaillé, et de la remise des pièces justificatives, le tout constaté par un récépissé de l'oyant compte, dix jours au moins avant le traité. (C. civil, art. 472.)

Il résulte de l'article qui vient d'être cité, que le compte doit être enregistré, afin qu'il acquière date certaine.

Les frais de compte sont à la charge de l'oyant, mais le tuteur en fait l'avance. (C. civil, art. 417.)

La somme à laquelle s'élève le reliquat dû par le tuteur porte intérêts de plein droit, et sans demande, à compter de la clôture du compte. (Code civil, art. 476.) Lorsqu'au contraire, par le résultat du compte de tutelle, c'est l'oyant qui doit au tuteur, l'intérêt ne court au profit de celui-ci qu'à partir du jour de la sommation qui a suivi la clôture du compte. (Même article.)

---

(1) Le mineur est émancipé de plein droit par le mariage.(Cod civil , art. 476.)

Le mineur même non marié peut être émancipé par son père, o à défaut de père par sa mère, lorsqu'il a atteint quinze ans révolus. Cette émancipation s'opère par la déclaration du père ou de la mère, reçue par le juge de paix assisté du greffier. (Code civil art. 478.)

Le mineur resté sans père ni mère peut aussi être émancipé par le conseil de famille, mais seulement à l'âge de dix-huit ans accomplis.

FORMULE *de compte de tutelle.*

COMPTE que rend M.*** à M.***, fils, actuellement majeur, étant né le... (ou *bien émancipé d'âge, suivant...* (V. la note p. 187), *avec l'assistance de* M.*** *son curateur: ci-après nommé*) et dont il était tuteur légitime (ou *bien dont il était tuteur datif, nommé par délibération du conseil de famille dudit mineur*), reçu par M. le juge de paix de..., le...

DATES des RECETTES	
	CHAPITRE PREMIER. *Recette.* ARTICLE PREMIER.
Année 1824. 1er janv.	Fait recette le rendant : 1° De la somme de...pour le reliquat du prix de la vente des objets mobiliers, habits, linges, hardes, bijoux, argenterie et meubles meublans, dépendant de la succession de M.*** père, et vendus par le ministère de M.***, commissaire priseur, suivant son procès-verbal, en date du...; ci...... »»» »»
	ART. 2.
15 janv.	2° De la somme de..., montant d'une reconnaissance de pareille somme souscrite par M.*** au profit dudit défunt, suivant acte sous seing-privé en date à.., du..,ci. »»» »»
	ART. 3.
idem.	3° Les intérêts de ladite somme depuis le... jusqu'au..., sur le pied de cinq pour cent s'élevant à..., ci..................... »»»
	ART. 4.
2 février.	4° La somme de...pour le remboursement d'une rente perpétuelle de... constituée originairement par M.*** et dame***, son épouse, au profit dudit défunt, aux termes de...,ci.................... »»» »»
	ART. 5.
idem.	5° La somme de...pour arrérages de ladite rente courue et échus depuis...jusqu'au jour de remboursement, ci............ (*Continuer ainsi les recettes. Lorsque le compte est compliqué on le classe par chapitre, ainsi l'on fait un chapitre séparé pour les remboursemens de capitaux, un pour les loyers, un pour les arrérages de rente, intérêts de capitaux et objets à recouvrer.*)
	TOTAL........ »»» »»»

CHAPITRE II.

Dépenses.

ARTICLE PREMIER

DATES des DÉPENSES	
Année 1824.	L'article 1er sera composé des frais de scellé et d'inventaire, payés par le rendant, tant à M. le juge de paix de... qu'à M*** , notaire à.... et M.** commissaire priseur; mais, ces frais ayant été acquittés sur le prix de la vente mobilière, on n'en parle que pour ordre, ci..................
1er janv.	

ART. 2.

3 janv. L'article 2 se composera des frais d'inhumation de M.**, s'élevant à la somme de... suivant le détail ci-après............. »»»» »»

ART. 3.

15 janv. L'article 3 sera composé de la somme de.., payée à M.*** , médecin, pour les soins qu'il a donnés au défunt pendant sa dernière maladie, ci.................. »»»» »»

ART. 4.

idem. L'article 4, de la somme de..., pour frais de nourriture, habillement et autres objets personnels, au mineur pendant le cours de l'année 1824, suivant le détail contenu aux pièces numéros**......... »»»» »»

TOTAL........ »»»» »»

(*Lorsque le compte est compliqué, on classe aussi ces dépenses non par années comme nous l'avons fait, mais par chapitre et nature de dépenses; par exemple, chapitre 1er, contribution foncière; chapitre 2, intérêts de capitaux dus; chapitre 3, remboursement; chapitre 4, arrérages de rentes dus, etc.)*

CHAPITRE III.

Sommes à recouvrer.

ARTICLE PREMIER.

La somme de.. due par le sieur*** en vertu d'un jugement rendu par le tribunal de...., le..., ci......

»»»» »»

ART. 2.

La somme de... non encore exigible, due par M.***,
aux termes d'une reconnaissance sous seing-privé,
en date du..., ci....................................   »»»»   »»»

(*L'on continue à faire figurer toutes les sommes à recouvrer en principaux et intérêts.*)

TOTAL. ....   »»»»   »»»

Balance et récapitulation.

Le chapitre 1er, qui comprend la recette, s'élève à
la somme de....................................   »»»»   »»»
Le chap. II, qui comprend la dépense, à celle de...   »»»»   »»»

Le reliquat actif est donc de............   »»»»   »»»

Enfin, le chap. III composé des sommes à recouvrer
s'élève à la somme de....................................   »»»»   »»»

Le présent compte de tutelle ainsi rendu, je l'affirme sincère et
véritable, et l'ai signé à..., le...

Je soussigné (*prénoms, nom, profession, domicile de l'oyant*),
déclare que M.***, mon ci-devant tuteur, m'a remis à l'instant
un double du compte de tutelle ci-dessus à l'appui duquel il m'a
aussi remis les pièces justificatives ci-après ; savoir ;

(*Énoncer sommairement ces pièces.*)

Fait double, à. . ., le. . .

(*Signatures.*)

Pour opérer régulièrement il faut que l'arrêté de
compte de tutelle soit fait dix jours après la reddition du compte et la remise des pièces justificatives,
l'acte de tutelle doit être soumis à l'enregistrement
afin d'en fixer la date.

Arrêté de compte de tutelle.

Entre les soussignés ,
M.*** (*prénoms, nom, profession et domicile du rendant*), d'une
part;
Et M.*** (*idem, de l'oyant*), d'autre part ;
A été dit :
Qu'examen fait par M.*** du compte de tutelle que M.***, son

ci-devant tuteur, lui a rendu par acte sous seing privé, fait double à..., le..., enregistré à..., par (*le nom de l'enregistreur*) qui a perçu (*énoncer la quotité du droit perçu*), ensemble des pièces justificatives produites à l'appui, il le reconnaît, après en avoir vérifié tous les calculs et les articles, juste dans toutes ses parties.

En conséquence les soussignés ont arrêté, d'un commun accord, tous les résultats tels qu'ils y sont exprimés, et le reliquat dû par M *** à M.***, conformément audit compte, à la somme de...

Laquelle dernière somme M.***, oyant, reconnaît avoir à l'instant reçue de M.***, son ci-devant tuteur, en espèces et monnaie ayant cours, dont quittance.

M.*** reconnaît également que M.*** lui a à l'instant remis le complément des pièces qu'il avait entre les mains relatives aux biens dont il a eu l'administration.

Fait double, à..., le...

(*Signatures.*)

DU TESTAMENT OLOGRAPHE.

L'on appelle testament olographe celui qui est fait par acte privé.

Trois formalités sont requises pour sa validité :

1° Il doit être écrit en entier de la main du testateur.

Ainsi, un seul mot écrit d'une main étrangère, même en interligne, si le mot interligné fait partie du testament, l'annule ;

2° Le testament doit être daté de la main du testateur.

La date peut être mise en chiffre, mais il vaut mieux la mettre en toutes lettres ;

3° Il doit être signé de la main du testateur.

Le testament olographe n'est assujetti à aucune autre formalité.

Toute personne capable de disposer, et qui sait écrire, peut faire un testament olographe.

Le mineur, parvenu à l'âge de seize ans, peut disposer par testament de la moitié des biens dont il aurait la disposition s'il était majeur.

Les libéralités par testament ne peuvent excéder la moitié des biens du disposant, s'il ne laisse à son décès qu'un enfant légitime ; le tiers, s'il laisse deux enfans ; le quart, s'il en laisse trois ou un plus grand nombre.

Les petits-enfans ne comptent que pour l'enfant qu'ils représentent.

Les libéralités testamentaires ne peuvent excéder la moitié des biens, si, a défaut d'enfant, le testateur laisse un ou plusieurs ascendans dans chacune des lignes paternelle ou maternelle, et les trois quarts, s'il ne laisse d'ascendans que dans une ligne.

La quotité disponible peut être donnée en tout ou en partie aux enfans ou autres successibles du testateur, sans être sujette au rapport par le légataire venant à la succession, pourvu que la disposition ait été faite expressément à titre de préciput et hors part.

La déclaration que le legs est à titre de préciput ou hors part peut être faite soit par l'article qui contient la disposition, soit postérieurement dans la forme des dispositions testamentaires.

Les dispositions testamentaires qui excèdent la quotité disponible sont réductibles à cette quotité lors de l'ouverture de la succession.

La réduction se fait au marc le franc sans distinction entre les legs universels et les legs particuliers, et sans avoir égard à la date de ces mêmes legs.

Cadre d'un testament olographe.

Ceci est mon testament.

Je soussigné (*prénoms, nom, âge, profession ou qualité du testateur ; si c'est une femme, elle ajoute : femme de... ou veuve de...*, ai fait mon testament et disposition de dernière volonté, de la manière suivante :

Je donne et lègue à... (*on désigne successivement les objets particulièrement légués, et on indique clairement les personnes instituées légataires.*)

Quant au surplus de tous les biens, meubles immeubles qui m'appartiendront au jour de mon décès, je les donne et lègue à... (*nom, prénoms, qualité ; — degré de parenté*), que j'institue mon légataire universel en toute propriété.

Je nomme pour mon exécuteur testamentaire M.***, que je

prie d'accepter *tel objet, ou un diamant de telle valeur)*, en reconnaissance du service que je réclame de lui.

Je révoque tous testamens et codicilles antérieurs.

Fait de ma main, daté et signé par moi le...

(Signature.)

Modèle de quelques autres dispositions.

Je donne et lègue à*** mon fils cadet le quart de mes biens meubles et immeubles, dont la loi m'accorde la disposition, et ce à titre de préciput et hors part, et non sujet à rapport, pour en jouir en toute propriété à partir du jour de mon décès.

———

Je donne et lègue à mon valet de chambre, s'il est encore à mon service au jour de mon décès, cinq cents francs de pension viagère qui lui sera payée par mes héritiers de trois mois en trois mois à partir du jour de mon décès.

———

Je donne et lègue à dame*** (*prénoms, nom de la femme*), mon épouse, l'usufruit, pendant sa vie, de tous les biens meubles e immeubles qui m'appartiendront au jour de mon décès, pour en jouir par elle à compter dudit jour, etc.

———

Cet acte demande dans sa rédaction le plus grand soin; les intentions du testateur doivent être clairement exprimées. Outre les formalités particulières auquel le testament olographe est assujetti, il est encore astreint aux formalités générales des actes privés.

Ainsi les renvois doivent être signés, les mots rayés approuvés, et les renvois, qui à cause de leur longueur seraient rejetés à la fin de l'acte, doivent être signés comme le testament lui-même.

DU PARTAGE TESTAMENTAIRE.

Les père, mère et autres ascendans peuvent faire entre leurs enfans et descendans la distribution et le partage de leurs biens. (C. civil, art. 1075)

Ce partage est soumis aux mêmes formalités, conditions et règles que les testamens. (Code civil, art. 1076.)

17

Si tous les biens que l'ascendant laisse au jour de son décès n'ont pas été compris dans le partage, ceux de ces biens qui n'y sont pas compris sont partagés conformément à la loi. (C. civil, art. 1077.)

Si le partage n'est pas fait entre tous les enfans qui existent à l'époque du décès et les descendans de ceux prédécédés, le partage est nul pour le tout; il pourra en être provoqué un nouveau dans la forme légale, soit par les enfans ou descendans qui n'y auraient pris aucune part, soit même par ceux entre qui le partage aurait été fait. (C. civil, art. 1078.)

Ce partage peut être attaqué pour cause de lésion de plus du quart ; il peut l'être aussi dans le cas où il résulterait du partage et des dispositions faites par préciput que l'un des co-partagés aurait un avantage plus grand que la loi ne le permet.

Cadre d'un partage par testament.

Ceci est mon testament.

Voulant éviter des contestations entre mes enfans sur le partage de mes biens, après mon décès, je les ai divisés et partagés ainsi qu'ils sont entre tous mes enfans ci-après nommés :

M. B... (*prénoms, nom, profession du fils aîné*, mon fils aîné;

M. B... (*idem*), mon fils cadet;

Et dame*** (*idem de la fille*), épouse de M.***

Mes biens consistant :

1° Dans la terre de..., située à..., composée d'une maison d'habitation, cour, basse-cour et jardin, le tout formant un enclos de trois hectares, et d'un corps de ferme, loué, ainsi que les terres qui en dépendent au sieur B...; j'évalue cette maison avec l'enclos et ses dépendances, à la somme de vingt mille francs, ci...................... 20,000 fr.

J'évalue la ferme avec les terres qui en font partie, à la somme de cent cinquante mille francs. ... 150,000

2° Une autre ferme située à..., composée de divers bâtimens, tant pour le logement du fermier que pour l'exploitation de terres labourables, prés, vignes et bois, le tout affermé au sieur***

J'estime cette ferme cent mille francs.......... 100,000

3° Un moulin à eau, situé à..., sur la petite rivière de..., dit le moulin de..., plus... hectares

____

270,000

270,000 fr.

...ares de terre et prés qui en dépendent, le tout
loué au sieur***

J'estime ce moulin et les terres qui en dépendent
à la somme de trente mille francs................   30,000

4° Une maison située à Paris, rue de..., n°....,
que j'évalue à la somme de cent cinquante mille fr.. 150,000

5° Mille francs de rente perpétuelle, exempte de
retenue, au principal de vingt mille francs, constituée à mon profit par M.***, avec privilége sur la
terre de...et ses dépendances, situées à..., suivant
contrat passé devant M°***, notaire à..., le..., dûment enregistré, ci.........................   20,000

6° Quant à mon mobilier et les deniers comptans
que je pourrai avoir le jour de mon décès, mes enfans se partageront entre eux et par tiers ces objets
ou bien ils en feront faire la vente publique pour
partager le prix qui en proviendra; je tire donc ces
objets pour mémoire seulement.................   mémoire.

TOTAL, quatre cent soixante-dix mille fr...   470,000

Sur cette somme je donne et lègue, par préciput et
hors part, à B..., mon fils aîné, la maison d'ha-
tion et ma terre de... et ses dépendances dans lesquelles se trouvent compris l'enclos, laquelle maison
j'ai estimé vingt mille francs.................   20,000

Les objets restans à partager montent donc à..   450,000

J'entends et je veux que cette somme soit divisée
en trois parts égales, ce qui fera pour chacun d'eux
le tiers....................................   1/3
ou cent cinquante mille francs................   150,000

Lotissement.

Le premier lot sera composé de la ferme de....,
que j'ai estimé cent cinquante mille fr., il appartiendra à M.***, fils aîné, auquel j'en fais don et legs
en toute propriété................ .. 150,000 fr.

Le deuxième lot sera composé:

1° De la ferme de..., estimée cent
mille francs, ci...... 100,000

100,000

100,000 fr.

2° Du moulin à eau et de ses dépendances, situés à ...., estimés trente mille francs, ci   30,000

3° De la rente perpétuelle de mille fr. au principal de vingt mille fr., ci   20,000

     Total cent cinquante mille francs.   150,000

Ce lot appartiendra à madame***, ma fille, à laquelle j'en fais don et legs en toute propriété.

Le troisième lot sera composé de la maison de Paris, rue de...., n°..., que j'ai estimée cent cinquante mille fr., ci   150,000

Ce lot appartiendra à M. B..., mon fils cadet, auquel j'en fais don et legs en toute propriété.

Chacun de mes enfans jouira des objets compris en son lot, en toute propriété, à partir du jour de mon décès; les fruits et revenus lors échus seront cumulés et ajoutés aux valeurs mobilières pour être partagées par tiers entre mes enfans.

Je veux que toutes les dettes de ma succession qui pourraient exister au jour de mon décès soient également acquittées par mes enfans et par tiers entre eux; les sommes nécessaires à l'acquittement de ces dettes seront prélevées sur les deniers comptans et les valeurs mobilières.

Je charge mes enfans de payer les legs particuliers ci-après; savoir:

1° La somme de..., à une fois payer, que je donne et lègue à...;

2° Etc.

Je révoque tous testamens et dispositions de dernière volonté que j'aurais pu faire antérieurement au présent testament auquel je m'arrête comme contenant mes dernières intentions.

Fait et écrit par moi, signé et daté de ma main le...

(Signature du testateur.)

DE LA SOCIÉTÉ.

La société est un contrat par lequel deux ou plusieurs personnes conviennent de mettre quelque chose en commun dans la vue de partager le bénéfice qui pourra en résulter. (C. civil, art. 1832.)

Les sociétés sont purement civiles ou commerciales.

Par société civile on entend celle qui a lieu entre

individus qui ne sont ni marchands ni négocians, ni banquiers, et qui n'ont contracté ni pour affaires de commerce, ni pour affaires de banque ou finance.

Par sociétés commerciales, et ce sont les plus fréquentes, on entend celles qui sont contractées entre marchands, banquiers ou négocians, ou entre deux particuliers pour affaires de commerce, banque ou finance.

Toute société doit avoir un objet licite et être contractée pour l'intérêt commun des parties.

Chaque associé doit y apporter ou de l'argent, ou d'autres biens, ou son industrie. (Code civil, art. 1833.)

Toute société doit être rédigée par écrit lorsque leur objet est d'une valeur de plus de cent cinquante francs.

La preuve testimoniale n'est pas admise contre et outre le contenu en l'acte de société, ni sur ce qui serait allégué avoir été dit avant, lors ou depuis cet acte, encore qu'il s'agisse d'une somme ou valeur moindre de cent cinquante francs.(C.civ.,art.1834).

Des sociétés civiles.

Les sociétés civiles sont universelles ou particulières.

Des sociétés universelles.

On distingue deux sortes de sociétés universelles, la société de tous biens présens, et la société universelle de gains.

Comme ces sociétés sont peu usitées, nous nous abstiendrons d'en parler plus au long et d'en donner des modèles.

De la société particulière.

La société particulière est celle qui ne s'applique qu'à certaines choses déterminées, ou à leur usage, ou aux fruits à en percevoir. (C. civil, art. 1841.)

Le contrat par lequel plusieurs personnes s'associent pour une entreprise désignée, soit pour l'exercice de quelque métier ou profession, est aussi une société particulière. (Code civil, art. 1842.)

Des sociétés commerciales.

Les sociétés commerciales se subdivisent en quatre espèces particulières :

La société en nom collectif ;

La société en commandite ;

La société anonyme,

Et la société en participation. (C. de comm., art. 18 et 47.)

La société en nom collectif est celle que contractent deux personnes ou un plus grand nombre, et qui a pour objet de faire un commerce sous une raison sociale. (Art. 21 du Code de commerce.)

Les noms des associés peuvent seuls faire partie de la raison sociale. (Art. 21 du Code de commerce.)

Les associés en nom collectif, indiqués dans l'acte de société, sont solidaires pour tous les engagemens de la société, encore qu'un seul des associés ait signé, pourvu que ce soit sous la raison sociale. (Art. 22 du Code de commerce.)

La société en commandite se contracte entre un ou plusieurs associés responsables et solidaires et un ou plusieurs associés simples bailleurs de fonds, que l'on nomme commanditaires ou associés en commandite.

Elle est régie sous un nom social qui doit être nécessairement celui d'un ou plusieurs des associés responsables et solidaires. (Art. 23, C. de comm.)

Le nom d'un associé commanditaire ne peut faire partie de la raison sociale. (Art. 25, C. de comm.)

L'associé commanditaire n'est passible des pertes que jusqu'à concurrence des fonds qu'il a mis ou dû mettre dans la société. (Art. 26, C. de comm.)

L'associé commanditaire ne peut faire aucun acte de gestion, ni être employé pour les affaires de la société, même en vertu de procuration. (Art. 27, Code de commerce.)

En cas de contravention à la prohibition mentionnée dans l'art. précédent, l'associé commanditaire est obligé solidairement avec les associés en nom collectif pour toutes les dettes et engagemens de la société.

L'extrait des actes de société en nom collectif et en commandite doit être remis, dans la quinzaine de leur date, au greffe du tribunal de commerce de l'arrondissement dans lequel est établie la maison de commerce social, pour être transcrit sur le registre, et affiché pendant trois mois dans la salle des audiences.

Si la société a plusieurs maisons de commerce situées dans divers arrondissemens, la remise, la transcription et l'affiche de cet extrait, seront faites au tribunal de commerce de chaque arrondissement.

Ces formalités seront observées à peine de nullité, à l'égard des intéressés, mais le défaut d'aucune d'elle ne pourra être opposé à des tiers par les associés. (Art. 42, Code de commerce.)

L'extrait doit contenir :

1° Les noms, prénoms, qualités et demeures des associés, autres que les actionnaires ou commanditaires ;

La raison de commerce de la société ;

La désignation de ceux des associés autorisés à gérer, administrer et signer pour la société ;

Le montant des valeurs fournies ou à fournir par action ou en commandite ;

L'époque où la société doit commencer et celle où elle doit finir. (Art. 43, Code de commerce.)

L'extrait des actes de société est signé par tous les associés, si la société est en nom collectif, et par les associés solidaires ou gérans, si la société est en commandite, soit qu'elle se divise ou ne se divise pas en action.

La société anonyme est celle qui est contractée en vertu de l'autorisation du gouvernement entre plusieurs associés, tenus des engagemens de la société jusqu'à concurrence seulement de ce qu'ils y ont mis, mais sans solidarité, et qui est administrée par des mandataires sans une désignation sociale.

Nous nous abstiendrons de parler plus au long de ces espèces de sociétés dont les conditions sont diversifiées suivant l'usage auquel elles s'appliquent, et qui exigent, pour leurs rédactions, le plus souvent des connaissances fort étendues et qui doivent toujours être soumises à l'approbation du chef de l'État.

L'association commerciale en participation, connue aussi sous le nom de compte en participation, est celle par laquelle deux ou plusieurs personnes conviennent d'être de part dans une opération ou dans des opérations de commerce qui seront faites par l'un des contractans en son nom seul.

Elle est affranchie de la plupart des formalités auxquelles sont assujetties les autres. (Art. 49 et 50 du Code de commerce.)

DES ENGAGEMENS DES ASSOCIÉS ENTRE EUX ET À L'ÉGARD DES TIERS.

La société commence à l'instant même du contrat s'il ne désigne une autre époque. (C. civil, art. 1843.)

S'il n'y a pas de convention sur la durée de la société elle est censée contractée pour toute la vie des associés, sous la modification portée en l'art. 1869, ou, s'il s'agit d'une affaire dont la durée soit limitée, pour tout le temps que doit durer cette affaire. (C. civil, art. 1844.)

Chaque associé est débiteur envers la société de tout ce qu'il a promis d'y apporter.

Lorsque cet apport consiste en un corps certain et que la société en est évincée, l'associé en est garant envers la société de la même manière qu'un vendeur l'est envers son acheteur. (C. civ., art. 1845.)

L'associé qui devait apporter une somme dans la société et qui ne l'a point fait devient de plein droit et sans demande débiteur des intérêts de cette somme a compter du jour où elle devait être payée.

Il en est de même à l'égard des sommes qu'il a prises dans la caisse sociale, à compter du jour où il les a tirées pour son profit particulier.

Le tout sans préjudice de plus amples dommages-intérêts s'il y a lieu. (C. civ., art 1846.)

Les associés qui se sont soumis à apporter leur industrie dans la société, lui doivent compte de tous les gains qu'ils ont faits par l'espèce d'industrie qui est l'objet de la société. (C. civ., art. 1847.)

Si les choses dont la jouissance seulement a été mise dans la société sont des corps certains et déterminés, qui ne se consomment pas par l'usage, elles sont aux risques de l'associé propriétaire.

Si ces choses se consomment, si elles se détériorent en les gardant, si elles ont été destinées à être vendues ou si elles ont été mises en société sur une estimation portée par un inventaire, elles sont aux risques de la société.

Si la chose a été estimée, l'associé ne peut répéter que le montant de son estimation. (C. civ , art.1851.)

Un asssocié a action contre la société, non-seulement à raison des sommes qu'il a déboursées pour elle, mais encore à raison des obligations qu'il a contractées de bonne foi pour les affaires de la société et des risques inséparables de sa gestion. (C. civ., art. 1852.)

Lorsque l'acte de société ne détermine pas la part de chaque associé dans les bénéfices et pertes, la part de chacun est en proportion de sa mise dans le fonds de la société.

A l'égard de celui qui n'a apporté que son industrie, sa part dans les bénéfices ou dans les pertes est réglée comme si sa mise eût été égale à celle de l'associé qui a le moins apporté. (C. civ., art. 1853.)

Si les associés sont convenus de s'en rapporter a l'un d'eux ou à un tiers pour le réglement des parts, ce réglement ne peut être attaqué s'il n'est évidemment contraire à l'équité.

Nulle réclamation n'est admise à ce sujet, s'il s'est écoulé plus de trois mois depuis que la partie qui se prétend lésée a eu connaissance du réglement, ou si ce réglement a reçu de sa part un commencement d'exécution. (C. civ., art. 1854.)

La convention qui donnerait à l'un des associés la totalité des bénéfices est nulle.

Il en est de même de la clause qui affranchirait de toute contribution aux pertes les sommes ou effets mis dans le fonds de la société par un ou plusieurs associés. (C. civ., art. 1855.)

L'associé chargé de l'administration par une clause spéciale du contrat de société peut faire, nonobstant l'opposition des autres associés, tous les actes qui dépendent de son administration, pourvu que ce soit sans fraude.

Ce pouvoir ne peut être révoqué sans cause légitime, tant que la société dure ; mais s'il n'a été donné que par acte postérieur au contrat de société, il est révocable comme un simple mandat. (C. civ., art. 1856)

Lorsque plusieurs sont chargés d'administrer sans que leurs fonctions soient déterminées, ou sans qu'il ait été exprimé que l'un ne pourrait agir sans l'autre, ils peuvent faire chacun séparément tous les actes de cette administration. (C. civ., art. 1857.)

S'il a été stipulé que l'un des administrateurs ne pourra rien faire sans l'autre, un seul ne peut, sans une nouvelle convention, agir en l'absence de l'autre, lors même que celui-ci serait dans l'impossibilité actuelle de concourir aux actes d'administration. (C. civ., art. 1858.)

A défaut de stipulations spéciales sur le mode d'administration, on suit les règles suivantes :

1° Les associés sont censés s'être donné réciproquement le pouvoir d'administrer l'un pour l'autre ; ce que chacun fait est valable, même pour la part de ses associés, sans qu'il ait pris leur consentement, sauf le droit qu'ont ces derniers ou l'un d'eux de s'opposer à l'opération avant qu'elle soit conclue ;

2° Chaque associé peut se servir des choses appartenant à la société, pourvu qu'il les emploie à leur destination fixée par l'usage et qu'il ne s'en serve pas contre l'intérêt de la société, ou de manière à empêcher les associés d'en user suivant leur droit ;

3° Chaque associé a le droit d'obliger ses associés à faire avec lui les dépenses qui sont nécessaires pour la conservation des choses de la société.

4° L'un des associés ne peut faire d'innovations sur les immeubles dépendant de la société, même lorsqu'il les soutiendrait avantageuses à cette société, si les autres associés n'y consentent (C. c., art. 1859.)

L'associé qui n'est pas administrateur ne peut aliéner ni engager les choses même mobilières qui dépendent de la société. (C. civ , art. 1860.)

Chaque associé peut, sans le consentement de ses associés, s'associer une tierce personne relativement à la part qu'il a dans la société; il ne pourra pas sans ce consentement l'associer à la société, lors même qu'il en aurait l'administration. (C. civ., art. 1861.)

Dans les sociétés autres que celles de commerce, les associés ne sont pas tenus solidairement des dettes sociales, et l'un des associés ne peut obliger les autres, si ceux-ci ne lui en ont conféré le pouvoir. (C. civ., art. 1862.)

Les associés sont tenus envers le créancier avec lequel ils ont contracté, chacun pour une somme et part égales, encore que la part de l'un d'eux dans la société fût moindre, si l'acte n'a pas spécialement restreint l'obligation de celui-ci sur le pied de cette dernière part. (C. civ., art. 1863.)

La stipulation que l'obligation est contractée pour le compte de la société ne lie que l'associé contractant et non les autres, à moins que ceux-ci ne lui aient donné pouvoir, ou que la chose n'ait tourne au profit de la société. (C. civ., art 1864.)

En matière commerciale, toute contestation entre associés, et pour raison de la société, est jugée par arbitre.

La société finit, 1° Par l'expiration du temps pour lequel elle a été contractée ;

2° Par l'extinction de la chose et la consommation de la négociation ;

3° Par la mort naturelle de quelqu'un des associés ;

4° Par la mort civile, l'interdiction ou la déconfiture de l'un d'eux ;

5° Par la volonté qu'un ou plusieurs expriment de n'être plus en société. (C. civ., art. 1865.)

La prorogation d'une société à temps limité ne peut être prouvée que par un écrit revêtu des mêmes formes que le contrat de société. (C. civ., art. 1866.)

Lorsque l'un des associés a promis de mettre en commun la propriété d'une chose, la perte survenue avant que la mise en soit effectuée opère la dissolution de la société par rapport à tous les associés.

La société est également dissoute, dans tous les cas, par la perte de la chose, lorsque la jouissance seule a été mise en commun, et que la propriété est restée dans la main de l'associé.

Mais la société n'est pas rompue par la perte de la chose dont la propriété a déjà été apportée à la société, (C. civ., art. 1867.)

S'il a été stipulé qu'en cas de mort de l'un des associés la société continuerait avec son héritier, ou seulement entre les associés survivans, ces dispositions seront suivies. Au second cas, l'héritier du décédé n'a droit qu'au partage de la société, eu égard à la situation de cette société lors du décès, et ne participe aux droits ultérieurs qu'autant qu'ils sont une suite nécessaire de ce qui s'est fait avant la mort de l'associé auquel il succède. (C. civ., art. 1868.)

La dissolution de la société par la volonté de l'une des parties ne s'applique qu'aux sociétés dont la durée est illimitée, et s'opère par une renonciation notifiée à tous les associés, pourvu que cette renonciation soit de bonne foi, et non faite à contre-temps. (C. civ, art. 1869.)

La renonciation n'est pas de bonne foi lorsque l'associé renonce pour s'approprier à lui seul le profit que les associés s'étaient proposé de retirer en commun.

Elle est faite à contre-temps lorsque les choses ne sont plus entières, et qu'il importe à la société que sa dissolution soit différée. (C. civ., art. 1870.)

La dissolution des sociétés ne peut être demandée

par l'un des associés avant le terme convenu, qu'autant qu'il y en a de justes motifs; comme lorsque l'un des associés manque à ses engagemens, ou qu'une infirmité habituelle le rend inhabile aux affaires de la société, ou autres cas semblables, dont la légitimité et la gravité sont laissées à l'arbitrage des juges. (C. civ., art. 1872.)

Les règles concernant le partage des successions, la forme de ce partage, et les obligations qui en résultent entre les co-héritiers, s'appliquent aux partages entre associés. (C. civ., art. 1872.)

FORMULE *de société entre deux individus non commerçans.*

Les soussignés,

M. A... (*prénoms, nom*), entrepreneur de bâtimens, demeurant à..., d'une part ;

Et M B... (*idem*), aussi entrepreneur de bâtimens, demeurant à..., d'autre part ;

Sont convenus de ce qui suit :

Les sieurs A... et B... s'associent pour tous les ouvrages de bâtiment et maçonnerie qu'ils pourront faire et entreprendre pendant le cours de... ans, à compter de ce jour, pour quelque personne et dans quelques lieux qu'ils soient, sans aucune réserve.

Ils s'obligent l'un envers l'autre de contribuer, chacun pour moitié, à tout ce qu'il conviendra de faire et payer pour raison des marchés qu'ils auront passés pendant le temps de la présente société.

Ces marchés n'engageront néanmoins la société qu'autant qu'ils auront été arrêtés avec les deux associés conjointement, chacun des associés s'interdisant de passer seul et séparément aucun desdits marchés pendant le temps de la société, à peine d'être privé de tous les bénéfices qui pourront en résulter, lesquels appartiendront à l'autre associé seul; à titre d'indemnité, sans que celui-ci puisse être tenu des pertes qui résulteront desdits marchés, si elles excèdent les bénéfices.

Les sieurs A... et B... s'obligent également de faire et parfaire, dans le temps et de la manière qui seront fixés par les marchés qu'ils auront faits, toutes les constructions, travaux, ouvrages dont ils seront chargés, et de faire en sorte qu'ils n'encourent l'un pour l'autre aucuns dommages ni intérêts, desquels ils promettent de se garantir et indemniser réciproquement.

Les deniers provenant desdits ouvrages seront reçus indifféremment par l'un ou par l'autre des associés à la charge par celui des associés qui les a reçus de faire raison à l'autre de sa part.

Chacun des associés sera tenu de contribuer pour la moitié aux avances et déboursés que lesdits marchés occasioneront : s'il arrive néanmoins que l'un des associés, du consentement de l'autre, ou pour satisfaire aux charges des marchés, avance plus forte somme que son co-associé, il sera dû par la société, à l'associé qui se trouvera en avance, l'intérêt des sommes par lui avancées, sur le pied de cinq pour cent par année, sans aucune retenue, et cet intérêt courra à son profit du jour desdites avances jusqu'à ce que l'autre associé ait versé pareille somme dans la société, ou qu'il ait indemnisé son associé de la moitié des avances que celui-ci aura faites.

Les bénéfices, charges et pertes de la société seront répartis par moitié entre les associés. Avant le partage des bénéfices, chacun des associés prélèvera les avances ou déboursés qu'il aura faits pour les affaires de la société et l'intérêt qui pourra lui en être dû dans les cas ci-dessus prévus.

C'est ainsi que le tout a été convenu entre les soussignés.

Fait double, à..., le...

(Signatures.)

Formule de société en nom collectif.

Entre les soussignés,

M. A.. (prénoms, nom, profession, demeure);

M. B... (idem);

M. C... (idem);

Et M. D... (idem);

A été convenu et arrêté ce qui suit :

Les sus-nommés établissent entre eux une société en nom collectif, aux conditions suivantes :

Cette société aura pour objet...(désigner l'objet de la société.)

ARTICLE PREMIER.

La présente société est formée à compter de ce jour... (la date), ou commencera le...(la date) pour l'espace de... années consécutives qui finiront le...

ART. 2.

Elle sera connue sous les noms A...,B..., C..., D... (ou sous le nom seul de A...et compagnie.)

ART. 3.

Le capital de ladite société sera de... (la somme), la mise de chacun des associés sera de... (la somme), payable (désigner s'c'est en argent ou en billets), le...; cependant celle du sieur B.. sera fournie en marchandises, de la valeur de...et le sieur C... n'apportera dans la société que son travail et son industrie.

ART. 4.

Si, dans le cours de ladite société, un des associés verse de fonds, il lui en sera payé l'intérêt à raison de... pour cent, et il aura la liberté de retirer de la société lesdits fonds quand bon lui semblera, en avertissant....mois d'avance.

ART. 5.

La maison occupée par M. A...sera le siège de la société.

ART. 6.

La somme de... sera payée en acquisition de marchandises de...et celle de...en objets nécessaires au commerce et à l'usage de ladite société et le surplus restera en caisse.

ART. 7.

M. B...sera chargé des achats et paiemens de marchandises. M. A...des ventes et recettes; M. D...de la tenue de la caisse et des livres; M. C...des tournées et voyages.

ART. 8.

M. A...signera et endossera seul tous les effets de commerce de la société, sous le nom A...et compagnie.

ART. 9.

Les loyers de la maison sociale, des magasins, les frais de voyage pour le compte de la société, les appointemens des commis, garçons, ouvriers et autres personnes employées, seront supportés par la société, et acquittés par le sieur B...chargé de la caisse.

ART. 10.

Chacun des associés prélèvera tous les mois, sur les bénéfices de la société, la somme de..., pour ses besoins personnels.

ART. 11.

Tous les ans il sera fait inventaire ou état général de situation de la société, et la moitié des bénéfices sera partagée entre les associés, l'autre moitié sera employée dans le commerce de la société.

ART. 12.

Aucun des associés ne pourra se livrer à un commerce étranger à celui de la société, sans le consentement de ses associés, sous peine de...de dommages intérêts envers ses co-associés.

ART. 13.

En cas de décès de l'un des associés pendant le cours de ladite société, sa mise dans la société, ainsi que sa part dans les bénéfices, seront rendues à ses héritiers, et la société subsistera entre les associés restans.

ART 14.

A la fin de la société, un des associés sera seul chargé de la liquidation des comptes et rentrées, ou en fera raison aux associés.

ART. 15 ET DERNIER.

Si, pendant le cours ou la dissolution de ladite société, il s'élève entre les associés quelques contestations, elles seront portées devant les arbitres nommés par eux, ou d'office par le tribunal.

Fait et signé quadruple à..., le...

(Signatures.)

Société entre deux marchands.

Les soussignés,

M. A... (*prénoms, nom*), marchand de..., demeurant à..., d'une part;

Et M. B... (*idem*), marchand de..., demeurant à..., d'autre part;

Désirant s'associer pour faire ensemble le commerce de...ont arrêté ainsi qu'il suit les clauses et conditions de leur société.

ARTICLE PREMIER.

La présente société est contractée pour. années consécutives qui commenceront le..., et finiront à pareil jour de l'année...

ART. 2.

Les associés profiteront, chacun par moitié, des bénéfices, et supporteront dans la même proportion les pertes.

ART. 3.

M. A...apportera dans la société son fonds de commerce, de la valeur de..., ainsi qu'il en a justifié au sieur B..., par l'état détaillé qu'il lui en a remis, avec estimation que M. B... reconnaît exacte.

M. B...apportera dans la société la somme de... en deniers comptans (*ou bien en billets payables le...*)

Sur cette somme, celle de... sera employée en acquisition de marchandises, et le surplus sera mis dans la caisse sociale.

Ou bien :

Chacun des associés apportera en fonds dans ladite société la somme de..., et argent comptant.

Ou bien encore :

M. B...apportera dans ladite société son fonds de commerce de la valeur de..., suivant l'état détaillé qui a été fait entre les associés, plus la somme de...en deniers comptans.

Ou enfin :

M. B...ne fournira aucun fonds dans ladite société, mais il y apportera son travail et son industrie.

ART. 4.

Elle existera sous le nom de...et compagnie; et s'exercera en la maison de...

ART. 5.

Le sieur A... aura seul la signature de tous les effets de commerce, il tiendra les livres et la caisse de la société.

ART. 6

Toutes sommes que les associés verseront dans la caisse
sociale, au-delà de leur mise, leur produiront intérêt à...pour
cent, sans retenue, et chacun des associés aura la liberté de les
retirer de la société quand bon lui semblera, sans toutefois gêner
la société.

ART 7.

Tous les achats seront faits par M. B..., mais aucun achat au
delà de la somme de...ne pourra être fait sans l'avis et le con
sentement de M. A...

ART. 8.

Toute vente de marchandises pourra être faite immédiatement
par l'un ou par l'autre des deux associés.

ART. 9.

Tous les mois chacun des associés prélèvera sur les bénéfices
de la société, la somme de..., pour ses besoins personnels.

ART. 10.

Tous les frais à la charge de la société seront faits avant le
prélèvement dont vient d'être question.

ART. II.

Tous les ans il sera fait un inventaire général, et la moitié des
bénéfices sera partagée entre les associés, et l'autre moitié restera
en caisse pour être employée en achat de marchandises et améliorations et extension des affaires sociales.

ART. 12.

Si, pendant le cours de la société il s'élève quelque contestation, elle sera terminée par des arbitres que les parties choisiront, et en cas de dissentiment ils s'adjoindront un tiers arbitre pour les départager.

ART. 13.

A l'expiration de la société il sera fait entre les associés un
partage égal des marchandises, capitaux en caisse et de ceux à
recouvrer.

Telles sont les conventions des soussignés, faites et signées
doubles à..., le...

(Signatures.)

Forme de l'extrait de l'acte de société en nom collectif à inscrire au tribunal de commerce, et à défaut au tribunal de première instance.

D'un acte fait double (*triple, etc., sous seing privé*) le... entre les sieurs*** ***, enregistré à..., le..., il appert que les sus-nommés ont formé entre eux une société en nom collectif, sous la raison sociale de..., que le fonds capital de ladite société est de..., que les sieurs*** *** ont seuls la signature de la société; que le sieur*** est chargé de la tenue des livres et de la caisse: et que la société est formée pour...années qui ont commencé (*ou commenceront*) le..., pour finir le...

Le présent extrait certifié conforme à l'acte original, par nous, associés soussignés, à..., le...

                           (*Signatures de tous les associés.*)

Société en commandite.

Les soussignés ,
A..., B..., C..., D... (*prénoms , nom , profession ou qualité, demeure de chacun d'eux.*)

Forment par ces présentes une société en commanditée à l'égard de MM. A...et B...et en nom collectif à l'égard de MM. C... et D...pour le commerce de ..., sous les conditions suivantes :

ARTICLE PREMIER.

La présente société est établie pour...années consécutives qui commenceront le...et finiront le...

ART. 2.

Le capital de la société est de...en numéraire, fournis par M. A...et M. B..., chacun pour moitié, et de...en marchandises qui seront fournies à MM. C...et D...

ART. 3.

La société existera sous la raison C...,D...et compagnie, et s'exercera dans la maison du sieur D... MM. C...et D...en seront les gérans responsables et solidaires.

ART. 4.

Sur le capital de ladite société il sera prélevé une somme de.. pour être employée en acquisition de nouvelles marchandises.

ART. 5.

e sieur D...sera chargé de toutes les acquisitions de marchandises et de la vente ; le sieur C...tiendra les livres et la caisse de la société.

ART. 6.

Le loyer de la maison sociale , les appointemens des commis et tous les frais nécessaires de la société seront supportés par la société.

ART. 7.

Le sieur C...signera tous les engagemens et effets de commerce de ladite société.

ART. 8.

Tous les trois mois il sera fait un état de situation de ladite société et la moitié des bénéfices sera prelevée pour être partagée entre les quatre associés, par quart, et l'autre moitié restera en caisse pour être employée en acquisition de marchandises.

ART 9

Tous les ans il sera fait un inventaire général.

ART. 10.

Les bénéfices de la société appartiendront aux quatre associés et seront partagés entre eux, par quart, à l'expiration de la société.

ART. 11.

Sil arrive des pertes dans ladite société, elles seront supportées par tous les associés, mais les sieurs A...et B..., n'étant qu'associés commanditaires et ne devant nullement s'immiscer dans les affaires de la société, ne seront pas tenus des dettes de la société au-delà de leur mise de fonds.

ART. 12.

En cas de décès de l'un des associés C...et D...la société sera dissoute; il sera procédé à la liquidation des comptes et au partage; mais si c'est un des commanditaires A...ou B...qui décède pendant le cours de la société, elle continuera jusqu'à l'expiration du temps fixé, et la part des bénéfices revenant au décédé sera remise à ses héritiers.

ART. 13.

A l'expiration de la société il sera fait un état de situation et inventaire général, et les marchandises, capitaux et effets de commerce appartenant à la société seront partagés entre les associés.

ART. 14.

La liquidation sera faite par M. C..., qui en rendra compte à ses co-associés.

ART. 15.

S'il s'élève des contestations pendant le cours de la société entre les associés, elles seront soumises à des arbitres que les parties choisiront elles-mêmes, ou qui seront nommés d'office par le tribunal.

Fait et signé quadruple à..., le...

(Signatures.)

Extrait d'acte de société en commandite à inscrire et afficher au tribunal de commerce ou au tribunal de première instance, à défaut du premier.

Par acte fait quadruple à..., le..., sous seing-privé entre les sieurs C.... D...et leurs commanditaires qui ne doivent pas être nommés, enregistré à.., le.., il appert que lesdits sieurs C..., et D..., associés gérans et solidaires, ont formé avec les deux autres personnes une société en commandite, sous la raison C...., D... et compagnie, pour le commerce de........; que le capital de ladite société est de...; que la société est administrée par lesdits sieurs C... et D..., et qu'elle est établie pour... ans consécutifs, qu'elle a commencé (*ou doit commencer*) le...et finira le...

Le présent extrait certifié conforme à l'acte original par nous, soussignés, associés solidaires et gérans à..., le...

(Signatures.)

Acte de société en participation.

Les soussignés,

M. A...(*nom, prénoms, profession, demeure*), d'une part;

Et M. B... (*idem*), d'autre part;

Déclarent s'associer pour l'achat et la vente à profit et à perte, par moitié, de... (*désigner les marchandises*), à la prochaine foire de..., à l'effet de quoi ils fourniront, chacun par moitié, les fonds nécessaires à l'achat desdites marchandises, et feront ensemble lesdits achats.

Les objets achetés seront déposés à..., et les frais de transport et d'emmagasinage seront supportés par moitié.

La vente desdites marchandises sera faite par les soussignés, soit en bloc, soit par partie, comme ils le jugeront convenable mais cette vente ne pourra avoir lieu qu'en présence des deux associés, ou par l'un d'eux muni du consentement exprès et par écrit de l'autre.

La vente sera faite au comptant et le prix en sera aussitôt partagé par moitié.

La présente société n'ayant que cette opération pour but, l'association cessera de droit après lesdits vente et partage, et les associés seront réciproquement dégagés l'un envers l'autre.

Fait à..., le...

(Signatures.)

Continuation de société.

Les soussignés,

M. A... (*prénoms, nom, profession, demeure*), d'une part;

Et M. B... (*idem*), d'autre part;

Ont par ces présentes déclaré proroger pour... années entières et consécutives, qui commenceront le ..et finiront à pareil jour de l'an..., la société contractée entre eux pour... années qui finiront le... prochain, à l'effet de faire le commerce de...par acte sous seing privé, fait double en date à..., de...

Cette continuation de société est consentie de part et d'autre aux mêmes charges, clauses et conditions que celles portées en l'acte de société ci-dessus daté et énoncé.

Le fonds capital de la continuation de société sera constaté par l'inventaire qui sera fait à l'expiration de l'ancienne société.

Cette continuation de société sera publiée et affichée au tribunal de commerce, conformément à la loi.

Fait double, à..., le...

(*Signatures.*)

Résiliation de société.

Nous soussignés,

A... (*nom, prénoms, profession, demeure*);

Et M. B... (*idem*);

Déclarons nous désister, par ces présentes, réciproquement de la société que nous avons contractée par acte sous seing privé, en date du..., enregistrée à .., le..., et consentir à ce que cette société demeure nulle et résiliée à compter du..., sans dommages-intérêts de part ni d'autre; nous reconnaissons avoir fait entre nous le partage de tout ce qui dépendait de la société, nous quittant et déchargeant de toute chose relative à ladite société.

Fait double, à..., le...

(*Signatures*)

Autre acte de résiliation.

Entre les soussignés,

M. A... (*nom, prénoms, profession, demeure*), d'une part;

Et M. B... (*idem*), d'autre part;

A été convenu de ce qui suit:

Les sieurs A...et B. .consentent et acceptent respectivement

---

(1) L'acte de résiliation de société doit être aussi affiché au tribunal de commerce et inséré par extrait au journal judiciaire du département, et, à Paris, au journal du Commerce.

la résiliation de la société qu'ils ont contractée entre eux, par acte sous seing-privé, en date à..., du..., pour...années consécutives, qui ont commencé le..., voulant que cette société soit pleinement et définitivement dissoute à compter de ce jour.

M. A...suivra seul la liquidation de société, et pour l'indemniser des peines et soins que lui donnera la liquidation, il est autorisé à prélever et retenir (tant)pour cent sur le montant de tous les recouvremens qu'il fera à partir du jour de ladite dissolution.

D'ici au jour de la dissolution il ne sera fait aucun achat ou autre opération qui tiendrait à retarder les rentrées; les ventes et recouvremens seront faits, au contraire, de manière à accélérer le plus possible lesdites rentrées.

Aussitôt après l'inventaire, qui sera fait lors de la dissolution de la société, les deniers comptans serviront d'abord à acquitter les dettes, et le surplus sera partagé par moitié entre les deux associés.

M. A...comptera de mois en mois des recouvremens qu'il aura faits.

Si, dans une année, à partir du jour de la dissolution, toutes les marchandises n'étaient pas vendues, elles le seront aux enchères publiques.

A l'égard du bail des lieux où s'exerçait le commerce de la société, M A...déclare le prendre pour son compte particulier; il pourra, si bon lui semble, exercer le même commerce à ses risques et périls.

Les maisons avec lesquelles la société était en relations seront prévenues à domicile de la dissolution de la société, par une circulaire.

Fait double, à..., le...

(Signatures.)

Nomination d'arbitres.

Les soussignés,

M. A... (nom, prénoms, profession, demeure), d'une part ;

Et M. B... (idem), d'autre part ;

Désirant terminer par la voie de l'arbitrage la contestation qui existe entre eux au sujet de... (énoncer le sujet de la contestation),

Ont nommé pour arbitres, savoir :

M. A... M. (nom, prénoms, profession, demeure de l'arbitre),

Et M. B... M. (idem),

Les arbitres prononceront en dernier ressort sur ladite contestation, les soussignés renonçant, par ces présentes, à tout appel de la décision arbitrale quelle qu'en soit l'issue; ils jugeront comme amiables compositeurs les sieurs A...et B..., les affranchissant des formalités judiciaires.

S'il y a partage d'opinions entre lesdits arbitres, ils pourront faire choix d'un tiers arbitrepour les départager.

Les soussignés remettront dans le délai de..., à partir de ce jour, auxdits arbitres les titres, pièces et mémoires à l'appui de leurs prétentions respectives, passé ce délai lesdits arbitres sont autorisés à rendre leur jugement sur les pièces qui leur auront été remises.

Les frais de la présente convention et ceux de son enregistrement seront supportés par moitié.

Fait et signé double, à..., le...

(Signatures.)

Jugement arbitral rendu entre deux associés.

Nous soussignés (prénoms, nom, profession, demeure des arbitres) arbitres nommés par MM. A... et B..., par acte sous seing-privé en date du..., enregistré à le..., à..., l'effet de prononcer sur la contestation qui existe entre lesdits sieurs A... et B..., tous deux négocians et associés, par acte sous seing-privé, en date à..., du..., enregistré le..., relativement à... (énoncer le sujet de la contestation.)

Après avoir pris communication des pièces, titres et mémoires des parties;

Après avoir entendu les parties elles-mêmes dans le développement de leurs moyens respectifs;

Vu que la contestation qui divise les parties a pour objet..... et que la question se réduit à savoir si....

Considérant que...

Et attendu que, par le même sous seing-privé qui contient notre nomination, les parties ont renoncé à pouvoir appeler de notre décision arbitrale;

Jugeant en dernier ressort:

Disons que M. A...;

Que, d'autre part, M. B...

Et, par suite, compensons les frais et dépens entre les parties.

Fait et jugé à..., le..., par nous arbitres, choisis par les parties et soussignés.

(Signatures des arbitres.)

Nota. Le jugement arbitral doit avant son exécution être revêtu de l'ordonnance d'exécution du président du tribunal.

DE LA FAILLITE OU DÉCONFITURE.

La faillite est l'impuissance où se trouve un débiteur de remplir ses engagemens, par suite de malheurs indépendans de sa volonté.

Tout commerçant qui cesse ses paiemens est en état de faillite. Tout commerçant failli, qui se trouve dans l'un des cas de fautes graves prévus par la loi, est en état de banqueroute.

Il y a deux sortes de banqueroute : la banqueroute simple, qui est jugée par les tribunaux correctionnels; la banqueroute frauduleuse, qui est jugée par les cours de justice criminelle.

La déconfiture s'applique plus particulièrement aux individus non commerçans. C'est l'état d'un homme dont tous les biens, tant meubles qu'immeubles, ne suffisent pas pour payer ses créanciers apparens.

Tout failli est tenu, dans les trois jours de la cessation de ses paiemens, d'en faire la déclaration au greffe de commerce; le jour où il cesse ses paiemens est compris dans les trois jours : l'ouverture de la faillite est déclarée par le tribunal, qui en fixe l'époque. (C. de comm., art. 440.)

Le failli, à compter du jour de la faillite, est dessaisi de plein droit de l'administration de ses biens.

Nul ne peut acquérir privilége ni hypothèque sur les biens du failli, dans les dix jours qui précèdent l'ouverture de la faillite. (C. de comm., art. 443.)

Tous actes translatifs de propriétés immobilières faits par le failli, à titre gratuit, dans les dix jours qui précèdent la faillite, sont nuls et sans effets relativement à la masse des créanciers ; tous actes du même genre à titre onéreux sont susceptibles d'être annulés, sur la demande des créanciers, s'ils paraissent aux juges porter les caractères de fraude. (C. de comm., art. 444.)

Tous actes et engagemens pour fait de commerce, contractés par le débiteur dans les dix jours qui précèdent l'ouverture de la faillite, sont présumés frauduleux, quant au failli : ils sont nuls lorsqu'il est prouvé qu'il y a fraude de la part des autres contractans. (C. de comm., art. 445.)

Toutes les sommes payées dans les dix jours qui précèdent la faillite, pour dettes commerciales non échues, devront être rapportées. (C. de com , art. 446.)

Tous actes ou paiemens faits en fraude des droits des créanciers sont nuls. (C. de comm., art. 447.)

L'ouverture de la faillite rend exigibles les dettes passives non échues : à l'égard des effets de commerce pour lesquels le failli se trouverait être l'un des obligés, les autres obligés ne seraient tenus que de donner caution pour le paiement à l'échéance, s'ils n'aimaient mieux payer immédiatement.

Du concordat.

On entend par concordat le traité qu'un débiteur hors d'état de satisfaire à ses engagemens fait avec la masse de ses créanciers.

Le débiteur failli ne peut faire aucun traité avec ses créanciers qu'après l'accomplissement de certaines formalités prescrites par la loi.

Les principales de ces formalités sont :

1° Un jugement du tribunal de commerce qui ordonne l'apposition des scellés, s'ils n'ont pas été apposés d'office par le juge de paix, qui nomme un des membres du tribunal commissaire de la faillite, et un ou plusieurs agens, suivant l'importance de la faillite, pour remplir, sous la surveillance du commissaire, les fonctions qui leur sont attribuées par la loi, et qui ordonne ou le dépôt de la personne du failli dans la maison d'arrêt, ou la garde de sa personne par un officier de justice ou par un gendarme ;

2° L'affiche et l'insertion de ce jugement par extrait dans les journaux, suivant le mode établi par l'art. 631 du Code de procédure civile ;

3° L'apposition des scellés ;

4° L'envoi au tribunal de commerce du procès-verbal d'apposition ;

5° La prestation du serment des agens devant le juge commissaire ;

6° Le compte que le commissaire, après l'apposition des scellés, rend au tribunal de l'état apparent des affaires du failli.

7° La formation du bilan ;

8° L'envoi par le commissaire au tribunal de la liste des créanciers ;

9° **La** convocation des créanciers, par lettres, affiches et insertions dans les journaux;

10° Leur réunion provisoire en présence du commissaire, aux jour et lieu indiqués par lui, et la présentation par les créanciers réunis au juge commissaire d'une liste triple, du nombre des syndics provisoires qu'ils estiment devoir être nommés;

11° La nomination, par le tribunal de commerce, des syndics provisoires pris sur cette liste;

12° Le compte que, dans les vingt-quatre heures de cette nomination, les agens doivent rendre aux syndics provisoires, en présence du commissaire, de toutes leurs opérations et de l'état de la faillite;

13° La levée des scellés par le juge de paix, à la requête des syndics provisoires, et l'inventaire que les syndics font des biens du failli, à mesure de la levée des scellés, en présence du failli ou lui dûment appelé, et avec l'assistance du juge de paix, qui signe l'inventaire à chaque vacation;

14° La remise que les agens ou syndics provisoires ou définitifs sont tenus de faire, dans la huitaine de leur entrée en fonctions, au procureur du roi, d'un mémoire ou compte sommaire de l'état apparent de la faillite, de ses principales causes et circonstances, et des caractères qu'elle peut avoir;

15° La remise après l'inventaire terminé des marchandises, de l'argent, des titres actifs, meubles et effets du débiteur, aux syndics qui s'en chargent au pied de l'inventaire;

16° Le versement des deniers provenant des ventes et recouvremens, sous la déduction des dépenses et frais, dans une caisse à double serrure, dont une clé est remise au plus âgé des agens ou syndics, et l'autre à celui des créanciers que le commissaire a proposé à cet effet;

17° L'avertissement donné à tous les créanciers du failli, par les papiers publics et par lettres des syndics, de se présenter dans le délai de quarante jours par eux ou par leur fondé de pouvoirs, aux syndics de la faillite; et de leur déclarer à quel titre et pour quelle somme ils sont créanciers, et de leur remettre leurs titres de créance ou de les déposer au greffe du tribunal de commerce ;

18° La vérification des créances, qui se fait contradictoirement entre le créancier ou son fondé de pouvoirs et les syndics, et en présence du juge commissaire qui en dresse procès-verbal, le tout dans les quinze jours qui suivent le délai fixé pour la remise ou le dépôt des titres ;

19° L'affirmation par chaque créancier de la sincérité et vérité de sa créance, entre les mains du commissaire, dans le délai de huitaine, après que la créance a été vérifiée ;

20° Le procès-verbal que les syndics, à l'expiration des délais fixés pour la vérification des créances, dressent pour constater les créanciers qui n'ont pas comparu ; ce procès-verbal, clos par le commissaire, les établit en demeure ;

21° Un jugement du tribunal de commerce qui, sur le rapport du commissaire, fixe un nouveau délai pour la vérification ;

22° La notification de ce jugement aux créanciers, aux termes de l'art. 683 du C. de procédure civile ;

23° La convocation des créanciers dont les créances ont été admises ; cette convocation est faite par les syndics provisoires, dans les trois jours après l'expiration des délais prescrits pour l'affirmation des créanciers connus, et l'assemblée se forme sous la présidence du commissaire, aux lieux, jour et heure qu'il a fixés : on n'y admet que les créanciers reconnus, le failli y est appelé ; il doit y être présent en personne, s'il a obtenu un sauf-conduit ; il ne peut s'y faire représenter que pour des motifs valables approuvés par le commissaire, qui vérifie les pouvoirs de ceux qui se présentent comme fondés de procuration. Il fait rendre compte en sa présence, par les syndics provisoires, de l'état de la faillite, des formalités qui ont été remplies, et des opérations qui ont eu lieu. Le failli est entendu, le commissaire dresse procès-verbal de ce qui a été dit ou décidé dans cette assemblée.

Ce n'est qu'après l'accomplissement de toutes ces

formalités qu'il peut être fait un concordat entre les créanciers délibérans et le débiteur failli.

Ce concordat ne peut avoir d'effet que par le concours d'un nombre de créanciers formant la majorité, et représentant, en outre, par leurs titres de créances vérifiées, les trois quarts de la totalité des sommes dues.

Les créanciers hypothécaires inscrits et ceux nantis d'un gage n'ont pas de voix dans les délibérations relatives au concordat.

S'il y a quelque apparence de banqueroute, il ne peut être fait aucun traité entre les créanciers et le failli.

Le concordat doit être, à peine de nullité, signé séance tenante. Si la majorité des créanciers présens consent au concordat, mais ne forme pas les trois quarts des sommes dues, la délibération doit être remise à huitaine. (C. de comm., art. 522.)

Si la minorité refuse d'adhérer au concordat, il doit être homologué par le tribunal de commerce pour le rendre obligatoire à leur égard.

Les créanciers réunis font ordinairement, par le concordat, remise à leur débiteur d'une partie de leurs créances, sous la condition du paiement du surplus à une époque déterminée ; on appelle cet acte *contrat de remise*.

Ou bien, ils lui accordent seulement terme et délai, alors l'acte prend le nom de *contrat d'atermoiement*.

A l'atermoiement se joint ordinairement le sauf-conduit.

Le sauf-conduit est l'assurance que donnent les créanciers ayant le droit d'exercer la contrainte par corps au débiteur de le laisser vaquer à ses affaires librement pendant un temps déterminé ; le sauf-conduit est aussi accordé par le tribunal, conformément aux art. 466 et 467 du C. de commerce.

Quelquefois, pour éviter la multiplicité des frais de justice, les créanciers se réunissent et forment un contrat d'union et de direction ; ils nomment des syndics chargés de soutenir les intérêts de la masse des créanciers : c'est ce qui a lieu lorsque les créanciers réunis ne font pas de traité avec le failli.

Les syndics, en vertu du contrat d'union, agissent au nom de la masse des créanciers, poursuivent la vente des immeubles, celle des marchandises et effets mobiliers, et la liquidation sous la surveillance du commissaire.

De la cession des biens.

La cession des biens est l'abandon qu'un débiteur fait de tous ses biens à ses créanciers, lorsqu'il est hors d'état de payer ses dettes. (C. civ., art. 1265.)

Il y a deux sortes de cessions, la cession volontaire et la cession judiciaire. (C. civ., art. 1266.)

La cession volontaire est celle que les créanciers acceptent volontairement, et qui n'a d'effet que celui résultant des stipulations mêmes du contrat passé entre eux et le débiteur. (C. civ., art. 1267.)

La cession judiciaire est celle qui se fait en justice, nonobstant l'opposition des créanciers. Nous ne devons évidemment nous occuper que de la cession volontaire.

FORMULE. — *Bilan.*

NOTA. Le bilan est l'état des dettes actives et passives du failli, le tableau de ses profits, pertes et dépenses, l'énonciation et évaluation de tous ses effets mobiliers et immobiliers.

*État de situation des affaires de M.***, négociant à. . . . .*

CHAPITRE PREMIER.

Actif.

Mon actif se compose :
1° (*énoncer tout ce qui compose l'actif du failli*). . . .   »»»»   »»
2°. . . . .   »»»»   »»
____
. . . .   »»»   »»

CHAPITRE II.

Passif.

Mon passif se compose :

1°.. »»»» »»»
2°.. »»»»» »»»

.... »»»»» »»»

Balance.

Mon actif s'élève à la somme de... .... »»»» »»»
Mon passif seulement à celle de................. »»»»» »»»

D'où suit que mon actif excède mon passif de la
somme de.................................... »»»»» »»»
Indépendamment des créances douteuses tirées pour mémoire.

NOTA. Le débiteur fait ordinairement connaître à la fin de son bilan les événemens, tels que pertes, maladies, banqueroutes, etc., qui l'ont mis dans la nécessité de suspendre ses paiemens.

Contrat d'atermoiement entre un débiteur et ses créanciers, formule très simple.

Les soussignés,
M. A... (*prénoms, nom, profession, demeure*);
M. B .. (*idem*);
M. C... (*idem*);
Et M. D... (*idem*);
Tous créanciers de M.*** (*prénoms, nom, profession, demeure du débiteur*).

Considérant que M. *** a éprouvé des malheurs qui l'ont mis dans la nécessité de suspendre ses paiemens; que d'après l'état de situation de ses affaires qu'il a remis, son actif excède son passif de la somme de..; qu'il a toujours rempli ses engagemens avec honneur, probité et exactitude, et que le seul désir qu'il a de s'acquitter en totalité l'engage à demander un délai.

Consentent à suspendre les poursuites qu'ils ont droit d'exercer contre lui, et à lui accorder le délai de...qu'il demande pour s'acquitter envers eux, sous la condition que, dans le cas où M.*** manquerait à ses engagemens, à l'époque convenue, le présent contrat d'atermoiement sera considéré comme nul et non avenu, et que les soussignés reprendront l'exercice de leurs droits et actions contre M.***, sans aucune novation ni dérogation aux titres qu'ils ont entre les mains.

Fait quintuple à..., le...

(*Signatures.*)

Procès-verbal de délibération de créanciers, et nomi-
nation de commissaires pour examiner l'état des
affaires du failli.

L'an mil huit cent...., le...., heures de...

Les sieurs*** *** (*prénoms, noms, professions, demeures de tous les créanciers présens*).

Tous créanciers de M. A... (*prénoms, nom, profession demeure du débiteur*), étant réunis (*en tel endroit*),

M. A..., débiteur, s'est présenté et leur a exposé qu'ayant éprouvé des pertes considérables qu'il n'a pu prévoir ni éviter, il est aujourd'hui dans l'impossibilité de satisfaire à ses engagemens;

Que les causes de ses pertes sont... (*les énoncer sommairement*);

Que, dans l'état actuel des choses, son actif est de.., son passif de.. et que les ressources que présente sa situation consistent.. (*énoncer ces ressources*), ainsi que le tout est énoncé au bilan par lui déposé au tribunal de..., le...., dont copie a été mise sous les yeux des créanciers réunis.

M. A...a prié ses créanciers réunis de lui accorder...(*énoncer les remises et délais que demande le débiteur*), et préalablement et pour s'assurer de la vérité des faits exposés par lui et connaître sa situation exacte, nommer deux commissaires à l'effet de prendre communication et lecture de tous ses registres, livres, titres et papiers, promettant leur fournir tous les renseignemens qui pourront les conduire à une connaissance parfaite de ses affaires.

Et a signé après lecture.

Les créanciers sus-nommés ayant délibéré sur la demande du sieur A..., ont, d'un commun accord, nommé pour faire ladite vérification, MM. B.. et C... qui déclarent accepter ces fonctions.

Dans la prochaine assemblée, qui se tiendra le..., au même lieu, ainsi que tous les créanciers présens y consentent, MM. B.., et C..rendront compte du résultat de leur examen.

Jusqu'à cette époque les créanciers présens consentent à surseoir à toutes poursuites contre M. A...et notamment à la contrainte par corps, chacun d'eux se réservant néanmoins de faire tous les actes conservatoires nécessaires.

Et ont, le sieur A... et ses créanciers sus-nommés, signé ces présentes, après lecture.

Fait double, à..., le...

(*Signatures.*)

NOTA. Les créanciers réunis n'ayant qu'un même intérêt, cet acte peut n'être fait qu'en double original.

Contrat d'atermoiement fait en conséquence de l'acte qui précède. — Union de créanciers, nomination de syndics et réméré.

L'an mil huit cent vingt... le..., heure de...*(en tel endroit)*

Les créanciers de M. A...; tous dénommés, qualifiés et domiciliés au procès-verbal qui précède, s'étant de nouveau réunis, en vertu de l'ajournement porté audit procès-verbal ; M. A... étant présent.

MM. C...et D..., nommés commissaires par la délibération contenue au procès-verbal qui précède, ont fait aux créanciers présens le rapport de l'examen par eux fait des affaires, registres, livres et papiers du sieur A...et des autres renseignemens qu'ils ont pu se procurer pour s'assurer de l'exactitude et de la vérité des faits exposés par le sieur A...

Il résulte de ce rapport...*(énoncer le résultat du rapport.)*

Après avoir entendu ce rapport et avoir mûrement délibéré, les créanciers présens ont arrêté ce qui suit :

ARTICLE PREMIER.

Les créanciers s'unissent pour ne former qu'un seul corps de créanciers et agir en nom collectif, par le ministère de leurs syndics, ci-après nommés, s'interdisant de faire aucune poursuite, si ce n'est pour la reconnaissance de leurs titres, à peine de nullité.

ART. 2.

Les créanciers unis nomment et choisissent entre eux pour syndics et directeurs de leur union, et pour exercer en ces qualités tous leurs droits et actions, MM.*** *** *(tel et tel)*, qui acceptent ces fonctions.

ART. 3.

Les créanciers feront remise au sieur A...de cinquante pour cent sur ce qui leur est dû, en principaux, intérêts et frais échus jusqu'à ce jour; ils feront remise en outre de tous intérêts à échoir.

ART. 4.

Pour s'acquitter des dettes ainsi réduites, les créanciers lui accordent un délai de quatre ans, à compter de l'homologation des présentes, si elle devient nécessaire par le refus de quelques créanciers d'y adhérer, sinon à compter de la dernière adhésion, en payant un cinquième aussitôt après l'homologation ou dernière adhésion, et le surplus d'année en année et par quart, le tout sans intérêts.

ART. 5.

Les créanciers se réservent tous leurs droits, actions privilèges et hypothèques, même le droit de contrainte par corps qui peut résulter de leur titre, sans aucune novation ni dérogation pour ne les exercer qu'aux échéances fixées et seulement pour ce qui leur restera dû.

Mais à défaut de paiement à l'une de ces échéances, la totalité de ce qui restera dû deviendra exigible, et les termes ci-dessus accordés seront réputés nuls et de nul effet.

ART. 6.

Les créanciers se réservent expressément leur recours contre les cautions, endosseurs et autres débiteurs solidaires. Les créanciers hypothécaires et privilégiés font réserve de l'effet de leurs inscriptions et de tous leurs droits et priviléges.

ART. 7.

Le sieur A... conservera l'administration de ses biens et affaires mais il ne pourra rien recevoir de ses revenus et capitaux qu'en présence de M. B.., l'un des syndics et directeur, qui procédera conjointement avec lui à la rédaction des états de distribution et à la répartition des sommes reçues entre les créanciers.

Le sieur A... procédera, en la présence et du consentement de M. B..., à la vente sur publication ou à l'amiable d'une quotité de biens suffisante pour opérer sa libération aux époques convenues ; M. B...pourra même provoquer cette vente au nom des créanciers, si M. A...se refusait à la faire, et qu'un des termes de paiement ci-dessus convenu étant près d'échoir, il ne se trouvât pas dans les recouvremens faits ou à faire avant cette échéance somme suffisante pour y satisfaire.

M. A...ne pourra transiger, prendre des arrangemens avec ucun de ses débiteurs, aliéner ses biens meubles et immeubles, ni les engager ni hypothéquer que du consentement de M. B...

ART. 8.

Les syndics nommés pourront faire, pour la masse des créanciers, tels actes conservatoires qu'ils jugeront convenables. Sur la foi de l'exécution des présentes, les créanciers donnent main-levée de toutes oppositions, saisies et autres empêchemens par eux formés jusqu'à ce jour.

ART. 9.

Dans le cas où, conformément à l'article 5, le défaut de paiement à l'une des échéances déterminées rendrait exigible le surplus de ce qui resterait dû, les syndics auront le droit d'exiger le versement entre les mains du séquestre ci-après nommé, du faire dresser les états d'ordre et distribution des deniers versés, de procéder à leur répartition entre les créanciers, le tout en présence de sieur A...ou lui dûment appelé, de faire saisir et exécuter ses biens, d'exercer même contre lui la contrainte par corps, résultant de quelques-uns des titres des créanciers, de faire toutes poursuites, d'exercer toutes contraintes, saisies, apposition et levée de scellés, de paraître devant tous les tribunaux, plaider, s'opposer, appeler, obtenir tous jugemens, donner toutes main-levées, se désister de toutes poursuites, traiter, composer, transiger et faire dans l'intérêt commun tout ce que les circonstances exigeront.

ART. 10.

M.*** est nommé séquestre de l'union.

ART. 11.

Les créanciers feront vérifier et affirmeront leurs créances dans la quinzaine de ce jour, au tribunal de..., en la manière accoutumée.

Les syndics et directeurs seront autorisés à examiner et vérifier conjointement avec M. A..., ou séparément, les titres de créance de chacun des créanciers qui seront tenus de les leur représenter à toute réquisition.

ART. 12.

Le présent contrat n'aura d'effet, même contre les créanciers qui l'auront signé, qu'autant qu'il sera signé par la majorité et les trois quarts en somme des créanciers, les comparans se réservant de rentrer dans tous leurs droits, à défaut de réunion des signatures de cette majorité dans le délai d'un mois à partir de ce jour.

ART. 13 ET DERNIER.

Ces présentes seront homologuées au tribunal de..., à la diligence des syndics; les frais d'homologation seront supportés par M. A...

Tel est le résultat de la délibération des créanciers soussignés qui ont signé avec les syndics, créanciers et M. A..., après lecture.

Fait double, à..., le... (1)

(*Signatures.*)

Sauf-conduit.

Les soussignés ,

Prénoms, noms, professions, de tous les créanciers présens.)

Voulant donner au sieur A... le moyen de suivre la liquidation de ses affaires et le réglement de ses comptes, déclarent lui accorder un sauf-conduit depuis le... jusqu'au... et surseoir pendant ce délai à la contrainte par corps que leurs titres leur donnent le droit d'exercer contre lui, à la charge par M. A... d'employer ce délai d'une manière utile aux intérêts de tous.

Ce délai est accordé sans aucunement déroger aux droits, actions et priviléges des créanciers qui n'ont consenti le présent

---

(1) Dans le procès-verbal qui précède nous avons réuni le contrat d'union, d'atermoiement, de remise, avec la nomination des syndics; c'est un cadre général où l'on pourra puiser facilement pour la rédaction de ces divers contrats, s'ils n'étaient pas cumulés comme dans le procès-verbal qui précède.

sauf-conduit que pour faciliter à M. A... les moyens de libération; à l'expiration de ce sursis, ils rentreront dans la plénitude de leurs droits pour les exercer et faire valoir comme ils aviseront.

Les créanciers se réservent expressément les poursuites, saisies, autres diligences qui ont été faites, comme aussi ils se réservent toutes voies d'exécution sur les biens du sieur A...

L'homologation des présentes sera poursuivie devant le tribunal de..., si elle devient nécessaire (par le refus de quelques-uns des créanciers d'y adhérer.

Fait à..., le...

(Signatures.)

Cession de biens.

L'an mil huit cent vingt..., le..., heure de...(*en tel endroit.*)

MM. (*prénoms, noms, profession, domiciles de tous les créanciers présens*), tous créanciers de M. A... (*prénoms, nom, profession, demeure du débiteur*), étant réunis.

M. A...s'est présenté devant eux et leur a exposé que, malgré les soins et la vigilance qu'il a mis dans l'administration de ses affaires, les pertes énormes qu'il a éprouvées, les banqueroutes qu'il a souffertes, l'ont mis dans la nécessité de suspendre ses paiemens ; qu'il a déposé au greffe du tribunal de...son bilan, et que son intention est d'abandonner à ses créanciers la totalité de ses biens, à la charge par eux de lui donner quittance définitive; il a représenté une copie du bilan déposé au greffe, et par lui certifiée conforme.

Les créanciers soussignés, après avoir examiné le bilan dudit M. A...et avoir délibéré sur cette proposition, ont été d'avis d'accepter la cession offerte même sous la condition de libération définitive.

Le sieur A...et les créanciers soussignés ont en conséquence arrêté ce qui suit :

ARTICLE PREMIER.

M. A...abandonne à tous ses créanciers les biens meubles et immeubles qui lui appartiennent, quelles qu'en soit la nature et situation.

ART. 2.

Ces biens seront distribués entre les créanciers suivant l'ordre de leurs priviléges et hypothèques, et le surplus par contribution.

ART. 3.

Cet abandon est accepté par les créanciers soussignés tant pour eux que pour les créanciers absens ; au moyen de quoi M. A... se trouve libéré envers tous ses créanciers en principaux, intérêts et frais, lors même que les biens abandonnés seraient insuffisans pour satisfaire intégralement tous les créanciers.

Par suite de cet abandon M. A.. se trouve déchargé de la contrainte par corps ; et les actes conservatoires, tels que saisies, arrêts et oppositions qui ont été faits par quelques-uns des créanciers profiteront à la masse.

ART. 4.

Tous les droits des créanciers contre les tireurs, endosseurs, accepteurs, cautions et autres co-débiteurs solidaires du sieur A..., sont expressément réservés.

ART. 5.

Les créanciers du sieur A...s'unissent pour agir de concert et en nom collectif, par le ministère de leurs syndics, ci-après nommés.

ART. 6.

MM. B...et C...sont nommés syndics et directeurs de l'union à l'effet d'en exercer tous les droits. Ce qu'ils acceptent.

ART. 7.

Les syndics directeurs de la faillite retireront des mains du sieur A...et de tous autres tous titres et pièces, suivront tous recouvremens, résilieront tous les baux, toucheront toutes sommes, en donneront quittance; suivront suivant les voies légales, la vente des meubles, immeubles, marchandises; poursuivront devant les tribunaux les débiteurs refusans ou en retard de payer; comparaîtront devant tous juges et tribunaux au nom des créanciers; plaideront et feront tous actes conservatoires; nommeront tous officiers publics; donneront toutes main-levées d'oppositions, inscriptions; traiteront, composeront, transigeront et généralemen feront, dans l'intérêt de la masse, tout ce qui sera nécessaire quoique non exprimé en ces présentes.

ART. 8.

Tous les deniers provenant des ventes et recouvremens seron distribués entre les créanciers, suivant ordre amiable ou judiciaire.

ART. 9.

Les créanciers présens consentent qu'il soit fait remise au sieur A...de ses habits, linge et vêtemens, des meubles de sa chambr désignés en l'état remis au sieur A...et signé par les syndics.

ART. 10.

S'il devient nécessaire de faire homologuer ces présentes, l'homologation en sera poursuivie par les syndics de l'union.

Fait et arrêté en triple original à..., le....

(Signatures du failli, des syndics et des créanciers.

DU MANDAT OU PROCURATION.

Le mandat ou procuration est un acte par lequel une personne donne à une autre le pouvoir de faire quelque chose pour le mandant et en son nom. Le contrat ne se forme que par l'acceptation du mandataire. Le mandat peut être par acte privé, même par lettre ; il peut aussi être donné verbalement, mais la preuve testimoniale n'en serait reçue que conformément à la loi.

L'acceptation du mandat peut n'être que tacite, et résulter de l'exécution qui lui a été donnée par le mandataire, c'est ce qui arrive le plus fréquemment.

Le mandat est gratuit, s'il n'y a convention contraire.

Il est ou spécial ou général.

Le mandat spécial est donné pour une ou plusieurs affaires désignées.

Le mandat général est celui qui est donné pour toutes les affaires du mandant ; le mandat conçu en termes généraux n'embrasse que les actes d'administration.

S'il s'agit d'aliéner ou hypothéquer, ou de quelque autre acte de propriété, le mandat doit être exprès.

Le mandataire ne peut rien faire au-delà de ce qui est porté dans son mandat ; le pouvoir de transiger ne renferme pas celui de compromettre.

Les femmes mariées et les mineurs émancipés peuvent être choisis pour mandataires ; mais le mandant n'a d'action contre eux que suivant les règles générales sur leur capacité.

Des obligations du mandataire.

Le mandataire est tenu d'accomplir le mandat tant qu'il en demeure chargé, et répond des dommages-intérêts qui pourraient résulter de son inexécution.

Il est tenu de même d'achever la chose commencée au décès du mandant, s'il y a péril en la demeure.

Le mandataire répond non seulement du dol, mais encore des fautes qu'il commet dans sa gestion.

Néanmoins la responsabilité relative aux fautes est appliquée moins rigoureusement à celui dont le mandat est gratuit qu'à celui qui reçoit un salaire.

Tout mandataire doit rendre compte de sa gestion et faire raison au mandant de tout ce qu'il a reçu en vertu de sa procuration, quand même ce qu'il aurait reçu n'eût pas été dû au mandant.

Le mandataire répond de celui qu'il s'est substitué dans la gestion : 1° Quand il n'a pas reçu le pouvoir de se substituer quelqu'un ; 2° Quand ce pouvoir lui a été conféré sans désignation d'une personne, et que celle dont il fait choix était notoirement incapable ou insolvable.

Dans tous les cas, le mandant peut agir directement contre la personne que le mandataire s'est substituée.

Quand il y a plusieurs fondés de pouvoir ou mandataires établis par le même acte, il n'y a solidarité entre eux qu'autant qu'elle est exprimée.

Le mandataire doit l'intérêt des sommes qu'il a employées à son usage à dater de cet emploi et de celles dont il est reliquataire à compter du jour qu'il est mis en demeure.

Le mandataire qui a donné à la personne avec laquelle il a contracté en cette qualité une suffisante connaissance de ses pouvoirs n'est tenu d'aucune garantie pour ce qui a été fait au-delà, s'il ne s'y est personnellement soumis.

Des obligations du mandant.

Le mandant est tenu d'exécuter les engagemens contractés par le mandataire conformément au pouvoir qu'il lui a donné : il n'est tenu de ce qui a été fait au-delà qu'autant qu'il l'a ratifié expressément ou tacitement.

Le mandant doit rembourser au mandataire les

avances et frais que celui-ci a faits pour l'exécution du mandat, et lui payer ses salaires lorsqu'il en a été promis.

S'il n'y a nulle faute imputable au mandataire, le mandant ne peut se dispenser de faire ces remboursemens et paiemens, lors même que l'affaire n'aurait pas réussi, ni faire réduire le montant des frais et avances sous le prétexte qu'ils pouvaient être moindres.

Le mandant doit aussi indemniser le mandataire des pertes que celui-ci a essuyées à l'occasion de sa gestion, sans imprudence qui lui soit imputable.

L'intérêt des avances faites par le mandataire lui est dû par le mandant à dater du jour des avances constatées.

Lorsque le mandataire a été constitué par plusieurs personnes pour une affaire commune, chacune d'elles est tenue solidairement envers lui de tous les effets du mandat.

Des différentes manières dont finit le mandat.

Le mandat finit :
Par la révocation du mandataire ;
Par la renonciation de celui-ci au mandat ;
Par la mort naturelle ou civile, l'interdiction ou la déconfiture, soit du mandant, soit du mandataire.

Le mandant peut révoquer sa procuration quand bon lui semble et contraindre, s'il y a lieu, le mandataire à lui remettre soit l'écrit sous seing privé qui la contient, soit l'original de la procuration, si elle a été délivrée en brevet, soit l'expédition, s'il en a été gardé minute.

La révocation notifiée au seul mandataire ne peut être opposée aux tiers qui ont traité dans l'ignorance de cette révocation, sauf au mandant son recours contre le mandataire.

La constitution d'un nouveau mandataire pour la même affaire vaut révocation du premier à compter du jour où elle a été notifiée à celui-ci.

Le mandataire peut renoncer au mandat en notifiant au mandant sa renonciation.

Néanmoins, si cette renonciation préjudicie au mandant, il devra en être indemnisé par le mandataire, à moins que celui-ci ne se trouve dans l'impossibilité de continuer le mandat sans éprouver lui-même un préjudice considérable.

Si le mandataire ignore la mort du mandant, ou l'une des autres causes qui font cesser le mandat, ce qu'il a fait dans cette ignorance est valide.

Dans les cas ci-dessus, les engagemens du mandataire sont exécutés à l'égard des tiers qui sont de bonne foi.

En cas de mort du mandataire, ses héritiers doivent en donner avis au mandant, et pourvoir en attendant à ce que les circonstances exigent pour l'intérêt de celui-ci (1).

FORMULES. — *Procuration pour recevoir une somme due par billet.*

Je soussigné, donne par ces présentes à M.*** pouvoir de, pour moi et en mon nom, toucher et recevoir de M.*** (*le débiteur*), ou de tous autres qu'il appartiendra, la somme de... montant d'un billet qu'il a souscrit à mon profit le..., de toutes sommes reçues donner tous acquits et quittances, remettre ledit billet acquitté, et généralement faire tout ce que les circonstances exigeront.

(Signature.)

Autre pouvoir de toucher une somme due par obligation et d'exercer des poursuites à défaut de paiement.

Je soussigné, donne pouvoir à M.*** de, pour moi et en mon nom, toucher et recevoir de M.*** (*nom du débiteur*), ou de tous autres, la somme de... qu'il me doit suivant obligation passée devant Me***, notaire à..., le..., enregistrée.... ensemble les intérêts et autres accessoires qui seront lors dus, de toutes

---

(1) Toutes les dispositions ci-dessus sont extraites du Code civil, art. 1984 et suivans

sommes reçues donner toutes quittances et décharges valables, donner main-levée et consentir la radiation de toutes inscriptions.

A défaut de paiement ou en cas de contestation, citer et comparaître devant tous les juges et tribunaux, plaider s'opposer, appeler, se pourvoir par toutes autres voies légales, obtenir tous jugemens, les faire exécuter, exercer toutes poursuites, contraintes, former des saisies-arrêts et oppositions, assigner les tiers saisis en déclaration, former toutes demandes en expropriation, en suivre les effets, provoquer tous ordres et distribution de deniers, contester ou admettre toutes collocations, retirer tous bordereaux, en toucher le montant, donner toutes main-levées d'inscription ou opposition, traiter, composer, transiger sur toutes difficultés, nommer tous avoués, avocats ou arbitres, retirer tous titres et pièces, en donner quittance et décharge, et généralement faire ce que les circonstances exigeront.

(Signature.)

Autre pouvoir pour recevoir toutes sommes.

Je soussigné, donne pouvoir à M.*** de, pour moi et en mon nom, toucher et recevoir toutes les sommes qui peuvent m'être dues en principaux, intérêts et frais par billets, comptes courans, obligations, lettres de change, reconnaissances, jugemens emportant condamnation, ou à tout autre titre que ce puisse être, de toutes sommes reçus donner quittance.

Traiter, composer, transiger, accorder termes et délais, consentir toutes remises, accepter en paiement desdites créances toutes délégations, cessions et transports, les signifier aux débiteurs, exercer tous recours s'il y a lieu contre les cédans.

Vendre, céder, transporter toutes créances aux prix, charges et conditions que le procureur constitué jugera convenables; recevoir le prix desdites cessions et transports, consentir toutes mentions et subrogations avec ou sans garantie.

En cas de faillite de la part de quelqu'un des débiteurs, paraître à toutes assemblées de créanciers, prendre part à toutes délibérations, signer tous concordats, contrat d'union, remise et atermoiement, nommer tous syndics, commissaires et séquestres, requérir toutes appositions de scellés, faire procéder à la reconnaissance et levée desdit scellés, à tous inventaires et récollemens, faire vérifier toutes créances, affirmer les miennes sincères et véritables.

A défaut de paiement, etc. *(Comme dans la formule précédente.)*
Fait à..., le...

(Signature.)

Pouvoir pour gérer et administrer des biens.

Je soussigné, donne par ces présentes pouvoir à M.*** de, pour moi et en mon nom, régir, gérer et administrer tant activement

que passivement tous mes biens et affaires , passer , renouveler et
résilier tous baux aux prix, charges et conditions que M.*** jugera convenables , faire tous états de lieux, et toutes réparations , arrêter tous devis et marchés , faire faire par tous locataires ou fermiers les réparations à leur charge.

Recevoir tous les loyers , fermages , redevances , arrérages de
rentes , intérêts et capitaux et autres revenus, toucher tous remboursemens de rentes , entendre , debat re , clore et arrêter tous
comptes, en fixer le reliquat, le toucher et recevoir , accepter en
paiement toutes valeurs offertes.

Défendre mes intérêts dans toutes les affaires où je pourrais
être intéressé, payer et acquitter toutes mes dettes, faire faire
toutes offres réelles et consignations, prendre tous arrangemens , accepter en paiement toutes délégations, cessions et transports.

A défaut de paiement , etc... (V. *la formule qui précède.*)
En cas de faillite, etc... (*idem*).

Fait à ..., le...

(Signature.)

Procuration pour recevoir les arrérages d'une rente viagère, ceux d'une rente perpétuelle et même le remboursement.

Je soussigné, donne pouvoir à M.*** de, pour moi et en mon
nom , toucher et recevoir de M.***, ou de tous autres, les arrérages échus et à échoir de la rente viagère de la somme de...,
constituée à mon profit par M.***, suivant contrat passé devant
M**** et son collègue , notaires à..., le...,comme aussi toucher
les arrérages échus et à échoir et même le remboursement s'il
était offert ou qu'il devînt exigible d'une rente de..., au principal de..., constituée par M.*** et madame***, son épouse, à mon
profit , suivant contrat passé devant M**** et son collègue, notaires
à.., le..., de toutes sommes reçues donner quittances et décharges ; consentir toutes mentions et subrogations, avec ou sans
garantie.

A defaut de paiement faire tous commandemens, saisies et oppositions, assigner les tiers-saisis en déclaration, faire toutes
poursuites et diligences nécessaires, donner toutes main-levées
desdites saisies et oppositions et généralement faire ce que les
circonstances exigeront.

Fait à..., le...

(Signature.)

Procuration à l'effet de passer bail.

Je soussigné, donne pouvoir à M.*** de, pour moi et en mon
nom , passer bail à loyer à telle personne et aux prix , charges et
conditions que le procureur constitué jugera convenables, d'une

maison sise à..., m'obliger à la garantie dudit bail, faire tous états de lieux, élire domicile, passer et signer tous actes, et généralement faire ce que les circonstances exigeront.

Fait à..., le...

(*Signature.*)

Procuration à l'effet d'acquérir un immeuble.

Nous soussignés, M.*** et madame***, tous deux unis par mariage, demeurant à..., donnons pouvoir à M.*** de, pour nous et en notre nom, acquérir de M.***, aux prix, charges et conditions que le procureur constitué jugera convenables, une maison sise à...et dépendances (ou *une terre sise à...*, nous obliger solidairement au paiement du prix et des intérêts, ainsi qu'à l'exécution de toutes les clauses et conditions de ladite vente, signer à cet effet tous contrats de vente, retirer des mains de qui il appartiendra tous titres et pièces, faire transcrire et purger légalement, faire toutes notifications, offres et consignations obtenir toutes main-levées, et généralement tout ce que les circonstances exigeront.

Fait à..., le... (1)

(*Signatures.*)

Procuration à l'effet de vendre un immeuble.

Nous soussignés, M.*** et madame***, tous deux unis par mariage, demeurant à..., donnons pouvoir à M.*** de, pour nous et en notre nom, vendre à telle personne par telle voie et aux prix, charges et conditions que le procureur jugera convenables, une maison sise à..., consistant..., nous obliger à toutes garanties, fixer l'époque de l'entrée en jouissance, le mode des paiemens, le taux des intérêts; toucher et recevoir tout ou partie du prix, en donner quittance, nous soumettre au rapport de toutes main-levées et certificats de radiation, remettre ou promettre la remise de tous titres et pièces, et généralement faire tout ce qui sera nécessaire.

Fait à..., le...

(*Signatures.*)

Procuration pour toutes les affaires d'une succession.

Je soussigné, donne pouvoir à M.*** de, pour moi et en mon nom, recueillir la partie qui m'appartient dans la succession de..

____

(1) L'autorisation du mari résulte du concours du mari dans l'acte, il est inutile de l'exprimer formellement.

mon père, dont je suis héritier présomptif pour... *(telle portion)*, faire procéder à toutes reconnaissances et levées de scelles, à tous inventaires et récolemens, faire en procédant toutes réquisitions, réserves et protestations, faire procéder à la vente du mobilier avec ou sans attributions de qualités préjudiciables, demander toutes autorisations au tribunal.

Prendre connaissance des forces et charges de la succession, de tous testamens ; accepter purement et simplement, ou sous bénéfice d'inventaire et même renoncer, entendre, débattre et arrêter tous comptes, donner toutes quittances et décharges.

Procéder à toutes liquidations et partages amiables ou judiciaires, consentir tous abandonnemens, accepter le lot qui m'échoira, suivre le recouvrement des créances laissées en commun ou choisir l'un des héritiers pour opérer ces recouvremens, poursuivre toutes licitations.

A défaut de paiement de la part de tous débiteurs, etc.... (*Comme dans les formules qui précèdent.*)

Fait à..., le...

(Signatures.)

Procuration générale par un négociant à un associé.

Je soussigné, donne pouvoir à M.***, mon associé, de, pour moi et en mon nom, régir nos affaires, de banque et de commerce, toucher et recevoir toutes les sommes qui nous sont dues en principaux, intérêts et frais échus et à échoir, par billets, lettres de change, comptes courans, obligations, jugemens, marchés, ou à tout autre titre que ce puisse être; débattre, clorre et arrêter tous comptes, tirer et accepter toutes traites, lettres de change, souscrire tous billets à ordre et autres engagemens, endosser tous effets, vendre et acquérir tous effets publics, conclure tous marchés, retirer de la poste aux lettres, de toutes messageries et diligences, toutes lettres paquets, malles, ballots et caisses à mon adresse ou à celle de notre maison, signer la correspondance, traiter et transiger avec tous débiteurs, accorder termes et délais, faire toutes remises, compromettre, nommer tous arbitres et experts, donner toutes quittances et décharges, signer tous acquits et émargemens.

A défaut de paiement, etc... (V. *les formules précédentes : on peut ajouter :* à ces pouvoirs exercer même la contrainte par corps, *faire écrouer le débiteur, consigner les alimens.*)

En cas de faillite, etc... (V. *les formules précédentes.*)

Fait à...le...

(Signatures.)

Procuration générale par un mari à sa femme.

Je soussigné, donne par ces présentes, pouvoir à madame***, mon épouse, de, pour moi et en mon nom, faire pendant mon absence tous les actes de la plus entière administration, prêter, emprunter à terme ou à constitution perpétuelle ou viagère, hypothéquer, donner tous gages et nantissemens mobiliers et immobiliers, signer toutes lettres de change, billets, endos, se rendre caution, vendre, céder et transférer toutes créances, toucher de tous débiteurs, accepter en paiement toutes valeurs offertes, donner toutes quittances et décharges, faire toutes réparations et reconstructions.

Recueillir toutes successions directes ou collatérales, vendre tous biens meubles et immeubles, en recevoir le prix, en donner quittance, débattre, clorre et arrêter tous comptes, retirer de la poste aux lettres et messageries tous objets à mon adresse, stipuler et défendre mes intérêts en toutes occasions, poursuivre tous débiteurs, se concilier, plaider, s'opposer, appeler, transiger compromettre, donner main-levées, désistemens, quittances et décharges,

Nommer tous avoués, avocats; les révoquer, en nommer d'autres, et généralement faire ce que les circonstances exigeront.

Fait à...., le...

(Signature.)

DES QUITTANCES ET DÉCHARGES.

La quittance est l'acte par lequel le créancier reconnaît que son débiteur est libéré envers lui, soit que le paiement ait été fait par le débiteur lui-même, soit par un tiers en son acquit.

Ce qui est payé sans être dû est sujet à répétition.

La quittance du capital donné sans réserve des intérêts en fait présumer le paiement et en opère la libération. (C. civil, art. 1908.)

FORMULES. — *Quittance d'arrérages de rentes.*

Je soussigné, reconnais avoir reçu de M.*** la somme de... pour six mois échus le...., des arrérages de la rente annuelle et perpétuelle de...., exempte de retenue, constituée à mon profit par ledit sieur***, aux termes d'un contrat passé devant M*** notaire à...., le....—Dont quittance.

Fait à...., le...

(Signature.)

Quittance de loyer.

Je soussigné, propriétaire d'une maison sise à...., reconnais avoir reçu de M.***, locataire du...étage de ladite maison, la

somme de..., pour trois mois échus le...du loyer de l'appartement qu'il occupe, en ce compris l'impôt des portes et fenêtres
et le sou pour livre du portier.

A..., le...

(Signature.)

Quittance de fermages.

Je soussigné, reconnais avoir reçu de***, cultivateur, demeurant à..., la somme de..., pour le terme échu le...des fermages
de la terre de...qui lui a été donnée à ferme suivant bail passé
devant M^{e***} notaire à..., le...—Dont quittance.

A...,le...

(Signature.)

Quittance d'à-compte sur un mémoire.

Je soussigné, reconnais avoir reçu de M.*** la somme de...
à-compte et en déduction du présent mémoire.

(Signature.)

Quittance du montant d'une obligation, paiemens partiels et énonciation de ces paiemens.

Je soussigné, reconnais avoir reçu de M.***, en espèces métalliques, la somme totale de..., montant en principal et intérêts
d'une obligation qu'il a contractée envers moi, suivant acte passé
devant M^{e***}, notaire à..., le...
Dont le paiement et remboursement ont eu lieu de la manière
suivante :

Le... (*tel jour*), (*tant*).....................	»»» f. »» c.
Le.. (*tel jour*), (*tant*).....................	»»» »»
Le... (*tel jour*), (*tant*).....................	»»»» »»
Et aujourd'hui pour solde et parfait paiement (*tant*)	»»» »»
Somme égale au montant de ladite obligation en principal et intérêts..................	»»» »»

Au moyen de quoi je le quitte et décharge de toutes choses
relatives à ladite obligation en principal et intérêts.

Fait à..., le...

(Signature.)

Quittance de remboursement de rente.

Je soussigné, reconnais avoir présentement reçu de M.***, en espèces, la somme de... pour le remboursement et extinction de...de rente perpétuelle, exempte de retenue, constituée par M.*** à mon profit par contrat passé devant M^e*** notaire à..... le...

Plus, celle de...pour arrérages de ladite rente viagère courus et échus du passé jusqu'à ce jour.—Dont quittance.

Par suite de ce remboursement j'ai donné main-levée par acte passé devant M^e*** notaire à..., cejourd'hui..., de l'inscription formée à ma requête au bureau des hypothèques de..., vol..., n°..., le...

Fait à..., le...

(Signature.)

Quittance de dot.

Je soussigné, reconnais que M.*** et madame***, mes père et mère, m'ont à l'instant remis la somme de...dont celle de...pour le paiement en principal de la dot qu'ils ont constituée co..jointement et chacun par moitié en avancement d'hoirie à mon profit suivant mon contrat de mariage passé devant M^e***, notaire à..., le...

Et celle de...pour solde des arrérages échus du passé jusqu'à ce jour.—Dont quittance.

Fait à..., le...

(Signature.)

La décharge est un acte par lequel on déclare que celui qui était chargé d'un dépôt de deniers ou autres objets, ou de titres et papiers, les a rendus.

Nous avons déjà donné des formules de décharge de dépôt, au titre du dépôt et de décharge de pièces, au titre de la vente; nous allons ajouter quelques nouvelles formules.

Décharge de pièces données à un avoué.

Je soussigné, reconnais que M.***, avoué au tribunal de première instance de...(tel endroit), m'a remis toutes les pièces de poursuite et procédure du procès que j'ai eu avec le sieur *** au tribunal de...—Dont décharge.

A..., le...

(Signature.)

Décharge à un mandataire.

Je soussigné, reconnais que M.*** m'a exactement compté de toutes les sommes qu'il a reçues pour moi comme mon mandataire en vertu des diverses procurations que je lui ai données jusqu'à ce jour.

Fait à..., le...

(Signature.)

ÉNONCIATION DES DIVERSES QUALITÉS DANS LESQUELLES ON AGIT ORDINAIREMENT.

Pour éviter des répétitions inutiles, nous avons cru devoir réunir sous un titre spécial l'énonciation des diverses qualités dans lesquelles on peut agir.

Ainsi on agit :

1° En son nom personnel et de son chef;

2° Comme héritier du chef de celui qu'on représente ;

3° Comme fondé de procuration ;

4° Comme cessionnaire;

5° Comme tuteur;

6° Le mineur émancipé peut agir de son chef avec l'assistance de son curateur et pour certains actes seulement;

7° La femme mariée a besoin d'autorisation de son mari ;

8° Une veuve agit de son chef comme commune en biens à cause des reprises et répétitions qu'elle a le droit d'exercer contre la succession de son mari, et comme donataire de ce même mari.

Telles sont les qualités dans lesquelles on agit le plus généralement.

Lorsqu'un individu agit de son chef il lui suffit de stipuler directement.

S'il agit comme héritier du chef de son père, par exemple, on ajoute :

Agissant en ces présentes comme héritier pour..(*telle portion*), de M.***, son père, ainsi qu'il le déclare.—*Ou bien* : Ainsi qu'il résulte de l'intitulé de l'inventaire fait après le décès de son père par M^{e****}, notaire à. . .,le. . ., en présence de témoins.—*Ou bien*: Ainsi qu'il résulte de l'acte de notoriété fait à défaut d'inventaire par M^{e***}, notaire à. . ., le. . ., en présence de témoins.

Si c'est un fondé de pouvoir :

Agissant en ces présentes au nom et comme fondé de la procuration générale et spéciale à l'effet des présentes que lui a donnée M.*** (*nom du mandant*), aux termes d'un sous seing privé, en date à. . ., du. . ., qui est demeuré joint à ces présentes.

Si c'est un cessionnaire :

Agisssant en ces présentes au nom et comme cessionnaire de M.***, aux termes d'un acte passé devant M^{e***}, notaire à. . ., le. . —*Ou bien* : Suivant sous seing-privé fait double à. . ., le. . ., expédition duquel acte de cession.—*Ou bien* : L'un des doubles original duquel acte de cession est demeuré ci-joint.

Si c'est un tuteur, il est légal, — datif, — ou testamentaire.

Le tuteur légal est le père, la mère, ou tout autre ascendant à défaut des premiers.

Le tuteur datif est celui qui est nommé par le conseil de famille.

Le tuteur testamentaire est celui qui est nommé par le testament du dernier mourant des père et mère.

MODÈLES.

Agissant en ces présentes au nom et comme tuteur naturel et légal de M.***, mineur, son fils.

Ou bien :

Agissant en ces présentes au nom et comme tuteur de M.***, mineur, nommé à cette qualité, qu'il a acceptée par délibération des parens et amis dudit mineur, réunis en assemblée de famille devant M. le juge de paix de. . . .(*tel arrondissement*), et sous sa présidence, comme le constate le procès-verbal qui a été dressé par le greffier de ladite justice de paix, le. . .

Ou bien :

Tuteur de M.***, mineur, nommé à cette qualité, qu'il a acceptée, par madame***, mère dudit mineur, décédée, veuve de M.***, suivant son testament reçu par M^{e****}, notaire à. . ., le. . .

Ou bien :

Suivant testament olographe de ladite dame, en date à..., du..., lequel testament présenté à M. le président du tribunal de..., a été ouvert par lui, et après en avoir constaté l'état, il en a ordonné le dépôt entre les mains de M***, notaire à..., comme le constate le procès-verbal dressé au greffe dudit tribunal de..., le...

Si c'est un mineur émancipé.

On doit remarquer qu'il y a trois sortes d'émancipation :

1° Celle qui a lieu de plein droit par le mariage. (Code civil, art. 476.)

2° Celle qui résulte de la déclaration du père ou de la mère, faite devant le juge de paix assisté de son greffier : elle ne peut avoir lieu qu'au profit du mineur qui a atteint sa quinzième année. (Code civil, art. 477.)

3° Celle qui résulte de la déclaration du conseil de famille et de la déclaration que le juge de paix, comme président du conseil, fait dans le même acte que le mineur est émancipé ; elle ne peut être faite qu'au profit du mineur qui a atteint sa dix-huitième année. (C. civ., art. 478.)

Le mineur émancipé acquiert le droit d'administrer ses biens, conformément à ce que nous avons dit pages 5 et 6; il ne peut faire aucun acte qui excède sa capacité sans l'assistance de son curateur, et même, dans certaines circonstances, sans l'autorisation du conseil de famille.

MODÈLES.

M. A..., demeurant à...., mineur émancipé d'âge, par l'effet de son mariage avec mademoiselle***, célébré devant l'officier de l'état civil de... (*tel endroit.*)

Ou bien :

Mineur émancipé d'âge, suivant la déclaration faite par M.***, son père et son tuteur, devant M. le juge de paix de...., lieu de son domicile, assisté de son greffier, le...

Ou enfin :

Mineur émancipé d'âge, suivant la déclaration faite par M. le juge de paix de..., assisté de son greffier, dans l'acte même qui contient la délibération du conseil de famille du mineur, dont il a été dressé procès-verbal le...

La capacité de la femme mariée est plus ou moins étendue, suivant le régime sous lequel elle est mariée : nous renvoyons à ce que nous avons dit sur la capacité des femmes, pages 7 et suivantes.

Si la femme veut faire un acte qui n'excède pas sa capacité, elle peut agir sans autorisation.

Si, au contraire, l'acte excède les bornes de sa capacité, l'autorisation est indispensable.

L'autorisation a lieu dans le même acte, ce qu'on exprime ainsi :

Madame***, épouse de M.***, présent pour autoriser sa femme à l'effet des présentes.

Ou bien, elle a lieu par acte séparé, et alors on rédige de cette manière :

Madame***, épouse de M.***, et de lui autorisée, à l'effet des présentes, suivant acte passé devant M*****, notaire à..., dûment enregistré...

Ou bien :

Suivant acte sous signature privée, en date à..., du...

La femme veuve rentre dans l'exercice de ses droits, mais elle peut agir comme ayant été commune en biens ; on l'exprime ainsi :

Agissant en ces présentes en son nom personnel, à cause de la communauté légale qui a existé entre elle et son mari.

Ou bien :

Agissant à cause de la communauté qui a existé entre elle et son défunt mari, aux termes de leur contrat de mariage passé devant M*****, notaire à..., le...

La veuve peut agir pour l'exercice de ses reprises ; alors on rédige ainsi :

Agissant en ces présentes, à cause des reprises qu'elle a droit d'exercer contre la succession de son mari pour raison de ses conventions matrimoniales constatées par acte passé devant M^{e***}, notaire à..., le...

A ses reprises se joint souvent une donation faite par son mari ; alors on ajoute :

Et encore comme donataire de la quotité disponible en toute propriété des biens délaissés par son défunt mari, aux termes dudit contrat.

FIN.

TARIF

DES

DROITS D'ENREGISTREMENT.

DISPOSITIONS GÉNÉRALES.

Avant d'entrer dans le détail des droits d'enregistrement exigés par la loi, suivant la nature des actes, il est nécessaire de faire quelques remarques générales.

D'abord, parmi les actes privés, les uns doivent être enregistrés dans un délai fatal sous les peines ci-après, tandis que pour les autres il n'y a pas de délai de rigueur.

Les actes qui portent transmission de propriété ou d'usufruit de biens immeubles, les baux à ferme ou à loyer, sous-baux, cessions et subrogations de baux et les engagemens de biens de même nature, doivent être enregistrés dans les trois mois de leur date.

Les actes de la même nature passés en pays étrangers doivent être enregistrés en France dans le même délai.

Le tout sous peine de payer le double droit lors de l'enregistrement.

Toute contre-lettre faite sous seing privé, qui aurait pour objet une augmentation de prix stipulé dans un acte public, ou dans un acte privé, précédemment enregistré, est déclarée nulle et de nul effet.

Néanmoins, lorsque l'existence en sera constatée, il y aura lieu d'exiger, à titre d'amende, une somme triple du droit qui aurait eu lieu sur les sommes et valeurs ainsi stipulées.

21.

Les actes privés et ceux passés en pays étrangers peuvent être enregistrés dans tous les bureaux indistinctement.

C'est à la partie qui présente l'acte à la formalité à acquitter les frais.

Tous autres actes sous signatures privées peuvent être enregistrés sans amende à quelque époque que ce soit.

Cependant il ne peut être fait aucun usage de l'acte privé non enregistré, soit dans un acte public, soit en justice, soit devant toute autorité constituée.

Aucun notaire, huissier, greffier, secrétaire ou autre officier public, ne peut faire ou rédiger un acte en vertu d'un acte sous signatures privées, ou passé en pays étranger, l'annexer à ses minutes, ni le recevoir en dépôt, ni en délivrer copie ou expédition, s'il n'a été préalablement enregistré, à peine de vingt francs d'amende, et de répondre personnellement du droit.

Il est défendu aux juges et arbitres de rendre aucun jugement, aux administrations centrales et municipales de prendre aucun arrêté en faveur des particuliers sur des actes non enregistrés, à peine d'être personnellement responsables des droits.

Sont exempts de la formalité de l'enregistrement les lettres de change tirées de place en place, celles venant de l'étranger et des colonies françaises, les endossemens et acquits de ces effets, les endossemens et acquits des billets à ordre et autres effets négociables.

RÈGLES DE PERCEPTION.

La valeur de la propriété, de l'usufruit et de la jouissance des biens meubles, est déterminée pour la liquidation et le paiement du droit proportionnel, ainsi qu'il suit; savoir :

1° Pour les baux et location, par le prix annuel exprimé, en y ajoutant les charges imposées au preneur;

2° Pour les créances à terme, leurs cessions et transports et autres actes obligatoires, par le capital exprimé dans l'acte, et qui en fait l'objet ;

3° Pour les quittances et tous autres actes de libération, par le total des sommes ou capitaux dont le débiteur se trouve libéré ;

4° Pour les marchés et traités, par le prix exprimé ou l'évaluation qui sera faite des objets qui en seront susceptibles ;

5° Pour les ventes et autres transmissions à titre onéreux, par le prix exprimé et le capital des charges qui peuvent ajouter au prix ;

6° Pour les créations de rentes, soit perpétuelles, soit viagères, ou de pensions, aussi à titre onéreux, par le capital constitué et aliéné ;

7° Pour les cessions ou transport desdites rentes ou pensions, et pour leur amortissement ou rachat, par le capital constitué, quel que soit le prix stipulé pour le transport ou l'amortissement ;

8° Pour les transmissions qui s'opèrent par décès, par la déclaration estimative des parties, sans distraction des charges ;

9° Pour les rentes et pensions créées sans expression de capital, leurs transports et amortissemens, à raison d'un capital formé de vingt fois la rente perpétuelle, et de dix fois la rente viagère ou la pension et quel que soit le prix stipulé pour le transport ou l'amortissement.

Il ne sera fait aucune distinction entre les rentes viagères et pensions créées sur une tête, et celles créées sur plusieurs têtes, quant à l'évaluation.

Les rentes et pensions stipulées payables en nature seront évaluées aux mêmes capitaux, estimation préalablement faite des objets d'après les dernières mercuriales du canton de la situation des biens, à la date de l'acte, s'il s'agit d'une rente créée pour aliénation d'immeubles, ou, dans tout autre cas, d'après les dernières mercuriales du canton où l'acte aura été passé.

Il sera rapporté à l'appui de l'acte un extrait certifié des mercuriales.

S'il est question d'objets dont les prix ne puissent être réglés par les mercuriales, les parties en feront une déclaration estimative.

16° L'usufruit transmis à titre gratuit s'évalue à la moitié de la valeur entière de l'objet.

La valeur de la propriété, de l'usufruit et de la jouissance des immeubles, est déterminée pour la liquidation et le paiement du droit proportionnel ainsi qu'il suit, savoir :

1° Pour les baux à ferme ou à loyer, les sous-baux, cessions et subrogations de baux, par le prix annuel exprimé, en y ajoutant les charges imposées au preneur.

Si le bail est stipulé payable en nature, il en sera fait une évaluation d'après les dernières mercuriales du canton de la situation des biens, à la date de l'acte, à l'appui duquel il sera rapporté un extrait certifié des mercuriales.

Il en sera de même des baux à portion de fruits, pour la part revenant au bailleur, dont la quotité sera préalablement déclarée, et sur la valeur de laquelle le droit d'enregistrement sera perçu.

S'il s'agit d'objets dont la valeur ne puisse être constatée par les mercuriales, les parties en feront une déclaration estimative ;

2° Pour les baux à rentes perpétuelles et ceux dont la durée est illimitée, par un capital formé de vingt fois la rente ou le prix annuel, et les charges aussi annuelles, en y ajoutant également les autres charges en capital, et les deniers d'entrée s'il en est stipulé.

Les objets en nature s'évaluent comme ci-dessus.

3° Pour les baux à vie, sans distinction de ceux faits sur une ou plusieurs têtes, par un capital formé de dix fois le prix et les charges annuels, en y ajoutant de même le montant des deniers d'entrée, et des autres charges, s'il s'en trouve d'exprimées. Les objets en nature s'évaluent pareillement comme il est prescrit ci-dessus ;

4° Pour les échanges, par une évaluation qui doit

être faite en capital, d'après le revenu annuel multi-
plié par vingt, sans distraction des charges;

5° Pour les engagemens, par les prix et sommes
pour lesquels ils sont faits;

6° Pour les ventes, adjudications, cessions, rétrocessions, licitations, et tous autres actes civils ou
judiciaires, portant translation de propriété ou d'u-
sufruit, à titre onéreux, par le prix exprimé, en y
ajoutant toutes les charges en capital, ou par une
estimation d'experts, dans les cas autorisés par la
présente.

Si l'usufruit est réservé par le vendeur, il sera
évalué à moitié de tout ce qui forme le prix du
contrat, et le droit sera perçu sur le total; mais il ne
sera dû aucun autre droit pour la réunion de l'usufruit à la propriété: cependant si elle s'opère par un
acte de cession, et que le prix soit supérieur à l'évaluation qui en aura été faite pour régler le droit de
la translation de propriété, il est dû un droit, par
supplément, sur ce qui se trouve excéder cette évaluation. Dans le cas contraire, l'acte de cession est
enregistré pour le droit fixe;

7° Pour les transmissions de propriété qui s'effectuent par décès, par l'évaluation qui en sera faite
et portée à vingt fois le produit des biens, ou le prix
des baux courans, sans distraction des charges.

Il ne sera rien dû pour la réunion de l'usufruit à
la propriété, lorsque le droit d'enregistrement aura
été acquitté sur la valeur entière de la propriété;

8° Pour les transmissions d'usufruit seulement par
décès, par l'évaluation qui en sera portée à dix fois
le produit des biens, ou le prix des baux courans,
aussi sans distraction des charges.

Lorsque l'usufruitier qui aura acquitté le droit
d'enregistrement pour son usufruit acquerra la
nue-propriété, il paiera le droit d'enregistrement sur
sa valeur, sans qu'il y ait lieu de joindre celle de
l'usufruit.

Si les sommes et valeurs ne sont pas déterminées
dans un acte ou un jugement donnant lieu au droit
proportionnel, les parties seront tenue sd'y suppléer,

avant l'enregistrement, par une déclaration estimative, certifiée et signée au pied de l'acte.

Le titre 7 de la loi du 15 mai 1818, sur les finances, contient la disposition suivante :

Pour les rentes et les baux stipulés payables en quantité fixe de grains et denrées dont la valeur est déterminée par des mercuriales, les transmissions par décès de biens dont les baux sont également stipulés payables en quantité fixe de grains et denrées dont la valeur est également déterminée par des mercuriales, la liquidation du droit proportionnel d'enregistrement sera faite d'après l'évaluation du montant des rentes ou du prix des baux résultant d'une année commune de la valeur des grains et autres denrées, selon les mercuriales du marché le plus voisin.

On formera l'année commune d'après les quatorze dernières années antérieures à celle de l'ouverture du droit : on retranchera les deux plus fortes et les deux plus faibles ; l'année commune sera établie sur les dix années restantes.

PRESCRIPTIONS.

Il y a prescription des droits d'enregistrement après deux ans, à compter du jour de l'enregistrement, s'il s'agit d'un droit non perçu sur une disposition particulière dans un acte ou d'un supplément de perception insuffisamment faite, ou d'une fausse évaluation dans une déclaration, ou pour la constater par voie d'expertise.

Les parties sont également non recevables après le même délai pour toute demande en restitution du droit perçu.

La date des actes sous signatures privées ne peut cependant pas être opposée au Gouvernement pour prescription des droits et peines encourues, à moins que ces actes n'aient acquis une date certaine par le décès de l'une des parties ou autrement.

TARIF.

------◦------

A

ABANDONNEMENT soit volontaire, soit forcé, de biens par un débiteur à ses créanciers, pour être vendus en direction. 5 fr. fixe.

—Équipollent à vente.—V. Vente.

—pour fait d'assurance ou grosse aventure.

Le droit sera perçu sur les objets abandonnés. 1 fr. p. 100
En temps de guerre. 50 c. p. 100

ABSENCE.—V. Succession.

ACCEPTATIONS de successions, legs ou communauté, lorsqu'elles seront pures et simples.

Il est dû un droit par chaque acceptant et pour chaque succession. 1 fr. fixe.

— de transport ou délégation de créances à terme, faites par actes séparés, *lorsque le droit propor-tionnel a été acquitté pour le transport ou la délé-gation;* et celles qui se font dans les actes mêmes de délégation de créances aussi à terme. 1 fr. fixe.

ACQUIESCEMENS purs et simples, par acte civil. 2 f. fixe.

ACQUITS, Congés et Passavans. Exempts.

—Les acquits de rescriptions, mandats et ordonnances de paiement sur les caisses publiques. Exempts.

— Ceux des lettres de change, billets à ordre et autres effets négociables. Exempts.

ACTES sous signature privée. — Les actes de transmission de biens, passés sous signature privée, avant la publication de la loi du 28 avril 1816, sur les finances, ne sont pas sujets aux droits de mutation établis par cette loi, et ne doivent être soumis qu'à ceux fixés par les lois antérieures.

Actes refaits pour cause de nullité ou autre motif, sans aucun changement qui ajoute aux objets des conventions ou à leur valeur.   2 fr. fixe.

✱**Actes** qui ne contiennent que l'exécution, le complément et la consommation d'actes antérieurs enregistrés.   1 fr. fixe.

Actes contenant plusieurs dispositions.

Dans le cas de transmission des biens, la quittance donnée ou l'obligation consentie par le même acte, pour tout ou partie du prix entre les contractans, ne peut être sujette à un droit particulier d'enregistrement.   Exempte.

Mais lorsque dans un acte quelconque, soit civil, soit judiciaire ou extrajudiciaire, il y a plusieurs dispositions indépendantes ou ne derivant pas nécessairement les unes des autres, il est dû pour chacune d'elles, et selon son espèce, un droit particulier. La quotité en est déterminée par l'article de la loi dans lequel la disposition se trouve classée, ou auquel elle se rapporte.   Pluralité des droits.

Actes passés en pays étranger ou dans les colonies.

Il ne pourra être fait usage, en justice, d'aucun acte passé en pays étrangers ou dans les colonies, qu'il n'ait acquitté les mêmes droits que s'il avait été souscrit en France et pour des biens situés dans le royaume ; il en sera de même pour les mentions desdits actes dans des actes publics

Actes passés en France contenant mutation de biens situés en pays étrangers ou dans les colonies françaises où le droit d'enregistrement n'est pas établi, ne seront soumis qu'au droit de 10 fr. fixe, sans que, dans aucun cas, le droit fixé puisse excéder le droit proportionnel qui serait dû s'il s'agissait de biens situés en France.   10 fr. fixe.

Actes innommés. — Tousa ctes civils qui ne se trouvent dénommés dans la loi, et qui ne peuvent donner lieu au droit proportionnel.   1 fr. fixe.

Action.—Les cessions d'actions et coupons d'actions mobiliaires des compagnies et sociétés d'actionnaires.   50 c. p. 100

Amende. — Aucune autorité publique, ni l'administration, ni ses préposés, ne peuvent accorder de remise ou modération des droits d'enregistrement et des peines encourues, ni en suspendre ni faire suspendre le recouvrement, ni en devenir personnellement responsables.

Antichrèse. — V. Engagement d'immeubles.

Arbitres. — V. Nomination.

Arrentement.—V. Bail à rente.

Arrêté de Compte.—V. Compte.

Assurance (acte ou contrat d').

Le droit sera perçu sur la valeur de la prime.   1 fr. p. 100
En temps de guerre.   50 c. p. 100

Atermoiement entre débiteurs et créanciers.

Le droit est perçu sur les sommes que le débiteur s'oblige de payer.   50 c. p. 100

Attestation.—V. Certificat.

Autorisation pure et simple.   2 fr. fixe.

B.

Bail à ferme ou à loyer de biens meubles ou immeubles, d'une seule année.   20 c. p. 100.
Ceux d'un plus long temps, pourvu que leur durée soit limitée.

Le droit sera également perçu sur le prix cumulé, à raison de   20 c. p. 100

S'il est stipulé pour une ou plusieurs années un prix différent de celui des autres années du bail ou de la location, il sera formé un total du prix de toutes les années, et il sera divisé également suivant leur nombre, pour la liquidation du droit. Même article.
Seront considérés pour la liquidation et le paiement du droit

comme baux de neuf années, ceux faits pour trois, six ou neuf ans.

Sous-baux, subrogation, cession et rétrocession de baux.

Le droit sera liquidé et perçu sur les années à courir, comme il est établi pour les baux, à raison de   20 c. p. 100

Bail (de biens immeubles) à rente perpétuelle, à vie, ou dont la durée est illimitée.   5 1/2 p. 100

Et la transcription ne donnera pas lieu au droit proportionel.

Bail de pâturages et nourriture d'animaux.

Sur le prix cumulé des années, à raison de   20 c. p. 100

Bail à cheptel, et reconnaissance de bestiaux.

Le droit sera perçu sur le prix exprimé dans l'acte, ou à défaut d'après l'évaluation qui sera faite du bétail, à raison de

    20 c. p. 100

Bail ou Convention pour nourriture de personne, lorsque les années sont limitées.   20 c. p. 100

Le droit est dû sur le prix cumulé du bail ou de la convention.

Mais si la durée est illimitée, l'acte sera assujetti au droit réglé par le § 5, n° 2 du même article, c'est-à-dire à raison de

    2 fr. p. 100.

S'il s'agit de nourriture de mineurs, il ne sera perçu qu'un demi-droit sur le montant des années réunies.   10 c. p. 100

Bilan. — État de l'actif et du passif d'un débiteur en faillite.   1 fr. fixe.

Billet simple.   1 fr. p. 100

Billet à ordre.

Il pourra n'être présenté à l'enregistrement qu'avec le protêt qui en aura été fait.   50 c. p. 100

Brevets d'apprentissage qui ne contiennent ni obligation des sommes et valeurs mobiliaires, ni quittance.   1 fr. fixe.

S'il contient stipulation de sommes ou valeurs mobiliaires, payées ou non.   50 c. p. 100

C.

Cautionnement de sommes et objets mobiliers, les

garanties mobilières et indemnités de même nature.   5o c. p. 100

Le droit sera perçu indépendamment de celui de la disposition
que le cautionnement, la garantie ou l'indemnité aura pour objet,
mais sans pouvoir l'excéder.

Cautionnement des baux à ferme ou à loyer.

Le droit est de moitié de celui fixé pour les baux. (Voyez Bail.)
                                    Demi droit du bail.

Cessions et transports de créances à terme. 1 fr. p. 100

— de rente.   2 fr. p. 100

—de rentes foncières créées antérieurement à la loi
du 11 brumaire an 7.   3 1/2 p. 100

— d'objets mobiliers.—V. Vente de meubles.

—immobilières.—V. Vente d'immeubles.

Compromis ou Nomination d'arbitres qui ne contiennent aucune obligation des sommes et valeurs
donnant lieu au droit proportionnel.   3 fr. fixe.

Compte contenant obligation de sommes. 1 f. p. 100
— contenant quittance.   ,   5o c. p. 100

Congés et Passavans.—V. Acquit.

Connaissemens ou Reconnaissance de chargement
par mer.   3 fr. fixe.

Il est dû un droit par chaque personne à qui les envois sont faits.

Consentement pur et simple.   2 fr. fixe.

Contre Lettres. — Toute contre-lettre faite sous
signature privée, qui aurait pour objet une augmentation du prix stipulé dans un acte public, ou
dans un acte sous signature privée, précédemment
enregistré, est déclarée nulle et de nul effet Néanmoins lorsque l'existence en sera constatée, il y
aura lieu d'exiger, à titre d'amende, une somme
triple du droit qui aurait eu lieu sur les sommes
et valeurs ainsi stipulées.   Triple droit.

D.

DÉCHARGE pure et simple et Récépissés de pièces.
1 fr. fixe.

DÉCLARATION pure et simple, en matière civile et de
commerce. 2 fr. fixe.

DÉLÉGATION de créances à terme : les délégations de
prix stipulées dans un contrat, pour acquitter
des créances à terme envers un tiers, sans énonciation de titre enregistré, sauf, pour ce cas, la
restitution dans le délai prescrit, s'il est justifié
d'un titre précédemment enregistré. 1 fr. p. 100

DÉLÉGATION de rentes. 2 fr. p. 100

—des rentes foncières créées avant la loi du 11
brumaire an 7.—V. Cession.

DÉLIVRANCE de legs pure et simple. 1 fr. fixe.

DÉPÔTS de sommes chez des particuliers. 1 fr. p. 100

DÉSIGNATION de biens. — V. Vente de meubles et
d'immeubles par le même contrat.

DÉSISTEMENT pur et simple. 2 fr. fixe.

DEVIS d'ouvrages et entreprises qui ne contiennent
aucune obligation de sommes et valeurs, ni quittance. 1 fr. fixe.

DIRECTION de créanciers.—V. Union de créanciers.

DISSOLUTION de société. — Celles qui ne portent ni
obligation, ni libération, ni transmission de biens
meubles ou immeubles entre les associés ou autres
personnes. 5 fr. fixe.

DOMMAGES-INTÉRÊTS en matière civile. 2 fr. p. 100

E.

ÉCHANGE de biens immeubles.
Le droit sera perçu à raison de un pour cent sur

la valeur de l'une des parts, lorsqu'il n'y aura aucun retour.

S'il y a retour, le droit sera payé à raison de 2 fr. par 100 sur la moindre portion, et de 4 fr. par 100 sur le retour ou plus value.

Le droit doit être augmenté d'un et demi pour cent, sur la valeur de chacune des portions échangées, et la transcription aux hypothèques ne donnera plus lieu à aucun droit proportionnel.   5 1/2 p. 100

Les échanges d'immeubles ruraux ne paieront qu'un franc fixe pour tous droits d'enregistrement et de transcription, lorsque l'un des immeubles échangés sera contigu aux propriétés de celui des échangistes qui le recevra.

Effets négociables de particuliers ou de compagnies, à l'exception des lettres de change. 50 c. p. 100

Ces effets pourront n'être présentés à l'enregistrement qu'avec les protêts qui en auront été faits.

Endossement de lettres de change, billets à ordre et autres effets négociables et les endossemens de rescriptions, mandats et ordonnances de paiement sur les caisses publiques.   Exempts.

Expertise. — Les articles 17 et 19 de la loi du 22 frimaire an 7 autorisent la régie, dans les cas y exprimés, à requérir l'expertise des biens immeubles transmis à titre onéreux ou par décès.

S'il s'agit d'aliénation à titre onéreux, les frais de l'expertise sont à la charge de l'acquéreur, mais seulement lorsque l'estimation excède d'un huitième au moins le prix énoncé au contrat. L'acquéreur est tenu, dans tous les cas, d'acquitter le droit sur le supplément d'estimation, s'il y a plus value constatée par le rapport des experts. Supplément de droits.

Lorsque les frais de l'expertise tombent à la charge du redevable, il y a lieu au double droit d'enregistrement sur le supplément de l'estimation. Double droit.

A l'égard des insuffisances d'estimation dans les déclarations de succession, les héritiers, donataires ou légataires, sont tenus au paiement du double droit d'enregistrement sur le montant de la plus-value , et des frais de l'expertise, lorsqu'il en résulte la preuve d'une insuffisance quelconque dans l'estimation des biens declarés.   Double droit.

F.

Facture signée seulement du marchand ou négociant qui a livré ou expédié des marchandises y détaillées.   1 fr. fixe.

Fraction.— La perception du droit proportionnel suit les sommes et valeurs de vingt francs en vingt francs inclusivement et sans fraction.

G.

Garantie mobiliaire.—V. Cautionnement.

H.

Héritier.—V. Succession.

I.

Immeubles vendus avec des meubles par le même contrat.—V. Ventes.

Indemnité.—V. Cautionnement.

Indication de paiement.—V. Délégation.

Inscription au rôle de la contribution foncière, suivie de paiement fait en conséquence , suffit pour établir la mutation en propriété ou usufruit d'immeubles.—V. Mutation.

Institution d'héritier.—V. Testament.

Insuffisance d'estimation.—V. Expertise.

Intérêt dans une entreprise.—V. Action.

Inventaires dressés par les détenteurs de tissus français ou de cotons filés, pour suppléer la marque de fabrique. *Gratis.*

L.

Légalisation de signatures d'officiers publics. Exempte.

Légataire.—V. Succession.

Legs.—V. Succession.

Lettres de change, tirées de place en place et celles venant de l'étranger ou des colonies françaises, lorsqu'elles seront protestées faute de paiement. Elles pourront n'être présentées à l'enregistrement qu'avec l'assignation à payer. 25 c. p. 100

Dans le cas de protêt faute d'acceptation, les lettres de change devront être enregistrées seulement avant que la demande en remboursement ou en cautionnement puisse être formée contre les endosseurs ou le tireur.

Lettres missives qui ne contiennent ni obligation ni quittance, ni aucune autre convention donnant lieu au droit proportionnel. 2 fr. fixe.

Lettres de voitures.

Il est dû un droit par chaque personne à qui les envois sont faits. 7 francs fixe.

Libération.—Quittance.

M.

Mandat.—V. Procuration.

Mandat.—Mandement de payer. 1 fr. p. 100.

Mercuriales — V. ci-devant l'article Dispositions

générales 1818, sur la liquidation des droits proportionnels.

Meubles transmis avec des immeubles par un même contrat. — V. Vente.

Minimum des droits d'enregistrement. — Il ne peut être perçu moins de 25 centimes pour l'enregistrement des actes et mutations dont les sommes et valeurs ne produiraient pas 25 centimes de droit proportionnel.

Modération des droits et amendes.—V. Amendes.

Mutation. — Celle d'un immeuble en propriété ou usufruit sera suffisamment établie pour la demande du droit d'enregistrement, et la poursuite du paiement contre le nouveau possesseur, soit par l'inscription de son nom au rôle de la contribution foncière, et des paiemens par lui faits d'après ce rôle, soit par des baux par lui passés, ou enfin par des transactions ou autres actes constatant sa propriété ou son usufruit.

Les mutations entre vifs de propriété ou d'usufruit de biens immeubles sont sujettes à l'enregistrement dans les trois mois de leur date, à peine du double droit, lors même que les nouveaux possesseurs prétendraient qu'il n'existe pas de conventions écrites entre eux et les précédens propriétaires ou usufruitiers.

A défaut d'acte, il y sera suppléé par des déclarations détaillées et estimatives dans les trois mois de l'entrée en possession à peine d'un droit en sus.

Double droit.

N.

Nantissement —V. Engagement.

Nomination d'arbitres.—V. Compromis

Nomination d'experts, hors jugement.   2 fr. fixe.

Nomination des gardes des propriétés des particuliers. 2 fr. fixe.

Nullité.—V. Actes nuls et refaits.

O.

Obligation de sommes, sans libéralité et sans que l'obligation soit le prix d'une transmission de meubles ou immeubles non enregistrée. 1 f. p. 100

Obligation à la grosse aventure ou pour retour de voyage. 50 c. p. 100

P.

Partages de biens meubles et immeubles, entre co-propriétaires, à quelque titre que ce soit, pourvu qu'il en soit justifié. 5 fr. fixe.

S'il y a retour, le droit sur ce qui en sera l'objet sera perçu au taux réglé par la vente.—V. Vente.

Partage, sans soulte ni retour, par lequel on adjuge à l'un des co-partageans l'usufruit, et à l'autre la nue propriété de la totalité des biens indivis. 5 fr. fixe.

Passavant.—V. Acquit.

Pluralité des droits. — V. Actes contenant plusieurs dispositions et exploits.

Police d'assurance.—V. Assurance.

Pouvoir. V. Procuration.

Prisées de meubles. 1 fr. fixe.

Procurations et Pouvoirs pour agir, ne contenant aucune stipulation ni clause donnant lieu au droit proportionnel. 2 fr. fixe.

Promesses d'indemnités indéterminées, et non susceptibles d'estimation. 2 fr. fixe.

PROMESSES de payer. 1 fr. p. 100

PROROGATION de délai par un créancier à son débiteur. 1 fr. fixe.

Q.

QUITTANCES et tous autres actes et écrits portant libération de sommes et valeurs mobilières. 50 c. p. 100

R.

RACHAT de rente.—V. Remboursement.

RATIFICATION pure et simple d'actes en formes. 1 fr. fixe.

RÉCÉPISSÉ de pièces. 2 fr. fixe.

RECONNAISSANCES pures et simples ne contenant aucune obligation ni quittance. 2 fr. fixe.

RECONNAISSANCES. — Celles portant obligations et celles de dépôts de sommes chez des particuliers. 1 fr. p. 100

RECONNAISSANCES de chargemens par mer.—V. Connaissement.

RECONNAISSANCES de rentes.—V. Titres Nouvels.

RECONNAISSANCES de bestiaux.—V. Bail à cheptel.

REMBOURSEMENT ou Rachat de rentes et redevances de toute nature. 50 c. p. 100

REMISE de pièces.—V. Décharge.

RÉPARATION civile.—V. Dommages-intérêts.

RETOUR ou soulte.—V. Échange, Partage.

RÉTRACTATIONS.—V. Révocations.

RETRAIT exercé en vertu de réméré, par acte public, dans les délais stipulés, ou fait sous signature privée, et présenté à l'enregistrement avant l'expiration de ces délais. 2 fr. p. 100

RETRAIT. — Ceux exercés après l'expiration des délais convenus par les contrats de vente sous faculté de réméré, et la transcription ne donnera plus lieu au droit proportionnel. 5 1/2 p. 100

RÉTROCESSION de bail.—V. Bail.

RÉTROCESSION de meubles ou d'objets mobiliers. — V. Vente de meubles.

RÉTROCESSION d'immeubles. — V. Vente d'immeubles.

RÉUNIONS de l'usufruit à la propriété, lorsque la réunion s'opère par acte de cession, et qu'elle n'est pas faite, pour un prix supérieur à celui sur lequel le droit a été perçu lors de l'aliénation de la propriété. 3 fr. fixe.

Si le prix de la cession est supérieur à l'évaluation qui en aura été faite, pour régler le droit de la translation de propriété, il est dû un droit, par supplément, sur ce qui se trouve excéder cette évaluation. Supplément de droit.

Lorsque la réunion s'opère sans acte, il n'est dû aucun droit. Exempt.

REVENTE.—V. Rente.

RÉVOCATIONS et Rétractations. 2 fr. fixe.

S.

SOCIÉTÉ (actes de) qui ne portent ni obligation, ni libération, ni transmission de biens meubles ou immeubles, entre les associés ou autres personnes. 5 fr. fixe.

SOULTE.—V. Échanges et Partage.

SOUS-BAIL.—V. Bail.

SUBROGATION de Bail.—V. Bail.

Succession. — Le droit des mutations qui s'effectuent par décès, soit par succession, soit par testament ou autres actes de libéralité à cause de mort, de propriété ou d'usufruit des biens meubles et immeubles, seront perçus selon les quotités ci-après; article 53 de la loi du 28 avril 1816.

Pour les biens meubles.

En ligne directe. 1 fr. p. 100

D'un époux à un autre époux, par donation ou testament. 3 fr. p. 100

Des frères et sœurs à des frères et sœurs et descendans d'iceux, successions des neveux et nièces, petits-neveux et petites nièces, dévolues à des oncles et tantes, grands-oncles et grand'tantes et autres parens au degré successible (c'est-à-dire jusqu'au 12ᵉ degré inclusivement). 5 fr. p. 100

Entre toutes autres personnes. 7 fr. p. 100

Pour les biens meubles.

En ligne directe. 25 c. p. 100
Entre époux. 1 1/2 p. 100
Entre frères, sœurs, oncles, tantes, neveux et nièces, et autres parens au degré successible. 2 1/2 p. 100
Entre toutes autres personnes. 3 1/2 p. 100

Lorsque l'époux survivant ou les enfans naturels sont appelés à la succession, à défaut de parens au degré successible, ils seront considérés, quant à la quotité des droits, comme personnes non parentes.

Les héritiers légataires, et tous autres appelés à exercer des droits subordonnés au décès d'un individu dont l'absence est déclarée, sont tenus de faire, dans le mois du jour de l'envoi en possession provisoire, la déclaration à laquelle ils seraient tenus

s'ils étaient appelés par l'effet de la mort, et d'acquitter les droits sur la valeur entière des biens ou droits qu'ils recueillent.

En cas de retour de l'absent, les droits payés seront restitués, sous la seule déduction de celui auquel aura donné lieu la jouissance des héritiers.

Ceux qui ont obtenu cet envoi jusqu'à ce jour, sans avoir acquitté les droits de succession, jouiront d'un délai de six mois, à compter de la publication de la présente, pour faire leur déclaration et payer les droits, sans être assujettis à l'amende.

Remise est faite aux héritiers et représentans des propriétaires émigrés dont les biens ont été confisqués, des droits de mutation par décès dus à raison des biens appartenans à leur auteur, et dans la propriété desquels lesdits héritiers et représentans ont été réintégrés en vertu des lois du 5 décembre 1814 et du 28 avril 1816.

L'effet de cette remise est exclusivement limité aux droits résultant de cette entrée en possession ; toute autre mutation postérieure des mêmes biens, et à quelque titre que ce soit, est et demeure passible des droits d'enregistrement établis par les lois sur chaque nature de mutation.

Quant aux biens qui n'auraient été que séquestrés, la compensation des droits de mutation n'aura lieu que jusqu'à concurrence du montant net des sommes perçues par l'état, provenant desdits biens.

Supplément de droits. — V. Expertise, Réunion d'usufruit.

T.

Testamens et tous autres actes de libéralité qui ne contiennent que des dispositions soumises à l'événement du décès.   5 fr. fixe.

À l'égard des droits dus pour les legs faits par testament.—V. Succession.

Titres-Nouvels et Reconnaissances de rente, dont
les contrats sont justifiés en forme.   3 fr. fixe.

Traités qui contiennent obligations de sommes et
valeurs mobilières.   1 fr. p. 100

Traités contenant cession d'objets mobiliers.—V.
Vente de meubles.

Transactions en quelque matière que ce soit, qui
ne contiennent aucune stipulation de sommes et
valeurs, ni dispositions soumises à un plus fort
droit d'enregistrement.   3 fr. fixe.

Transactions. — Celles contenant obligations de
sommes sans libéralité et sans que l'obligation soit
le prix d'une transmission de meubles ou immeubles non enregistrée.   1 fr. p. 100

Transmission verbale d'immeubles. — V. Mutation.

Transport.—V. Cession de créance.

Transport de rentes.   2 fr. p. 100

Transport. — S'il s'agit d'un transport de rentes
foncières. V. Cession.

U.

Unions et Direction des créanciers.   3 fr. fixe.

Si elles portent obligation de sommes déterminées par les co-
intéressés envers un ou plusieurs d'entre eux, ou autres personnes chargées d'agir pour l'union, il sera perçu un droit particulier comme pour obligation.

Usufruit.—V. Réunion et Vente d'immeubles.

V.

Valeurs.—Lorsque les sommes et valeurs ne sont
pas déterminées dans un acte ou jugement donnant lieu au droit proportionnel, les parties seront
tenues d'y suppléer avant l'enregistrement, par
une déclaration estimative, certifiée au pied de
l'acte.

Ventes, Reventes, Cessions , Rétrocessions , Marchés, Traités et tous autres actes civils et translatifs de propriété , à titre onéreux, de meubles, récoltes de l'année sur pied , coupes de bois taillis et de haute futaie et autres objets mobiliers généralement quelconques. 2 fr. p. 100

Ventes, Reventes, Cessions , Rétrocessions et tous autres actes civils et translatifs de propriété ou d'usufruit de biens immeubles, à titre onéreux. 5 1/2 p. 1

Mais la formalité de transcription au bureau de la conservation des hypothèques ne donnera plus lieu à aucun droit proportionnel.

Si l'usufruit est réservé par le vendeur, il sera évalué à la moitié de tout ce qui forme le prix du contrat, et le droit sera perçu sur le total ; mais il ne sera dû aucun autre droit pour la réunion de l'usufruit a la propriété ; cependant si elle s'opère par un acte de cession. V. Réunion d'usufruit.

Ventes à faculté de réméré : sont translatives de propriété, quoique résolubles sous condition , et elles sont sujettes aux mêmes droits que les ventes ordinaires.

Ventes de meubles et d'immeubles par le même contrat. — Lorsqu'un acte translatif de propriété ou d'usufruit comprend des meubles et immeubles, le droit d'enregistrement est perçu sur la totalité du prix, au taux réglé pour les immeubles, à moins qu'il ne soit stipulé un prix particulier pour les objets mobiliers , et qu'ils ne soient désignés et estimés, article par article, dans le contrat.

Ventilation.—V. Ventes de meubles et d'immeubles par le même contrat.

FIN.

TABLE

ANALYTIQUE ET ALPHABÉTIQUE

DES MATIÈRES.

FIN DE LA TABLE.